Le théâtre de Rolaı

To Mummy & Daddy,
With all my love,
Robin.

Publications Universitaires Européennes
Europäische Hochschulschriften
European University Studies

Série XXX
Etudes cinématographiques et théâtrales

Reihe XXX Series XXX
Theater-, Film- und Fernsehwissenschaften
Theatre, Film and Television

Vol./Band 36

PETER LANG
Bern · Frankfurt/M. · New York · Paris

Robin Wilkinson

LE THÉÂTRE DE ROLAND DUBILLARD

Essai d'analyse sémiologique

PETER LANG
Bern · Frankfurt/M. · New York · Paris

CIP-Titelaufnahme der Deutschen Bibliothek

Wilkinson, Robin:
Le théâtre de Roland Dubillard: essai d'analyse sémiologique / Robin Wilkinson. – Berne; Francfort-s. Main; New York; Paris: Lang, 1989
(Publications universitaires européennes: Sér. 30, Etudes cinématographiques et théâtrales; Vol. 36)
ISBN 3-261-04142-0
NE: Europäische Hochschulschriften / 30

Publié avec le concours du C.E.R.T.C.
de l'Université Lumière-Lyon 2

ISBN 3-261-04142-0
ISSN 0721-3662

Impression: Weihert-Druck GmbH, Darmstadt (RFA)

”Hein, mon Felix, montre ton visage à la foule…”
(Roland Dubillard et Madeleine Renaud. **”…Où boivent les vaches”**, I,12)

For Joy

PRÉFACE

Dubillard est le poète de la Poésis : chez lui, nul autre sujet que la création — artistique, génésique — Création. Mais dire la création (quand on est poète, de quel autre outil que des mots dispose-t-on ?) c'est soit la manquer — la glose est monnaie dérisoire de l'absolu — soit la masquer ou se masquer : l'occultation est une exigence, pour l'approche de tout mystère ; le sacré est interdit. Le meilleur moyen de dire sans dire « je », de « faire le créateur » (comme on « fait le pitre ») sans trahir la création, est encore de placer ses pas dans les pas des poètes antérieurs : on aurait chance alors de faire le même chemin, chemin autre aussi, d'être refait ; la vibration de l'identique produit du neuf ; la glose sert la gnose. Gnose, amas monstrueux de strates culturelles rendues méconnaissables d'avoir été entassées, broyées dans le grand champ d'épandage de la culture. Dubillard est un déversoir intempérant de culture secrète et Wilkinson est cet orpailleur qui passe les matériaux indiscernables au tamis de sa science et découvre — pépite rare mais qui brille d'un orient immatériel — que Dubillard, à force d'être un carrefour de savoirs, finit par être l'avenue du Savoir.

Mais d'un savoir déjà su. Si le masque seul appartient en propre au poète Dubillard, à partir du moment où le critique lève le masque du créateur, quel trou à la place du visage, quelle absence ! Cette procédure d'expropriation à laquelle se livre Wilkinson, en toute bonne foi, n'a rien de sacrilège, car la dépossession de soi est au principe même de la duplication (duplicité) culturelle qui guide Dubillard. Je est un autre si l'autre m'a déjà dit, si Rimbaud a déjà écrit «...où boivent les vaches », si Beethoven a déjà composé ses quatuors avant que Guillaume du **Jardin aux betteraves** *commence à se prendre pour lui, si la fontaine de Médicis est déjà construite, au Luxembourg, avant qu'on en passe commande à Félix ! La culture vaut clôture : à force de mémoire, on s'oublie, et les voix du passé, parlant toutes ensemble, produisent une étrange cacophonie, comme cette musique bourdonnante qu'enfants on captait, dans les campagnes, en collant nos oreilles aux poteaux téléphoniques. A force d'être à l'écoute, on perd le sentiment de son identité.*

Dubillard sent le danger et, en même temps, sait qu'à vouloir le conjurer, il l'aggrave : il prend sa tête dans ses mains et, face à lui-même, se regarde penser. Dédoublement impossible si on prend les mots au pied de la lettre — et pourtant, c'est le seul moyen de leur restituer leur pleine valeur magique. Dubillard, du dehors, hors de lui-même — comme précisément le vates *des temps anciens — ambitionne de saisir le fonctionnement de son dedans, dans le moment où il crée. Sempiternelle poursuite du même à travers l'autre, sempiternelle menace de voir l'altérité dégénérer en altération et l'altération en aliénation. L'écart qu'exige la conscience de soi ne peut mener qu'à l'écartèlement du moi, à sa dilution dans l'océan de la musique universelle : « Et vous verrez Schwartz, tout à l'heure, immense, tout noir. Il se penche. Il vous saisit par la poignée et il vous emporte ! vers la salle du cultural Festival où vous attend Lüdwig van Beethoven lui-même... Si ! Si ! J'explicationne. Vous n'avez point titi sans remorquer combien tout-pouissinte ici s'arsentit la présince de Beethoven. Beethoven tout partout, parmi les betroves et din l'croux des vogues itou ».*

Il y a trop d'autres en moi : Dubillard s'affronte à une triple affirmation, aux termes mutuellement exclusifs : être, c'est créer, créer, c'est avoir été, dire qu'on crée, c'est s'aliéner dans la création d'un autre, fût-il soi-même : on ne peut en même temps faire et dire qu'on fait.

Comment concilier le néant des mots et l'être de la création ? Par le mythe. Il est récit sans doute, même s'il s'incarne (nous sommes au théâtre) en personnages et en situations, mais révélation tout autant, point de rencontre de la glose et de la création. Farce, car Dubillard ne se fait pas faute de ramener, par la dérision, le récit à son néant d'être, et force, car Dubillard sait qu'à raconter des histoires — et ses mythes, de Félix le poète qui devient fontaine, de Guillaume le violoneux qui se fait buste de Beethoven, du Maître qui se sent maison, ne sont pas plus bizarres que celui d'Er l'Arménien dont la pensée occidentale s'est nourrie pendant des siècles —, sait qu'à raconter des histoires il a des chances d'effleurer, par le bout de l'aile, cet être volatil qu'est la vérité de la création, de la saisir dans son vol, non au vol, de la capter, non de la capturer.

La création est de ces choses qui, comme le mouvement, ne s'immobilisent, ne se définissent pas sans périr : Zénon en a, avec une ténacité de chasseur rationaliste, administré la preuve irréparable. Par le mythe, au contraire, faire et dire se conjuguent et s'épaulent ; le mythe, c'est l'acte créateur, l'acte qui « discourt », qui court à travers les mots. Les religions, païennes ou autres, en savent quelque chose, qui disent l'essentiel par cette histoire de pain qu'on rompt et qui n'est plus du pain dès lors qu'on le décrète, par cette histoire de descente aux Enfers, pour six mois, d'une fille qui n'en est pas une puisqu'elle est, on nous le dira, une Figure des saisons. Pourquoi le poète n'aurait-il pas droit à la même invention et à la même obscurité ? Il suffit, pour qu'il soit crédible, que l'enjeu de son récit soit d'importance et qu'il ait la chance de rencontrer quelqu'un qui dira cette importance.

Qui sera-ce, sinon l'interprète — vates *au petit pied celui-là, mais il n'y aurait pas eu d'Œdipe sans Tirésias — qu'on appelait jadis critique littéraire, aujourd'hui sémioticien. Interprète à coup sûr, celui qui refait tous les trajets, repère toutes les bornes même les plus effacées, suppute, compare, fait rendre gorge aux mots, court en tous sens avant de discourir et de proposer, clés en main, le Sésame de cette caverne que Dubillard a creusé dans le Luna-Park de ses faux délires. Le dire du critique c'est l'autre versant du mythe, celui qui le rend communicable et lui donne son efficace.*

On dira : cette entreprise d'élucidation ne tue-t-elle pas l'objet de ses délices et Wilkinson, aussi « terriblement intelligent » que le Victor de Vitrac ne va-t-il pas, en dévoilant le Secret, réduire Dubillard à la dimension d'un faiseur d'histoires pour grands enfants compliqués ? Ce serait un risque si le critique rationalisait ses acquis et s'en tenait à la sécheresse d'une méthode passablement décriée pour sa cuistrerie et son byzantinisme. Il est vrai, la lecture de Wilkinson n'est pas de tout repos mais tant de fils s'entrecroisent dans cet écheveau d'interprétations — du psychanalytique au musical et du linguistique à l'architectural — qu'au bout du compte le mystère dubillardien en sort épaissi, non édulcoré. Épaissi, c'est-à-dire plus profond, insondable peut-être, à coup sûr irrationnel comme tout grand mythe. Son sens est à l'image de la ligne d'horizon : parfaitement perceptible, objet possible d'une description rigoureuse, mais rigoureusement insaisissable.

Ce n'est pas le moindre mérite de Robin Wilkinson d'avoir allié ces deux exigences : aider l'esprit du lecteur à se rapprocher de celui de Dubillard ; montrer que le poète, cette « chose légère », selon Platon qui pourtant ne les aimait pas, s'envole dès qu'on croit mettre la main sur lui.

Michel CORVIN

INTRODUCTION

Roland Dubillard est l'auteur de deux livres de poésie, de plusieurs nouvelles qui ne se ressemblent guère, d'une profusion de dialogues écrits pour le théâtre, la radio ou le cabaret, et (avec Philippe de Cherisey) d'un **Livre à vendre** qui « n'a pas encore obtenu le Prix Goncourt 1977 » ; il est en même temps acteur de théâtre, de radio et de cinéma, interprète de lui-même et d'autres, adaptateur et metteur en scène à ses heures, et auteur d'une œuvre dramatique importante. C'est essentiellement aux pièces de l'écrivain de théâtre que nous allons nous intéresser dans les pages qui suivent. Félix Enne est poète, compositeur, architecte, peintre, et, à ses heures, auteur de théâtre ; c'est à ce titre qu'il a déclaré : « C'est maintenant, c'est tout de suite que je veux qu'il se passe quelque chose, pas la saison prochaine dans un théâtre. Lequel ? Subventionné si possible » [II, 2]. En fait, Félix Enne est aussi et surtout un personnage de théâtre, inventé par Dubillard et joué par son créateur lors de la création de **« ...Où boivent les vaches »** (1972). Les spectateurs de cette première mise en scène (signée Roger Blin) ont sans doute pensé que Félix Enne n'était pas loin d'être Roland Dubillard.

Plus récemment, dans un théâtre subventionné de Villeurbanne, le souhait de Félix s'est réalisé : la pièce a été montée au Théâtre National Populaire par Roger Planchon, qui a joué le rôle naguère tenu par l'auteur. Inutile de préciser que Planchon n'est pas Dubillard, que « son » Félix ne fut pas pareil à l'autre, que la pièce s'est désormais affranchie de son auteur. Bon père, le comédien Dubillard a accompagné toutes ses pièces pour un bout de chemin, ayant joué Laurent de Vitpertuise dans **Si Camille me voyait...** (1953), Fernand dans **Naïves hirondelles** (1961), Le Maître de **La Maison d'os** (1962), Milton dans **Le Jardin aux betteraves** (1969), le Monsieur des **Crabes** (1970) et celui du **Chien sous la minuterie** (1986), et Alphonse Garbeau dans **Les Chiens de conserve** (1978). Bien sûr, on aurait voulu que Dubillard continue à figurer aux affiches en tant que tenant d'un double titre, auteur et interprète, mais les rôles doivent tourner pour vivre. D'ailleurs, dans la mise en scène du TNP, l'auteur de la pièce était bel et bien présent, outre dans les mots. Les spectateurs ont pu entendre la voix (enregistrée) de Dubillard dans celle d'Oblofet, cet ancien propriétaire de la maison de Félix qui y trône encore grâce à son buste. Dans le « message posthume » que répète le buste d'Oblofet, celui-ci déclare qu'on pourra désormais ôter le buste de son socle car, de toute façon, sa tête y restera [I, 9]. Créé pour Oblofet, le « tas de pierres » de l'édifice appartient maintenant à Félix... C'est ainsi qu'une pièce de théâtre a changé de mains lors de sa mise en scène à Villeurbanne. La propriété est passée « en d'autres mains, tout aussi peu responsables des caractères de l'édifice, tout aussi innocentes de ses disgrâces, de son style, de ses meunières, de ses fondements, de son toit » [I, 1]. Voici en quelque sorte le sort de l'écrivain de théâtre — présent et absent, responsable et innocent, tout-puissant et impuissant. Comme les autres pièces de l'auteur, « **...Où boivent les vaches** » n'est plus la propriété personnelle de son architecte et premier occupant ; elle n'est pas non plus la propriété des locataires suivants. Elle appartient moins à *un* théâtre, fût-il public, qu'au théâtre, voire à son public. De toute façon, la tête y restera.

Au-delà des qualités propres du spectacle, la mise en scène de Planchon a marqué une étape importante dans la carrière du théâtre de Dubillard. Ce passage dans un théâtre public signifie qu'une œuvre aussi drôle qu'insolite appartient autant aux grandes salles qu'au café-théâtre, autant au grand public qu'aux connaisseurs. Dans ces temps où les metteurs en scène puisent plus volontiers dans le répertoire classique, l'émergence dans le domaine public d'un auteur contemporain mérite bien qu'on s'y attarde.

En adoptant une démarche axée sur la lecture attentive des pièces, nous mettons entre parenthèses la vie de l'auteur — non pour examiner le *corpus* d'une œuvre mais pour étudier les pièces d'un théâtre qui vit de lui-même car, en dépit de la diversité apparente de ces pièces, le théâtre de Dubillard a sa dynamique propre. Les pièces s'inscrivent dans un même mouvement, un véritable projet créateur qui est à l'évidence dans l'impulsion interne de chaque pièce comme dans l'élan auquel obéit l'ensemble. C'est un théâtre dont les pièces font boule de neige, où l'œuvre se fait comme à partir d'elle-même jusqu'à former un tout, l'*opus magnum* que représente « **...Où boivent les vaches** ». Notre approche ne mimera donc pas celle du spectateur : prisonnier de la durée du spectacle, de son rythme propre, le spectateur ne peut ni retourner en arrière pour vérifier sa mémoire ni faire une approche latérale de plusieurs pièces à la fois. Ainsi, notre essai d'analyse se place dans cet espace potentiel *entre* texte et représentation. Tout en cernant ce que chacune des pièces présente de spécifique, surtout quand il s'agit de structures complexes telles l'esthétique temporelle ou l'articulation des isotopies, nous passerons inlassablement d'une pièce aux autres afin de jauger la cohérence de l'ensemble par rapport à l'aune de Pascal : « Tout auteur a un sens auquel tous les passages contraires s'accordent, ou il n'a point de sens du tout ».

Et ce sens, serait-il l'apanage de l'auteur ou est-ce qu'il se diffuse toujours dans l'air du temps ? Pour Michel Corvin, **Naïves hirondelles** serait une des pièces « les plus représentatives du théâtre nouveau » (1974, pp. 45-46), alors que Claude Roy affirme, à propos de **La Maison d'os**, que « tout cela est *unique* dans le théâtre contemporain » (1965, p. 146). Quant à Pierre Marcabru, ce dernier laisse entendre que Dubillard souffrirait de sa singularité même, du moins de ce côté de la Manche :

> Sous les apparences nonchalantes d'un humoriste ensommeillé, Roland Dubillard est sans doute un des auteurs les plus curieux, les plus rares que recèle le fond

> théâtral français, d'ailleurs si superficiellement exploré. Si Roland Dubillard vivait en Angleterre, il serait universellement connu. Hélas ! Comme il vit en France, il passe pour un aimable farceur dont les pirouettes amusent un soir la galerie.[1]

On s'efforcera donc de situer l'auteur dans le contexte du théâtre d'aujourd'hui et de montrer également ce que le présent doit au passé. Cela, de deux façons distinctes car il y a d'une part la dette qui se dit (Milton, par exemple, est aussi un personnage de Dubillard) et d'autre part, celle qui se tait.

Le langage que nous parlerons ressemble peu à celui de Dubillard et guère plus à celui de la critique théâtrale traditionnelle. On connaît la formule de Michel Leiris, glissée parmi les jeux de mots en forme de définitions de dictionnaire que comporte son **Langage tangage** (1985) : « *sémiotique* — dépiaute au mot à mot et, aussi sec, met en miettes maint truc simiesque ». Évidemment, le langage sémiologique n'a pas la prétention de procurer à son lecteur le même plaisir que celui qu'il éprouverait à l'écoute de la langue de Dubillard !

Faut-il défendre la sémiologie elle-même, ou son extension au champ du théâtre ? Il est vrai que l'entreprise relève toujours d'une recherche de méthode puisqu'en dépit du travail déjà accompli, la sémiologie théâtrale est faite d'emprunts à d'autres domaines d'étude, se servant de concepts élaborés souvent à d'autres fins, les modifiant au besoin en vue d'une application à l'objet dramatique. Mais le caractère composite de la création théâtrale, les divers systèmes signifiants mis en œuvre, exige bien une approche pluridisciplinaire. Nous tâcherons donc de résoudre les difficultés théoriques dans la pratique, d'utiliser des recherches venues d'horizons divers dans un but unique, celui de rendre compte d'un *projet d'auteur*. La sémiologie a l'avantage de se tenir à distance de son objet d'étude. Or, les pièces de Dubillard fonctionnent infailliblement comme des œuvres-miroirs, d'où ce danger guettant le critique qui ne se maintient pas à distance, celui qui consiste à chercher dans l'œuvre les métaphores explicatives de l'œuvre. La sémiologie nous sert donc de méta-langage conscient de l'être et susceptible d'aider le critique dont la tâche, tenant à la fois de l'*interprétation critique* et de la *coopération interprétative*, est décrite ainsi par Umberto Eco : « Le critique, dans ce cas, est un lecteur coopérant qui, après avoir actualisé le texte, raconte ses propres mouvements coopératifs et met en évidence la façon dont l'auteur, par sa stratégie textuelle, l'a amené à coopérer ainsi » (1985, p. 242).

En se scindant des deux côtés de la barre saussurienne, l'analyse visera d'abord le plan de l'*expression* (chapitres I et II), ensuite celle du *contenu* (chapitres III et IV), afin de montrer que tous les éléments d'expression — mot et objet, nom propre et espace scénique — sont parlants, tout comme le contenu ne se manifeste qu'à travers une forme, une structure dramatique. On ira donc du particulier au général, du détail de la forme à l'ensemble du

[1] Critique parue dans ***Le Matin*** en septembre 1979.

sens. En effet, l'écriture de Dubillard travaille sur les détails du signifiant comme à la loupe et il faut accepter d'en faire autant pour défricher la forêt minutieuse des jeux de signes (l'auteur ne joue pas que sur les mots), et pour déceler par la suite, à l'aide du concept d'*isotopie*, la façon dont les signes s'organisent entre eux. Si on parle très peu de sujets d'actualité dans ce théâtre, on est tout de suite frappé par l'aisance avec laquelle ces personnages parlent de plusieurs choses *à la fois*, les fils de la conversation se croisant et se nouant en des points névralgiques. Certains concepts empruntés à la poétique et à la sémantique peuvent aider à démêler les fils du discours et des autres systèmes de signes, et à voir comment et pourquoi le message théâtral se fait infiniment plus riche que la communication *entre* les personnages.

Face à ce que le concept d'isotopie a de sémantique, la linguistique de l'énonciation — mettant en rapport le discours et la *situation de parole* (personnage/espace/temps) — fait intervenir toute la relation complexe entre sens et forme théâtrale, entre l'énoncé et son ancrage scénique. Or, depuis un certain nombre d'années, l'intérêt des linguistes s'est déplacé pour mettre l'accent sur l'*énonciation* [1], alors que dans le même temps les littéraires se sont rangés soit du côté de la « productivité » soit du côté de la « créativité ». Cette problématique est justement au cœur de l'œuvre dramatique de Dubillard. Qui parle ? Un sujet autonome ou bien les codes, les instances sociales, dont le langage, qui pèsent sur le sujet et — peut-être — le constituent en sujet ? A sa façon, de façon théâtrale, Dubillard répond à cette question : d'une part, il apparaît très vite que les personnages ne maîtrisent pas totalement leurs discours, qu'ils sont plutôt tirés par les mots, et d'autre part, la Culture passe dans les pièces pour se mêler au discours de l'auteur. Ainsi, la problématique de l'énonciation rejoint l'étude de l'*hypertextualité* (la génération de l'œuvre à partir d'un texte antérieur) dont nous soulignons l'étendue et l'originalité ; les questions sur la constitution du sujet parlant sont donc liées au débat opposant la *créativité* du sujet à la *productivité* du texte. En présentant **« ...Où boivent les vaches »** à ses futurs spectateurs, Roger Planchon a bien insisté sur cet aspect de son actualité :

> La pièce de Roland Dubillard est l'exemple même d'une œuvre qui refuse de passer une revue de détail devant les philosophes et les essayistes actuels. L'auteur a tout fait pour n'avoir pas de compte à rendre à la pensée conceptuelle moderne. Mais, et c'est là le surprenant, les interrogations que pose sa pièce sur l'art, sur le créateur, etc., sont plus importantes et plus profondes que les essais philosophiques parus ces dernières années qui se font fort de traiter à fond ces questions [2].

Il est certain que le théâtre de Dubillard a surtout des comptes à rendre à d'autres œuvres d'art, comme le suggère l'hypertextualité culturelle qu'elle

---

[1] Voir à ce propos le livre sur l'énonciation de C. Kerbrat-Orecchioni, 1980.

[2] « Pourquoi des poètes...», supplément du journal ***Le Monde*** présentant la saison 83/84 du TNP.

pratique. Nous n'hésitons donc pas à faire œuvre de détective, se servant des signes comme indices de pistes de lecture. A notre sens, ceci est le corollaire d'une propriété de ce théâtre : un peu comme dans certains films d'Orson Welles, le spectateur devient chercheur au même titre que les personnages et l'auteur. Et puis il n'est pas interdit au chercheur de s'amuser, ni au spectateur de chercher.

En fin de parcours, la piste de l'énonciation nous aura mené, par le biais du personnage et de la scène, au seuil du discours inconscient et de *l'autre scène.* Cela peut décevoir certains et rassurer d'autres mais la psychanalyse, même lacanienne, ne donne pas la clé des songes. Elle permet néanmoins de mieux comprendre ce que les uns rangent dans une boîte hermétique marquée INEFFABLE. Par sa réflexion sur le langage et sur la formation du sujet, les théories de Lacan ont l'avantage de dépasser le cadre du *roman familial* pour relier l'œdipe à la langue, ce qui permet de saisir les effets du désir au niveau du signifiant comme au niveau du signifié. Effets du désir dont la *relation d'objet,* qui s'avère capitale dans une œuvre qui se plaît à offrir à l'auteur et au spectateur les images spéculaires des places qu'ils occupent dans les schémas du désir et de la communication dramatique.

S'agissant de la scène visible ou de l'autre, il sera toujours question de *lire,* au sens que Barthes donnait à ce mot : « Finir, remplir, joindre, unifier, on dirait que c'est là l'exigence fondamentale du *lisible* » (1970, p. 112). Dans ce but, on s'efforcera de démentir cette intuition de Paul-Louis Mignon :

> Insolite parce que voilà un théâtre qui, plus que tout autre de ce genre, ne se prête guère à l'analyse ; les arguments, à l'image de **La Maison d'os**, ne sont qu'un squelette [...] N'est-ce pas en définitive la vertu de telles œuvres — comparable à celle où l'on a vu, cinquante ans avant, l'originalité d'un Tchékhov — qu'on discerne difficilement comment elles sont faites, comment, à côté des mots, elles rendent ce qu'il y a d'inexprimé dans la vie intérieure des êtres ?
>
> (1978, pp. 169-170)

Si le théâtre de Dubillard parvient bien à rendre l'inexprimé de l'être, nous soutenons que la façon de faire, sa théâtralité propre, n'est pas du domaine de l'indicible.

CHAPITRE I

JEUX DE SIGNES

La relation entre les plans d'expression et de contenu du langage, entre le signifiant et le signifié, est à la fois *nécessaire* et *conventionnelle* : nécessaire dans la mesure où les locuteurs ne peuvent opérer d'eux-mêmes des substitutions de signifiants ou de signifiés, conventionnelle puisque les langues naturelles se permettent de telles variations. Le rapport signifiant/signifié apparaît donc comme une règle qui s'impose à tous les usagers d'une langue ; passant outre au plan signifiant, l'attention se précipite sur le plan du contenu car — dans la communication normale — le sens prime sur l'aspect matériel du signe.

Il n'en va pas toujours de même au théâtre, lieu du sensible où la parole vive du comédien nous permet d'appréhender la matière première du langage, son caractère phonique. Profitant de sa nature *conventionnelle*, Dubillard récuse ce lien *nécessaire* entre les deux faces du signe théâtral : le signifiant perd de sa transparence et prend ses distances vis-à-vis du signifié. S'il dépend d'une convention qui ne vaut que pour l'œuvre individuelle, le nom propre du personnage, son signifiant premier, est d'autant plus nécessaire pour assurer l'individuation de la personne. La présence physique du comédien a beau marquer une certaine continuité de son personnage, la stabilité du nom propre fournit au spectateur un point de repère indispensable. Mais le nom participe d'un double statut — « étiquette » de la personne et signe linguistique — et l'auteur peut donc exploiter cette fonction ambigüe pour entrainer le personnage dans le jeu de son propre langage.

Le statut de l'objet théâtral est également double puisqu'il est à la fois signe et référent, signe d'un référent dans le monde et lui-même référent d'un signe linguistique. L'objet scénique est perçu par le spectateur mais aussi nommé par le discours des personnages. On voit bien que le rapport *conventionnel* entre l'expression et le contenu s'opère à deux niveaux : à l'intérieur du signe linguistique qui dit l'espace et également entre le signifiant perçu et son signifié. Or, U.Eco rappelle que la ressemblance iconique est bien une question de degré — « un phénomène *graduel* et *culturel* » (Eco, 1978). Le passage du signifiant perçu à son signifié ne va donc pas de soi puisque les codes de reconnaissance peuvent toujours être bouleversés. Le théâtre de Dubillard nous montre que les mots et les choses sont également instables, que les signifiants et linguistiques et plastiques sont sujets à des mutations imprévues.

1. Récurrence du signifiant

Partant des plus petites unités phoniques, le langage dubillardien se trouve soumis à un travail proprement poétique tendant à mettre en valeur la matière sonore du mot. La perception de tels cas d'allitération et d'assonance dépend d'un certain degré de *récurrence*, degré que l'on peut difficilement cerner même si ces effets s'imposeront plus fortement à l'ouïe du spectateur qu'à l'œil du lecteur [1]. Le signifiant verbal ne sera perçu comme récurrent qu'à l'intérieur d'un contexte étroit et cet effet sera d'autant plus fort qu'il est ponctuel.

Retenons en outre la présence d'anomalies sémantiques, facteur additionnel qui peut renforcer la perception de récurrences phoniques : quand la cohérence isotope [2] du plan dénoté du discours devient suspecte, le récepteur est amené à chercher un autre principe de cohérence, celui de la chaîne des signifiants. La récurrence du plan signifiant remplace la logique des signifiés. Ainsi l'isotopie phonétique peut-elle s'ajouter au discours que ce dernier soit isotope ou non du point de vue du contenu. Elle constitue un principe de cohérence d'un autre ordre, qui ne paraît dominant que dans les cas où l'ordre du sens fait défaut.

On peut remarquer que le langage de Dubillard cumule volontiers la récurrence « p », consonne qui se combine avec d'autres occlusives (« t », « k », notamment) pour produire des séquences sonores bien délimitées :

Fernand :	Elles pétaradent !
Mme Séverin :	Pauvres péteux ! pétarader, c'est pas tarte, peut-être, pauvre type ! Pttt...
Fernand :	Elles partent, nos motos !
Mme Séverin :	Ptt ! Piteux, vous êtes. Elles partent ! Oui, vous devant, pauvres patates, et nous patraques par derrière, ça vous est bien égal, elles partent ! et puis elles n'arrivent pas.

La forte densité de consonnes plosives dans cet échange des **Naïves hirondelles** [p. 112] est loin d'être gratuite. Elle connote en premier lieu l'emportement du personnage. La scène se situe vers la fin de ce troisième acte dans lequel les deux personnages restés en lice attendent le retour de Bertrand et de Germaine ; l'attente se prolonge, les instants s'étirent, la frustration fait place à cette véritable explosion d'émotion.

---

[1] Les deux livres de poésie signés par Dubillard révèlent bien la sensibilité de l'auteur à de tels effets. Par ailleurs, en tant qu'auteur et acteur, Dubillard a beaucoup travaillé à la radio, médium où l'importance des sonorités verbales n'est pas à démontrer. Voir notre étude : « Oreille qui parle, Dubillard et la radio » (Wilkinson, 1986).

[2] « *Séquence isotope* : toute séquence discursive pourvue d'une certaine cohérence syntagmatique grâce à la récurrence d'unités d'expression et/ou de contenu ; *isotopie* : principe de cohérence de la séquence [...], ou la séquence isotope elle-même. » (Kerbrat-Orecchioni, 1977, p. 249). Sauf indication contraire, nous parlons d'isotopies de contenu.

Cette exploitation de l'onomatopée, systématique dans l'œuvre de Dubillard, n'a pas seulement une valeur expressive car la redondance du signifiant est source d'information pour le spectateur plutôt que pour le personnage. La mise en valeur du plan de l'expression s'effectue à son insu, comme si le langage n'obéissait qu'à ses propres lois — celle, en particulier, qui fait du son l'écho du sens. La redondance linguistique — qui, rappelons-le, est indispensable à toute communication — se transforme ici en redondance sur-codée dont le caractère systématique enlève au signe sa transparence habituelle.

Même dans les cas où la récurrence phonique se limite à un couple de mots, il se produit une sorte de contamination mutuelle. L'identité de deux lettres initiales, par exemple, tisse un lien autre que sémantique entre les signifiés, comme si le sens emboîtait le pas au son. Félix, poète malheureux de **« ...Où boivent les vaches »**, use abondamment du procédé dans ce discours de la fin du premier acte qui appelle Olga (une vache) à rentrer sur scène et à parler, Olga dont le derrière serait « [...] capable de te faire basculer et tout à coup rouler en boule d'avalanche jusqu'au palier plat ridicule du rez-de-chaussée, à plat comme la carpette et le tapis brosse, à plat comme la honte à tout jamais d'être quelqu'un d'horizontal » [p. 54]. La récurrence fonctionne comme une formule mnémotechnique associant bassesse et horizontalité par l'intermédiaire de palier/plat, ridicule/rez-de-chaussée, honte/horizontal. En favorisant la mémorisation, elle rend indivisibles les deux signes.

La *rime* ne fonctionne pas autrement, provoquant des carambolages imprévus entre signes divers — qu'ils aient ou non un rapport de sens préalable car, comme l'affirme T. Todorov, « il suffit que deux mots soient à la rime, ou même simplement voisins, pour qu'en surgisse un effet sémantique » (1974, p. 230). De tels accouplements abondent dans **Si Camille me voyait...**, une « opérette parlée en vers radiophoniques » dont les rimes parodient le théâtre en vers tout en exploitant les possibilités du procédé poétique. L'ordre du signifiant sert à souder des éléments qui partagent déjà un *sème* commun [1] — acqueuse/baigneuse, amant/sentiments, mensonge/songe — de même qu'il sert à créer des rapports inédits par une sorte d'échange sémique entre mots à la rime — repos/eau, baigneuse/promeneuse, lourd/sourd. Ces derniers exemples montrent comment la rime peut mettre en valeur un sème connoté plus ou moins latent [2] car la liste des sèmes constituant le sens d'un mot est tout à fait extensible.

A l'isotopie de contenu s'ajoute donc une isotopie d'expression créatrice d'effets sémantiques nouveaux, d'une surcharge de sens. **Camille** paraît comme une parodie du théâtre en vers parce que cet accouplement met en

---

[1] *Sème* : unité minimale de contenu, élément d'un sémème.

[2] Les *sèmes connotés* sont nombreux et variables selon le contexte ; les sèmes dénotés font partie de la « définition » du terme. F. Rastier récuse l'opposition dénotation/connotation et préfère parler de sèmes *inhérents* et *afférents* (1987, p.113).

valeur non seulement le sème commun des signifiés mais aussi le décalage entre mots relevant d'isotopies stylistiques hétérogènes. Renvoyant dos à dos renchérisse/pastis, scrupule/véhicule, cylindre/plaindre, paire de claques/ voile opaque, la pièce se sert de la rime pour réunir l'inconciliable, d'où cette friction comique entre les isotopies | poétique | et | trivial |, | archaïque | et | mécanique |. L'union impossible qu'effectue la récurrence du signifiant est également comique quand il s'agit de superposer par la rime deux signes dont les dénotés sont perçus comme contraires, tels toute nue/tenue, lanterne/terne ; l'union paraît d'autant plus impossible que, grâce à la rime, elle s'avère être à l'intérieur même d'un élément rimant — l'identité entre signifiants fait confondre des contraires, l'autre revient au même, et du choc sémantique surgit l'*effet comique*. Dans un aparté malicieux Dubillard prend à témoin son spectateur pour lui donner l'illustration parfaite des rapports entre rime, sens, et rire :

> Monsieur l'abbé ! Il ne m'a pas compris,
> c'est certain, car il aurait ri.
>
> [**Si Camille me voyait**, p. 40]

La rime et autre cas d'assonance reviennent à point nommé dans les autres pièces de l'auteur où ils se trouvent mis en valeur par leur isolement même. Phrases rythmées et parallélismes syntaxiques se joignent à la densité des sons répétés pour accentuer la valeur d'écart du phénomène :

> Mon temps serait plein comme un œuf, fort comme un bœuf [...]
>
> [**La Maison d'os**, p. 43]

> Marie je vous salue, toute avec vos bretelles. Toute avec vos seins nus, j'y mets la croix dessus.
>
> [**Le Jardin aux betteraves**, p. 62]

Les récurrences phoniques fonctionnent justement comme des « bretelles » qui permettraient à l'auditeur de passer d'un *sémème* [1] à l'autre par la voie du signifiant. Le son finit par tourner autour du sens, comme dans ce passage du **Jardin** [p. 20] où la répétition rythmée de certains sons connote bien la circularité qu'il exprime par ailleurs dans son contenu :

> A la Maison de la Culture de Croûton-Vieille Ville, tout se passe sur les paliers d'un interminable escalier en spirale.

Si le sens des sons fait souvent écho à celui du dénoté, cette fonction onomatopéique n'explique pas tous les cas de récurrence phonique. C'est l'Appariteur de **La Maison** qui attire notre attention, et celle du spectateur, sur le rôle d'*embrayeur* de tels effets : « [...] des associations d'idées qui ne

---

[1] *Sémème* : contenu d'un signe, susceptible d'être analysé en sèmes.

pouvaient servir qu'à moi, des trucs mnémotechniques : "Eau chaude à gauche, eau froide à droite", "Voici la motte, le piquet n'est pas loin" et "Qui dit Grenelle dit vaisselle", etc. » [p. 84]. L'assonance fonctionne de la même façon, suscitant des « associations d'idées », nous indiquant des couloirs à suivre dans le dédale sonore de l'œuvre. Dubillard ne se prive pas d'indications plus directes pour fournir au spectateur des pistes de lecture. Grâce à la mise en place d'une isotopie dénotée que nous pourrions appeler | métapoétique |, le travail de l'assonance trouve une *thématisation* au niveau du contenu. Dans **Naïves hirondelles**, c'est Bertrand qui se charge de mettre en valeur le travail de la rime — Germaine/porcelaine, hygiène/Germaine, photo/moto. Que la rime soit riche ou pauvre, mot d'esprit du personnage ou transmise à son insu, elle provoque toujours une rencontre entre les deux sémèmes, soulignant à l'occasion l'altérité des sens *dénotés* tout en signalant la présence d'un sème — de *connotation* — commun : « La proximité phonétique n'entraîne donc pas la parenté sémantique — dénotative du moins. C'est alors qu'intervient la connotation remotivante, qui nous suggère insidieusement que malgré tout, l'accord des sons recèle l'accord des sens, que quelque affinité profonde assemble les mots qui se ressemblent [...] » (C. Kerbrat-Orecchioni, 1977, p. 41).

Les rimes de Bertrand offrent la particularité d'être *déjà* « motivées » par l'action dramatique : Bertrand aurait voulu que *Germaine* s'occupe, avec lui, à réparer de la *porcelaine* plutôt qu'à confectionner des chapeaux chez Mme Séverin (« Au fond, Germaine, porcelaine, ça rime ») ; il est question ensuite de s'occuper d'*hygiène* en installant une douche chez Mme Séverin, où loge la jeune fille (« [...] pour ce qui est de rimer, hygiène et Germaine, ça rime tout ce qu'il y a de bien »). Ces liens à la fois poétiques et pratiques font désormais partie de la communication *entre* les personnages même si ces derniers n'en sont conscients qu'à des degrés divers ; mais l'effet de la rime ne s'arrête pas à la raison que lui attribue le personnage car l'existence d'une « explication » plus ou moins apparente n'empêche ni l'actualisation de la dissemblance dénotative ni celle d'un sème de connotation commun. Quand Mme Séverin, de plus en plus excédée par les intentions de Bertrand à l'égard de Germaine, se gausse de la suggestion de son neveu (« "Hygiène, Germaine!..." »), la parole échappe doublement au personnage puisque et la rime et la « connotation remotivante » se déclenchent à son insu.

La thématisation du travail de la rime sert donc, dans **Naïves hirondelles**, à attirer l'attention de l'auditeur sur le rapport des signifiants et à lancer la recherche d'un rapport connotatif entre les signifiés. Dans cette première pièce de l'auteur, la thématisation de la rime compense l'absence relative d'anomalies sémantiques ; ailleurs dans le théâtre de Dubillard, la fréquence de telles anomalies suffit à elle seule à rendre pertinente toute récurrence du signifiant et à faire surgir l'effet connotatif. Dès lors qu'il y a rupture de l'isotopie dénotative, c'est bien l'ordre du signifiant qui semble prévaloir. Dans les discours abondants où domine l'*allotopie* [1], tout se passe comme si les mots ne faisaient que suivre le hasard de la répétition sonore : « Le premier qui me dit que je comprenne, le premier qui me donne quelque chose à comprendre, un pet, un ragoût, un radis, un rat, rien du tout [...] » [**La Maison**, p. 113]. Le jeu acoustique devient ainsi le premier principe de cohérence de la séquence, primauté du signifiant qui fait ressortir le supplément de sens de la connotation car, répétons-le, le rapport des signifiants provoque toujours un rapport de signifiés.

Cette mise en valeur du signifiant est à l'opposé de ce que I.Fonagy appelle « la transparence du signe démotivé [...], du signe pur qui naît du sacrifice d'une substance se consumant pour se transformer en référence, une fenêtre qui ouvre sur une tranche déterminée de la réalité » (1972, p. 414). Chez Dubillard, le signifiant se fait substance par un effort de *remotivation* qu'accomplissent tout travail de « mimésis verbale » et toute séquence où l'enchaînement des signifiants l'emporte sur celui des dénotés. Que le matériel sonore soit lui-même le signifiant de connotation ou qu'il serve à suggérer une affinité entre des termes voisins, l'isotopie du plan de l'expression et celle de la connotation paraissent d'autant plus fortes que l'isotopie de la dénotation fait défaut.

---

[1] *Allotopie* : impertinence sémantique, voire rupture d'isotopie.

2. Jeux de mots

Seul le taux de récurrence permet de distinguer entre l'assonance ou l'allitération et la *paronomase* (rapprochement de mots ressemblants), mais si les premiers cas de figures peuvent se greffer sur un discours parfaitement isotope, le théâtre de Dubillard montre que l'exploitation systématique de la paronomase s'accompagne le plus souvent d'un discours fortement allotope, comme si les mots s'engendraient en vertu de la seule ressemblance signifiante. Perdant de sa transparence, le signe verbal devient *chose*, laquelle passe dans la substance même du signifiant pour rapprocher à la fois les signifiants paronymiques et leurs signifiés. Malléabilité du signe qui s'illustre dans le monologue de Félix pleurant la mort de sa mère dans le deuxième acte des **Vaches** : « Tendre comme la main dans laquelle on devient de l'argile. Argile, argile... Argile avec ta paire d'ailes intérieures, argile d'envol. Agile. » La tendresse maternelle se retrouve ici dans la mobilité même des mots qui l'évoquent. Par une sorte d'iconisation de la matière signifiante, il s'établit un rapport d'analogie entre le signe et le référent. On peut même constater que cette dynamique particulière du signifiant trouve chez Dubillard son terrain de prédilection dans les séquences où prévalent les sèmes de « mollesse », de « mobilité », de « changement ».

Cette impulsion du signifiant acquiert une force spécifiquement théâtrale quand elle dépasse le discours d'*un* personnage pour doter les répliques *des* personnages d'un principe d'enchaînement autre que causal. Faisant fi de l'individualité du locuteur, les liaisons sonores entre l'angoisse/langouste/ma langue/moustiques fournissent bien le fil conducteur du dialogue du jeune couple des **Crabes** [p. 62], tandis que l'enchaînement des répliques de l'acte II, scène 10 des **Vaches**, scène de cauchemar dans cet acte nocturne, se fait par le biais de ressemblances sonores telles pétrin/s'empêtrent, ecclésiastiques/élastiques. Le discours individuel s'efface au profit d'une parole généralisée et l'attention du spectateur délaisse l'*échange*, critère essentiel du dialogue traditionnel, pour suivre les méandres imprévisibles du signifiant.

Ainsi le personnage devient-il comme le porte-parole d'une énonciation qui le dépasse ; et quand le paronyme s'absente, l'homogénéité du personnage et de son discours se trouve d'autant plus menacée — *ça* parle par la bouche du locuteur. Imposé par le contexte, le terme manquant de la paronymie *in absentia* se laisse clairement entendre, comme dans cette courte scène de **La Maison** où « écrire » paraît comme le non-dit manifeste :

> *Un Valet cireur* : [...] D'abord les cireurs qui parlent bien de leur métier, je m'en méfie. C'est soi-même qui les intéresse, c'est pas le cirage du soulier. [...] qu'ils deviennent cireurs de monuments ! ou écrivains !
>
> [**La Maison**, XXXIV]

La mobilité du signe récuse ainsi le caractère nécessaire du rapport signifiant/signifié et souligne son caractère conventionnel, voire sémiotique, comme l'a bien indiqué le Groupe *mu* : « La surprise que nous éprouvons devant la paronomase est la preuve que ce mécanisme repose à la fois sur un rappel du caractère aléatoire propre à l'union du signifiant et du signifié et sur une correspondance qui, avant d'être motivée, est saisie comme pure coïncidence. Le rapport inter-signes souligne l'arbitraire dans le rapport intrasigne » (1977, p. 184). C'est dans un deuxième temps que le récepteur donnera à la ressemblance formelle une valeur sémantique : cirer ressemblerait à écrire puisque le cireur/écrivain se mire dans l'objet qu'il travaille. La sélection du sème commun passe, bien entendu, par le contexte de l'énoncé et le rapport sémantique sera d'autant plus riche qu'il accumule les valeurs précédemment rattachées aux deux termes de la paronomase. C'est ainsi que se dessine le parcours du sens dans cette petite pièce en dix scènes extrêmement denses qui s'intitule **Les Crabes ou Les hôtes et les hôtes** : au rapprochement hôtes/aoûtats de la scène 6 viennent s'ajouter, outre la polysémie de « hôtes », toutes les connotations que l'on a vu se greffer sur « moustiques », « larves », et autres éléments du même domaine. Le fil du signifiant parcourt toute la pièce — loue/loup , chien/chenil/cheval — de telle sorte que la coïncidence sonore devienne productrice du dialogue, voire de l'action dramatique.

Il suffit de se rappeler la fin de **La Cantatrice chauve** pour constater que cette mobilité foncière du signe n'est pas l'invention de Dubillard ; l'atomisation du verbe pratiquée dans la première période de Ionesco va même beaucoup plus loin que chez Dubillard. De même, ce dernier ne va pas jusqu'à la substitution systématique d'**Un mot pour un autre** de Jean Tardieu. La pratique verbale de Dubillard nous paraît plus mesurée, se rattrapant devant le délire verbal d'un certain théâtre de l'absurde pour organiser les fils du signifiant en réseaux de sens pleinement cohérents. Il s'agit plutôt d'une *surdétermination* délibérée du signe théâtral, qui ne vise qu'accessoirement la critique du langage bourgeois et de ses formes dramatiques, déjà touchées par les attaques plus paroxystiques du premier Ionesco.

Assonance, rime, paronomase : récurrence de plus en plus forte qui ne manque jamais de mettre en valeur la pulpe sonore de la phrase, faisant de la voix du comédien un élément concret presqu'au même titre que l'objet scénique. Si tous ces procédés amènent un apport de sens, seule la paronomase *in absentia* est capable de produire un « double sens » ; elle s'apparente au calembour dans la mesure où une occurrence du signifiant fait surgir deux signifiés. En ajoutant au critère *in praesentia/in absentia* celui de ressemblance/identité, T. Todorov arrive au classement suivant :

- occurrence unique (syllepse, mot-sandwich)/occurrence multiple (antanaclase, paronomase)
- identité (syllepse, antanaclase)/ressemblance (mot-sandwich, paronomase)

(1974, p. 232)

Dans l'analyse du discours théâtral, il n'est pas toujours aisé de distinguer entre ces différents types de jeux de mots car à l'oral la paronomase et l'antanaclase (répétition d'un mot avec des sens différents) — ressemblance et identité — peuvent se confondre, alors que le rapport *in absentia/in praesentia* fait intervenir toute la question de la durée et de la mémoire du spectateur. Plus la distance qui sépare les termes de la paronomase ou de l'antanaclase est grande, plus s'impose la nécessité de certains mécanismes de renforcement, mécanismes auxquels la *syllepse* (double sens se rattachant à un signifiant unique) a obligatoirement recours.

Grâce à l'effet d'incongruité produit, la rupture de l'isotopie dénotée joue un rôle majeur dans la mise en valeur de la ressemblance formelle entre deux signes plus ou moins éloignés : « culture » ne manquera donc pas de réapparaître en filigrane dans la liste « la peinture, la couture, la littérature » [**Les Vaches**, p. 105]. Profitant des failles de la dénotation, les couples paronymiques prolifèrent pour créer des discours *poly-isotopes* (comportant deux ou plusieurs isotopies entrelacées) [1]. Le début de l'acte II du **Jardin** en donne l'illustration parfaite : la salle de musique du premier acte s'est subitement transformée en vaisseau sous-marin, ce qui fait surgir dans le dialogue des couples paronymiques relevant des deux isotopies | musique | et | poissons | — luth/lotte, sole/seule, à la quarte/à la carte — sans que le spectateur puisse savoir si les deux personnages parlent de ceci ou de cela. C'est le personnage appelé Milton qui « précise » : « Nous nageons en pleine musique, mon cher Camoens » [p. 78].

La dynamique du signifiant va jusqu'à remplacer et la causalité et la volonté du personnage comme ressort principal de l'action : c'est bien à cause de la ressemblance gratuite des signifiants que la « carrière » *imaginée* par Denise dans le huitième épisode de **Camille** devient l'espace *réel* de la « clairière » dans le onzième épisode. Le référent spatial n'est ici que la manifestation concrète de la paronomase. Cette primauté du jeu de mots sur le sujet parlant aussi bien que sur le réel amène Denise à se demander si les personnages de **Camille** ne seraient pas « [...] dans ces ténèbres le jouet d'un grand Menteur? » [p. 44]. En effet, le langage se joue du personnage, alors qu'il arrive souvent que ce dernier attire notre attention sur le caractère ludique de sa propre parole ; ce faisant, il annonce la connotation stylistique qui s'attache à tout jeu de mots : « caractère ludique de l'énoncé, donc facétieux de l'énonciateur » (C. Kerbrat-Orecchioni, 1977, p. 149). En exhibant les ficelles de son langage, le personnage atteste la présence malicieuse de l'auteur/énonciateur.

---

[1] *bi- ou poly-isotopie* : séquence comportant plusieurs isotopies non hiérarchisables, ou encore, « la polysémie actualisée et étendue au niveau textuel » (C. Kerbrat-Orecchioni, 1976, p. 28). Ces termes n'ont ici rien à voir avec la coexistence normale d'isotopies de contenu ni avec les variations d'isotopies au cours de l'action.

La connotation ludique semble particulièrement marquée lorsque l'identité de deux signifiants laisse croire à une dérivation étymologique : à l'instar d'un *calembour définitionnel*, la répétition du mot, ou de la racine, se sert de l'attraction pseudo-étymologique pour remotiver l'arbitraire de la ressemblance. Dubillard exploite volontiers ce type d'antanaclase dont la logique toute ludique voudrait qu'on fait roter la rotation d'une porte, que « les arêtes vous arrêtent », qu'on crève parmi les crevettes [**Le Jardin**]. Même s'il n'y a ni cassure de la lexie ni double sens, c'est bien l'ordre du signifiant qui ferait croire que l'occurrence multiple du même dérive d'une parenté étymologique, voire d'un cousinage général des mots. Dislocation du signe dont la partie remotive le tout, et qui parvient à engendrer l'action pour peu que le jeu de mots soit pris à la lettre et manifesté dans le jeu du comédien ou dans le réel scénique.

Ces exemples de *remotivation pseudo-étymologique* pourraient figurer dans le **Glossaire j'y serre mes gloses** de Michel Leiris [1]. Par ailleurs, si Ionesco utilise ce procédé selon lequel les souris ont des sourcils pour enchaîner les répliques de sa **Cantatrice chauve**, il faut remarquer que le rapprochement sémantique n'a de valeur que ponctuelle et — plutôt que de former système — s'éparpille un peu au hasard. Chez Dubillard, au contraire, les métasèmes forment des isotopies et les plus petites unités phoniques se montrent capables d'engendrer non seulement des dialogues et des scènes mais aussi des pièces : la rime hache/vache (tirée des **Douaniers** de Rimbaud) figure telle quelle dans **Les Vaches** et y constitue même une opposition centrale — le président Hachemoche et Olga la vache, la parole officielle et la modestie muette, la société et la nature. Cet engendrement apparemment au hasard de l'action se situe plus dans la lignée d'OuLiPo [2] ou d'un Raymond Roussel : le jeu de mots « du vieux billard »/« du vieux pillard » qui se trouve à l'origine (et à la fin) du récit de **Parmi les noirs** n'est pas autrement producteur que celui du titre même du **Jardin aux betteraves** (Beethoven).

La prolifération de *calembours* et d'*antanaclases* provoque un va-et-vient constant entre le signe et les isotopies diverses sur lesquelles il s'indexe car la densité des jeux de mots est telle que la polysémie augmente l'ambiguïté référentielle dont elle est le premier bénéficiaire. D'où l'embarras du spectateur qui ne sait plus si la confusion pèse sur les mots ou sur le réel. Cette nébuleuse de sens entoure notamment de nombreux mots relevant de l'isotopie | argent | :

Fernand : Il y a rond et rond.
Bertrand : Comment tu dis ?
Fernand : Je dis qu'il y a rond et rond.

[**Naïves hirondelles**, p. 34]

---

[1] Dans **Mots sans mémoire**, Gallimard, 1969.

[2] Voir **La littérature potentielle**, Idées/Gallimard, 1973, et **L'Atlas de littérature potentielle**, Idées/Gallimard, 1981.

Le signifiant est pris dans deux sens différents et concurrents, se chargeant d'un dénoté distinct selon l'isotopie retenue (on parle à la fois d'argent et de rosbif). Il arrive ainsi que l'ambivalence du discours poly-isotope tend à estomper la ligne entre antanaclase et calembour (*in absentia*), de même que la distinction entre *polysémie* (un mot comportant des sens différents) et *homophonie* (mots différents ayant le même son) perd de sa pertinence devant la multiplication des sens s'attachant à des lexèmes tels « tête », « prendre », et « payer », dont les signifiants deviennent de véritables foyers de sens.

A l'exemple de l'assonance et de la paronomase, l'antanaclase fait preuve d'un procédé spécifique d'*iconisation du référent*. En effet, l'isotopie | voyage | semble donner souvent lieu au déploiement de cette figure. Le mouvement dans l'espace se traduit ainsi par le mouvement dans le temps — celui de la chaîne des signifiants, qui mime à son tour le temps musical :

> Ces petits trios sur les vagues, ces grands quatuors à voile [...] ils allaient d'un point à un autre, navires! sur les portées de la mer et du port au point d'orgue — je compare : pour ce qui est de se déplacer [...] Il fait l'Angleterre et il fait le retour d'Angleterre, à la façon de nos archets, messieurs, du talon à la pointe et de la pointe au talon.
>
> [**Le Jardin**, pp. 56-57]

Si l'effet de surprise de l'homophonie est plus marqué que celui de la polysémie, c'est parce que les termes de la dernière figure sont *déjà* liés par le code lexical. L'impression de hasard est moins forte puisque le rapport des signifiants paraît plus prévisible ; la coïncidence homophonique présente un caractère plus inédit, et paraît d'autant plus osée qu'elle parasite des mots fortement redondants comme « car » ou « pas » — pas/pas de porte dans **Naïves hirondelles** [p. 19], non/nom dans **Les Vaches** [p. 100], et ce cas d'antanaclase digne d'un Lacan que l'on trouve dans la bouche du maître de **La Maison** :

> La bouche. « La bouche » : ce que tu dis, ce que tu ne dis pas ; pas ; pas... papa... moi, mes oreilles mélangent tout, le silence et la viande, un hachis dans mes feuilles d'oseille...
>
> [**La Maison d'os**, p. 68]

C'est d'abord l'oreille qui confond « non » et « nom», « pas » et « papa », mais la confusion sonore se trouvera remotivée par les thématiques conjointes de l'anonymat et de l'absence du père. Et au-delà de l'antanaclase proprement dite, **La Maison** fait feu de tout bois pour frapper n'importe quel mot du signe négatif : pas peur/papier, pas pommes/papom, panier/nier. Le hasard de l'homophonie nous prouve que le « naturel » du signe est bien illusoire, en même temps que le jeu sonore laisse entendre que les signes sont autrement motivés — selon une « étymologie » toute personnelle de l'auteur.

Les **Mots sans mémoire** de M. Leiris sont de la même racine car il s'agit là aussi de gommer la mémoire impersonnelle du code pour y substituer celle, plus motivée, de l'auteur [1]. Par ailleurs, il est frappant de constater la ténacité de ces « motivations » : l'univers verbal de Dubillard reste fidèle à ses figures de choix, comme en témoigne un texte intitulé **Réponse à une enquête sur le langage** [2]. Dubillard y développe une partie de son *étymologie personnelle* — celle dont les glissements successifs fournissent l'ossature ludique des **Crabes** — tout en dévoilant les impressions toutes physiques que procure la « langue » à l'auteur :

> [...] cette LANGUE, si agile pourtant que c'est en vain qu'on voudrait lui reconnaître une forme permanente ; cette LANGUE qui, fût-elle ANGLAISE, se dérobe à toute forme qui serait sa vraie forme et son naturel. Mobile, oui ! la LANGUE ! et vouée à l'Information ! mais, paradoxe, elle aura beau articuler, siffler, claquer, lécher, sucer, zuzoter, triste LANGUE ! et s'étirer vers le dehors entre des lèvres étrangères, — non ! elle restera dans sa bouche, prisonnière à vie. La LANGUE et la LANGOUSTE ont cette vocation commune de vivre à l'étroit, dans l'ANGUSTUS LOCUS des Latins ; traduisons : le lieu de l'ANGOISSE.

La mobilité du signe mimerait l'agilité de l'organe, mobilité qui permet à Dubillard, ici comme dans ses pièces, de libérer *sa* langue.

En ne présentant qu'une occurrence unique du signifiant, le *calembour in absentia* (ou syllepse) laisse au spectateur la tâche de reconstruire cette étymologie d'auteur où la forme semble parfois dériver d'un contenu inconscient. A la différence de l'antanaclase, il y a bien *double sens*, condensation de deux signifiés dans un même signifiant. La surcharge sémantique, grâce à laquelle le signe peut dire et ne pas dire son sens, naît d'une épargne discursive qui exige une dépense supplémentaire du spectateur.

Comment s'actualise le double sens ? C'est en général le contexte de l'énoncé qui « impose le sens le plus rare, mais en filigrane se dessine dans la conscience linguistique de l'encodeur et du décodeur le sens le plus fréquent, le plus usuel [...] » (C. Kerbrat-Orecchioni, 1977, p. 146). Le schéma sens figuré dénoté/sens propre connoté vaut pour tous les cas de double sens où c'est le sens figuré qui assure l'isotopie du discours : « Que je vous mette seulement au courant, c'est parti, ça fait boule de neige. Le chapeau, c'est le chapeau, ça roule et c'est stable. » Les jeux de mots des **Naïves hirondelles** [p. 61] échappent rarement à cette *hiérarchie des niveaux* qui maintient le caractère isotope du discours — et la cohérence de l'univers de référence.

---

[1] A parcourir le **Glossaire** de Leiris, on remarque que ces étymologies personnelles sont parfois partagées : « SOLEIL — seul œil » figure aussi dans «...**Où boivent les vaches** » [p. 73 & p. 97]. Enfin, pour Leiris et pour Dubillard, la « RHÉTORIQUE » est « érotique ».

[2] Dans R. Benayoun, **Les Dingues du nonsense**, Balland, 1977 & 1984. Ce recueil de textes « absurdes » comprend un deuxième inédit, **Fable du fabuliste incertain**.

Certes, le calembour déjoue la locution figée en la prenant au pied de la lettre mais le sens connoté reste secondaire [1].

Notons que si le sens connoté s'impose au spectateur, c'est non seulement à cause de sa plus grande fréquence, mais aussi grâce à certains facteurs de renforcement : couple d'antonymes (roule/stable dans l'exemple cité plus haut) ; prise en compte du sens propre par le jeu du comédien (Mme Séverin est en train de manger des croissants lorsqu'elle annonce, « Je m'en beurre la tartine » [*ibid.*, p. 60]) ; juxtaposition de termes référentiellement associés, voire création d'une isotopie congrue.

Ainsi la forme linguistique figée retrouve-t-elle son sens propre. Remotivation du cliché dans l'optique du récepteur mais ausi une façon de suggérer que le « réel » ne fait que suivre les métaphores usées de la langue : toujours à l'affut de commerces nouveaux, Bertrand rachète un lot de porcelaine cassée « pour une bouchée de pain », avant d'obtenir pour le même prix le pain rassis d'un boulanger en faillite, et cette même locution se charge d'un autre sens, tout aussi littéral, lorsque l'ami Fernand, essayant sans succès de couper le pain, lance : « Pour une bouchée de pain, oui ! »

Les autres pièces confirment par la même *ré-actualisation des sens propres* que la création de l'univers scénique de Dubillard passe par le biais de sa formulation verbale. Les éléments de ce « réel » — espace, objets, corps du personnage — font de la métaphore usée un calembour vif. Renversant le schéma sens figuré dénoté/sens propre connoté, **La Maison** ranime des locutions telles « avoir en main » [scène XIX] ou « se faire briller » [scène XXXIV]. Ce sont ici les sens propres qui assurent l'isotopie tandis que le sens figuré passe à l'arrière-plan connotatif. Les images verbales, révélées telles, acquièrent une substance réelle ; comme le soupçonne Denise, la réalité serait tributaire du dire :

> Ne puis-je rien imaginer
> Qui ne devienne vrai sitôt que je le dis ?
> [**Camille**, p. 35]

Cette littéralisation du figuré se rapproche des nombreux cas de syllepse où le jeu de mots passe pour une remotivation (pseudo–)étymologique du signifiant ; il s'agit toujours de ramener la métaphore vers un sens d'origine, de faire comme si les mots pouvaient s'expliquer les uns les autres — deux façons de jeter entre les mots et les choses le pont de la dérivation. Mais, à force de vouloir jouir des mots comme des choses, on s'aperçoit que l'arbitraire du signe, au lieu de s'effacer, s'étend à la chose même puisque toute

---

[1] Ce qui ne veut pas dire que l'importance relative de l'isotopie connotée est « secondaire »; en termes relationnels, l'isotopie connotée présuppose l'isotopie dénotée. Il faut également se garder de valoriser l'isotopie la plus « profonde » (voir Rastier, 1987, pp. 174-175).

relation entre signes provoque une relation entre référents. La remotivation du signe oblige à rassembler les référents dont les signes se ressemblent.

La densité de sens que suscite l'emploi systématique du calembour risquerait fort de noyer le récepteur sous le flot de double sens, si les signifiés ne s'organisaient en parcours bien définis, en isotopies parfaitement lisibles. L'imagination verbale de l'auteur tend, dans chacune des pièces, à s'appuyer sur certaines isotopies de choix qui deviennent au cours de l'action de plus en plus fortes au fur et à mesure que les signifiés nouveaux s'y rajoutent. Il en est ainsi de l'isotopie | musique | dans **Le Jardin**, isotopie majeure sur laquelle se greffent les sens musicaux de bon nombre de termes (« clé », « portées », « fugue », « corde »). L'isotopie | corps | occupe dans toutes les pièces une place cruciale telle qu'elle puisse réactiver le sens propre de toute locution ayant trait au physique humain. Le titre même de **La Maison d'os** dit cette prégnance de l'isotopie | corps |, alors que dans **Le Jardin** on revient tantôt à cette tête qui manquerait dans la sépulture de Beethoven, tantôt à l'absence de chef à la tête du quatuor : « Un cerveau, il nous faudrait! Et ici comme là-bas, c'est toujours que du pâté de tête » [p. 80].

Ainsi le signifiant joue-t-il un rôle capital dans la création de sens imprévus mais aussi dans la structuration du sens. La cohérence de cet univers dépend en grande partie d'un signifiant récurrent qui réunit plusieurs signifiés ; ce faisant, il devient *embrayeur d'isotopies*. Il faut donc souligner l'importance des moyens grâce auxquels le double sens se fait entendre, notamment dans les cas de rapport *in absentia*, calembour ou paronomase. Outre la force d'attraction de l'isotopie et l'attribution du statut dénoté au signifié le *moins* attendu, il faudrait tenir compte de toutes les impertinences stylistiques et sémantiques qui frappent d'incongruité le signifié donné par le contexte :

> Et ça se fait faire des quatuors par des compositeurs de bébés.
> [**Le Jardin**, p. 111]
>
> Reprenez votre combiné, mademoiselle la gourgandine.
> [**Les Crabes**, p. 82]

Le sémème « sous-vêtement » se superpose à celui de « téléphone », tout comme « pères » se superposent à « compositeurs ». L'anomalie est généralement plus flagrante dans les cas de paronomase *in absentia* puisque la relation de ressemblance exige un coup de pouce appuyé : « La vie a un âne » [**La Maison**] fait appel à « âme » pour résoudre l'incompatibilité ; « pierre de bourrique » fait appel à « brique » [*ibid.*]. Pris dans un contexte auquel il semble étranger, le signe en appelle un autre, plus apte à rétablir l'isotopie du discours. Il ne s'agit pas simplement de remplacer un signe par un autre dans la conscience du spectateur mais de rapprocher des sémèmes distincts (dans le cas de l'homophonie) ou bien de laisser transparaître la polysémie des mots. Le rapport signifiant/signifié n'est donc plus donné par la convention ; il est *construit* à partir de jeux de mots qui ne cessent de démontrer à quel point le contenu dépend de la forme : la coïncidence fortuite entre « néon » et « néant » [**Le Jardin**, p. 27] fait fi de la relation antonymique pour signifier à la fois blanc et noir, tandis que celle entre « seul œil » et « soleil » [**Les Vaches**, p. 73] laisse voir une ressemblance entre les référents. Le pouvoir révélateur du jeu de mots ne serait que l'effet d'un signe remotivé.

Si la plupart des cas de syllepse relèvent de la conotation (hiérarchisation des sémèmes), on peut remarquer que le double sens qui ne privilégie aucun des deux sémèmes est tout à fait caractéristique de l'écriture théâtrale de Dubillard. Les **Naïves hirondelles** n'exploitent guère cette forme particulière mais toutes les autres pièces font volontiers usage de signes dont le contenu dénoté est la somme de plusieurs sémèmes, soit parce que les deux sens sont isotopes au contexte, soit parce que deux isotopies sélectionnent des sémèmes différents. Dans les cas où le signe se voit pris entre deux contextes rivaux, c'est bien le signifiant qui leur sert de charnière, qu'il s'agisse d'un attelage tel « le dévouement, le coussin sous les pieds, mes cheveux-sa mèche à briquet » [**La Maison**, p. 57] ou bien de séquences où les deux contextes s'imbriquent de façon plus complète :

Le Maître : Mon lecteur. J'avais dicté un certain nombre de... de quoi ?
Le Lecteur : De... principes, lois, décrets, desiderata ?
Le Maître : Pas ça. J'avais dicté ceci cela, j'avais dicté quelque chose.
Le Lecteur : Vous aviez en effet dicté... bref, une dictée.

[**La Maison**, p. 24]

Il y a actualisation conjointe de deux dénotés — « dicter » un ordre/une lettre — et les deux sémèmes tiennent sur le fil du signifiant dépendant de deux contextes. Et quand les contextes relèvent de répliques successives, c'est bien le fil du signifiant que suivent les propos des interlocuteurs. Divergence de sens pour les personnages, convergence de sens pour le spectateur.

Bien entendu, l'apport d'éléments perceptibles peut venir troubler cet équilibre délicat et rétablir une hiérarchie entre les deux sens du calembour. Il est certain que dans la scène XLVIII de **La Maison**, le sens figuré de « poireau » serait perçu comme secondaire si le Valet Luther tenait en main le légume. Mais, on le verra plus loin, de nombreux facteurs concourent à troubler les rapports entre le dit et le perçu, et ne font que confirmer que l'univers de référence de ce théâtre n'est construit par le spectateur qu'à partir de ce qu'on en *dit*.

La *primauté du dire* s'affirme avec le plus de netteté dans **Le Jardin** et **Camille**. Les jeux de mots se regroupent dans des séquences clés — en fin de pièce notamment — où plusieurs contextes s'entrelacent pour créer des *discours bi-isotopes*. L'absence d'hiérarchie à l'intérieur du signe s'étend au niveau de l'énoncé alors que les éléments perceptibles, loin de démentir les double sens, leur donnent une figuration concrète. C'est le cas du discours de clôture de Tirribuyenborg, pilote du véhicule inédit qui amène le quatuor vers leur but mystérieux, « chez les morts immortels » ; au moment où ils pénètrent dans « la bulle du Jardin aux Bettroves », les isotopies I musique I et I voyage I sont totalement imbriquées : le clavier/tableau de bord sur lequel claviote Tirribuyenborg figure par son référent hybride l'enchevêtrement radical de ce I voyage musical I. La mobilité du signe reproduit celle de l'isotopie I voyage I, de même que dans **Camille** les jeux de mots réfléchissent l'isotopie majeure de I métamorphose I. A la suite d'une course folle, Laurent retrouve celle qu'il poursuit, Solange, dans la clairière d'une forêt nocturne. C'est là que Laurent se métamorphose en « caillou blanc », imitant ainsi sa bien-aimée Solange, devenue la Lune. Or, cette métamorphose littérale est précédée par le discours bi-isotope dans lequel Laurent joue sur les mots « premier quartier » (urbain/lunaire) et « rond » (ivre/circulaire). Les jeux de mots sont comme l'*interface* des deux isotopies. La poly-isotopie permet au signe de saisir l'instant de la métamorphose, de faire passer dans le nom la malléabilité du référent :

> Contrairement à la vie, où tout ce qui pousse et mourra se modifie insensiblement, mais reste protégé dans son identité par un nom stable, garantissant son appartenance à une espèce, dans la métamorphose il y a passage clandestin, transgressif, instantané, d'une espèce à une autre. Le nom n'est plus qu'une simple griffe, une imitation de nom, un trait d'union entre deux ordres hétérogènes, un certificat de non-identité.
>
> (Marie-Claire Pasquier, 1981, p. 51)

Le signe polysémique devient ainsi un « trait d'union » entre sémèmes différents, entre isotopies hétérogènes ; le langage n'est plus en mesure de découper le réel, ni d'en assurer la permanence. Il y a donc à la fois surcharge sémantique et mise en relief d'un signifiant verbal remotivé. Le travail de condensation du signifiant semble imiter, et parfois provoquer, la métamorphose d'êtres et d'objets à laquelle on assiste si souvent dans l'œuvre de Dubillard.

Dépassant le cadre du jeu de mots, l'exploitation de la poly-isotopie passe fréquemment par des métaphores rigoureusement filées, produisant une *automatisation générale* du système d'équivalence entre les deux isotopies, au point de ne plus pouvoir assigner l'une comme dénotée et l'autre comme connotée. En effet, il y a mise en équivalence (et non comparaison) des deux isotopies dénotées entre lesquelles se fixent les connecteurs polysémiques. En bouleversant la hiérarchie dénoté/connoté qui s'attache habituellement à la métaphore, la *métaphore filée* se rapproche du calembour dans la mesure où l'on parle, littéralement, de deux choses à la fois — le « comme si » disparaît, et le discours marque son autonomie par rapport au référent. **La Maison d'os**, par exemple, poursuit avec acharnement dans la voie de cette métaphore filée maison/corps, et le calembour ongles/angles rend l'identité des signifiants comme responsable de l'équivalence des signifiés :

Le Maître :	[...] Tous ces murs qui s'écroulent, ça m'est bien égal. Des ongles. Des ongles aux murs, qui poussent, voilà. Ça m'est égal, vos ongles, mes murs ! Et ma peau, je vous la jette aux librairies des fauves, tous ces ongles dehors ! la garce! Déshabillé ! Tout nu ! Alfred ! retirez-moi ma peau !
Un Valet :	Monsieur ?
Le Maître :	Jusqu'à l'os !

[**La Maison**, p. 69]

A force de prolifération, les termes de la métaphore filée forment une sorte de code lexical propre à la pièce, voire à l'œuvre : les propriétés de la maison équivalent aux parties du corps, jouer du piano à faire l'amour, fumer à écrire (voir les **Confessions d'un fumeur de tabac français**), grâce à une rhétorique essentiellement ludique. L'équilibre délicat d'isotopies normalement incompatibles est source d'irréel ; il contribue à créer cet univers de référence fragile et insolite, proche parfois de Lewis Carroll, où la tension (celle qui se décharge dans le rire) l'emporte sur l'harmonie, l'effet ludique sur l'effet poétique [1].

L'actualisation simultanée de deux dénotés caractérise également la dernière catégorie de jeux de mots relevée par Todorov : occurrence unique du semblable, c'est-à-dire *mot-valise*. En opérant la fusion de deux signes, ce type de néologisme (cher à L. Carroll) paraît comme l'aboutissement du discours bi-isotope. L'intersection des signifiants fait surgir un référent inédit, hybride. La fusion des référents peut se faire par simple attelage de signes — les « mitrailleuses-lardoirs » des **Crabes**, le « cheval-parapluie » de **Camille** — mais elle ne résulte alors que de l'interférence des signifiés, d'où l'absence relative d'effet ludique. Par contre, les mots-valises tels « soutien-gomme », « loucataire », et « cacahier » naissent d'un amalgame de signifiants aussi insolite que le référent qui en éclôt. L'invention verbale est créatrice d'une réalité nouvelle, d'un univers où la copulation des mots accouche de référents bâtards. Le « clavir » de Tirribuyenborg fait apparaître le réferent fantastique du clavier/navire et dans **Camille** le greffage verbal invente des véhicules aussi merveilleux que la « torpédouche » et les « auto-cimetières » en marbre noir.

Si dans un premier temps le langage de Dubillard semble enclin à se retirer du réel pour faire jouer les mots entre eux, l'exemple du mot-valise démontre qu'on ne joue pas impunément avec les signes car ces derniers sont toujours signes de quelque chose. Il y a même au départ de cette tentative

---

[1] « La métaphore correspond à une vision harmonieuse et syncrétique du réel, le calembour à une vision conflictuelle » (C. Kerbrat-Orecchioni, 1977, p. 160).

obstinée de remotiver le signe comme une soif de la réalité concrète autrefois bannie du jardin des signes. Dorénavant, si le réel veut revenir dans le théâtre de Dubillard, c'est au prix que lui dicte le bon plaisir du mot.

C'est au sujet du **Jardin aux betteraves** que Bertrand Poirot-Delpech a parlé de ce plaisir des mots. Plaisir jubilant qui ne craint que l'ennui :

> La musique verbale qui en résulte charrie un nombre de couacs et de fausses notes que certains trouveront excessif, impardonnable. Eh oui! Il est question de chapeau oublié à Panama, de sole meunière qui a perdu sa clef, et « quoi faire ? », à l'occasion, se prononce « coiffeur »... Mais l'auteur tient visiblement à ces gamineries autant qu'au reste. Après tout, Shakespeare, *aussi*, affectionnait les calembours, et rien ne dit que comme chez Beethoven son modèle, ou comme chez Audiberti son proche, ce pire ne flatte pas le meilleur.
>
> (1969, p. 270)

3. Déformation du signifiant

Théâtre de langue française, l'œuvre de Dubillard nous donne à entendre des personnages qui semblent en vouloir à la langue maternelle. Au-delà des mots-valises, les mots de la langue subissent divers types de distorsion qui entraveraient sérieusement la compréhension s'ils n'étaient régis par des lois propres à atténuer l'effet des bruits parasites.

On remarque tout de suite que pour les personnages de Dubillard la faculté de la parole ne va pas de soi, ce qui attire l'attention sur l'*articulation* même de la parole :

> *La Servante* : « Suzanne ».
> *Le Valet* : Sss... comment tu dis...
> *La Servante* : Ssss...
> *Le Valet, parlant sur sa bouche en même temps qu'elle* : Suzanne.
> [**La Maison**, p. 134]

Le parasitage du signifiant va du bégaiement au contrepet, en passant par plusieurs variétés de blèsement telle la substitution systématique de « ch », vice de prononciation du Monsieur des **Crabes**, et la propagation encore plus radicale du « n » chez le chauffeur des **Chiens de conserve** [1]. Source de comique évidente et procédé d'individualisation du discours (d'autant plus pertinent dans **Les Chiens** qu'il s'agit d'une pièce radiophonique), ces troubles de la parole sont aussi des indices de troubles psychiques : frappé d'une crise de bégaiement, le valet « Dudule » de **La Maison** [XX] régresse à un stade de langage infantile ; giflé par l'infirmière de son patient, le « docteur Normal » des **Chiens** se met aussi à bégayer : « Eh ben, je-je-je bégaie, oui, ça m'arrive. Il faudrait que je me fasse psy-psy-psychanalyser » [p. 25]. Et quand les bruits de l'aphasie se dotent d'une signification précise, les accidents de la langue deviennent révélateurs non seulement pour le psychanalyste de ce docteur Normal mais aussi pour le spectateur :

> *Dems* : La signification de ce cahier, je vous prie ?
> *Le Valet* : Ce caca, cacahier, de sisi, eh ben de signification, il n'en a aucune.
> [**La Maison**, p. 55]

Se mettant à l'écoute du signifiant, le spectateur entendra les bruits provoqués par la distorsion de la langue, que celle-ci résulte de troubles de la parole ou bien d'une autre source de bruit qu'affectionne particulièrement l'auteur : l'irruption du *corps* dans le discours du personnage. En effet,

---

[1] Les didascalies de l'auteur indiquent bien les défauts en question : « *La diction d'Albert serait parfaite, mais sans vouloir souligner la permutation épisodique qu'il opère parmi les voyelles et consonnes qu'il emploie, on peut cependant remarquer qu'il met beaucoup trop de N partout.* » [p. 18]

la déformation des mots est due tantôt au rire, tantôt aux larmes, tantôt aux rots, tantôt au hoquet. Si certains effets du corps peuvent faire figure de simples bruits, relégués au rang de non-signe puisqu'ils n'ont pas de référent, il arrive également que ces indices deviennent chez Dubillard des signes à part entière. Intégrés dans le dialogue, ces « bruits » perdent de leur caractère involontaire pour prendre la valeur démotivée du signe :

Le Maître : Supposons. Est-il possible, Cartable, que vous ayez besoin de moi ?
Le Valet réfléchit si fortement qu'il rote.
[...]
Le Maître : Et mon médecin ? Croyez-vous que j'ai besoin de lui ?
Le Valet rote.
Vous répondez toujours la même chose.
Le Valet : Pas à la même question.
[**La Maison**, pp. 113-114]

Donner au son indiciel l'*épaisseur* du signe — ou bien rendre au signe le *naturel* de l'indice : le dialogue de Dubillard est truffé de ces onomatopées où le langage rebrousse chemin pour se mêler aux bruitages du monde. C'est ici la voix du comédien qui imite le « tic tac » des pendules, le « Pttt » d'une moto, le « Prrrrrrr » d'une motocyclette, le « couiiiiiiic » de freins, le « bzit bzit » d'une bombe, le « Pan ! pan ! » d'un fusil, le « Pitim pitim » d'un train en marche ; aux bruits mécaniques s'ajoutent ceux des animaux — « bzit » de moustiques, « wou wou » de chien, « meuh » de vache ; et ceux du corps — bruits de l'homme qui boit, suce, pète — en plus des divers « rhan », « crac », « pan », « boum » de toutes sortes de choses qui tombent, cassent, frappent, ou explosent ! Ce bruitage vocal est tout à fait caractéristique de la langue théâtrale de Dubillard. Le retour du référent dans le signe permet au langage de se rapprocher de la pure émotivité du cri, de la musique ou du bruit animal [1] ; la dénotation s'efface au profit d'une communication fortement remotivée, dépourvue de tout arbitraire.

Imparfaitement intégrés dans le discours puisqu'ils n'ont pas de structure grammaticale, ces « phrasillons » émotifs et imitatifs permettent des glissements entre l'exclamatif et l'onomatopéique ainsi qu'entre les divers référents qu'ils peuvent imiter. Dans **Le Jardin**, par exemple, « Pan pan pan pan » [p. 43] se réfère à la fois aux coups frappés à la porte et à la 5ème symphonie de Beethoven. Mais c'est dans **Les Vaches** que le bruitage vocal revêt une importance toute particulière. Tout au long de l'action les bruits paralinguistiques préparent la fusion de l'articulé et de l'inarticulé à laquelle nous assistons lors de la consécration finale du poète Félix, consécration fatale puisque la tête du poète devient la pièce centrale d'une fontaine, celle de

---

[1] Parfois, l'animal parcourt le chemin inverse : lorsque celui du **Chien sous la minuterie** quitte son aboiement, c'est pour s'exprimer en vers classiques : « Fuirai-je cet hôtel dont je suis le gardien ? / Je m'adresse à toi, Dieu des chiens. »

Médicis. Déjà au premier acte, l'eau du corps surgit dans les larmes de bonheur de la Mère, émue devant la gloire de son fils, ainsi que dans le rire de Félix qui se transforme en sanglots lors de l'attribution du prix — ce qui anticipe sur l'acte III où les larmes de chagrin d'Élodie, la Mère, précèdent la mise en marche de Félix/la fontaine. L'eau de cette fontaine qui gicle par la bouche de Félix contient en fait tous les liquides du corps — larmes de joie et de chagrin, sperme et urine — de même que ce corps se confond à la fois avec la pierre et avec l'animal : « Je ne dirai plus qu'un genre de : meuh, dans ma pierre : Glouglou. » [p. 112] L'indice devient *signe* et concourt à l'empilement de sens qu'opère la pièce, jusque dans cet « O » de Félix, répété plusieurs fois dans les répliques finales, à la fois indice émotif (oh !) et doublement dénotatif (la lettre « o » et l'eau). Voilà que le signifiant fait fusionner la parole vive et l'eau morte, avant même que cette fusion se produise réellement avec la dernière réplique du poète :

> *Félix, eau et mots mêlés :* Je crache, maman ! je crache ! [p. 113]

Le dénouement singulier des **Vaches** pousse au-devant de la scène ce désir de remotiver la langue, d'abolir la séparation entre l'objet et sa représentation verbale, refus de la séparation intérieure au signe qui passe, paradoxalement, par la pratique du verbalisme comme de la première vertu théâtrale, et dont le caractère ludique, comme le souligne I. Fonagy, remonte à un stade de langage enfantin :

> La confiance enfantine dans le sens littéral des expressions idiomatiques, la croyance dans l'identité sémantique des mots ayant le même signifiant, le désir de rapprocher les signifiants des objets réels — de créer des onomatopées ou de considérer ainsi des mots qui sont loin d'en être — remonte en dernière analyse à une séparation imparfaite des deux univers, externe et interne, réel et verbal.
>
> (1972, p. 416)

Cette poétique infantile ne manque d'ailleurs pas d'afficher son origine car le langage de Dubillard abonde en vocables tels « nanana », « patati et patata » et d'autres mots qui font douter de l'âge du personnage : le Maître de **La Maison** et le vieux Monsieur Garbeau des **Chiens** ont en commun une sorte de marmonnement à la fois enfantin et sénile.

Jouissant de sa pulpe sonore, la langue se laisse parfois aller au non-sens pur, à un dérapage du plan de l'expression qui se laisse guider par l'aléatoire des sons. Et pourtant, ce non-sens n'est souvent perçu comme tel que par le spectateur ; l'enchaînement des répliques se poursuit comme si les personnages faisaient encore confiance à la communication. Les rimes sans raison qui structurent le dialogue de **Camille** poussent à la limite ce décalage entre le point de vue du spectateur et celui du personnage — preuve, s'il en était besoin, que l'univers de la parole scénique n'est pas celui de la réalité. La surprise du spectateur provient de l'étonnante absence de surprise manifestée par le personnage.

L'effet de dépaysement suscité par la déformation du signifiant est particulièrement fort dans le cas du *langage chiffré* — celui, notamment, que pratique Émile Tirribuyenborg, guide et pilote du quatuor à cordes du **Jardin**, factotum auquel Roger Blin avait prêté sa voix. Il s'agit d'un sabir quasiment aphasique, fait de paraphasies morphologiques, d'argot, et d'emprunts à d'autres langues (à l'anglais, à l'allemand, au latin). Encore une fois, le point de vue du spectateur n'est pas celui du personnage car ce dernier réagit au parler de Tirribuyenborg — et aux langues de même famille pratiquées par Hachemoche dans **Les Vaches** et par le Monsieur des **Crabes** — comme s'il s'agissait d'une langue étrangère, voire simplement étrange. Néanmoins, il se dresse une barrière entre Tirribuyenborg et les autres personnages : ceux-ci ne le comprennent pas. L'absence de communication est réciproque puisque Tirribuyenborg se révèle peu réceptif : « *Tirribuyenborg ne répond pas. Il ne répond jamais à personne* » [p. 46].

Mais le non-sens apparent de son langage ne fait que masquer sa cohérence sémantique réelle car la déformation du plan signifiant concerne uniquement l'aspect formel — le contenu est laissé intact. Au prix d'un remaniement du plan signifiant factice, le récepteur accède au plan signifiant réel, seul garant du sens. Proche du calembour par son travail sur le signifiant, la langue de Tirribuyenborg s'en écarte dans la mesure où il ne détient en général qu'une couche de sens. On peut relever le carambolage de connotations stylistiques qui s'attachent au parler de Tirribuyenborg — en même temps | étranger | et | indigène |, | cultivé | et | paysan | — sans pour autant qualifier de connotation la « traduction » en français d'un énoncé tel : « Vous êtes soupéfaite, espapa ? Soupéfaite maille kolott, amen ! Sir min bré ! — J'explicationne » [p. 45]. L'occultation du sens est donc provisoire. Tout comme l'emploi de mots étrangers, la déformation morphologique ne fait que rajouter à la réception une étape de décodage supplémentaire.

Si le langage chiffré n'est pas essentiellement connotatif, il débouche facilement sur des cas de double sens, pour peu que le signifiant déformé ou étranger se rapproche d'un mot du lexique. D'où la création de calembours inédits et de mots-valises imprévus, dont l'ambivalence (comment éliminer les « accidents » de la langue ?) permet à l'énonciateur de dire et ne pas dire. Grâce à ce code original, on fait « passer » le sens tout en le morcellant. Le signifiant déformé sert à tamiser le sens, voire même à censurer un passage comme celui que le Monsieur des **Crabes** consacre à sa « foume » [p. 71]. Le bâillon que les membres du quatuor collent à Tirribuyenborg est tout à fait significatif [1].

[1] Ce bâillon, et ce morcellement du sens, pourraient réconforter l'intuition de B. Poirot-Delpech, qui a perçu chez l'auteur de **La Maison d'os**, « l'envie de tout dire à tout le monde et la peur d'être trop bien compris » (1969, p. 93).

L'ambiguïté est levée soit par le cumul d'éléments redondants, soit par l'apport du contexte extra-linguistique. Cet éclaircissement rétrospectif s'effectue à l'acte II du **Jardin**, au moment où Tirribuyenborg reprend, peu ou prou, son discours d'entrée en scène, attirant l'attention de tous sur la présence de « Beethoven tout partout, parmi les betroves et din l'croux des vogues itou » [p. 116]. Si le « chuchotement » des **Crabes** et l'ânonnement des **Chiens** ne résultent que d'un seul procédé de déformation, le langage chiffré est au contraire plus difficile à saisir puisque, dans la version de Dubillard, il manie tantôt d'autres langues, tantôt le français en phonétique étrangère, et se sert de divers types de déformation (paraphasie, épenthèse, proclise, élision). Ajoutons à cela la substitution généralisée de phonèmes tels « ch » et « -ouille » et on en arrive à un langage énigmatique qui mobilise pleinement l'attention du spectateur. Les effets de sens se laissent tout de même recueillir par retombées successives, à peu de chose près, car la racine du mot reste le plus souvent intacte.

Il s'agit aussi et surtout d'un *procédé comique* infaillible, comparable au comique des parlers paysans chez Molière ou à celui de la bonne espagnole dans la tradition boulevard (cf. le serviteur anglais des **Chiens**). Le langage chiffré se moque du code, se présentant comme à la fois proche et étranger. Et puisqu'il diffère la saisie du sens, il en résulte une tension qui se déchargera dans le rire lorsqu'à la crainte de ne pas saisir succèdera le plaisir de la connivence ludique, du « rire d'accueil » [1] qui fête la participation de la salle.

---

[1] Voir à ce propos L. Olbrechts-Tyteca, 1974, pp. 13-14.

4. Noms propres

Germaine, après un silence : Bertrand !...
Bertrand : C'est comme de s'appeler Bertrand... Vous vous appelez Germaine.
Germaine : Vous n'aimez pas ça ?
Bertrand : Si. Mais ça prouve qu'on n'est pas pareil.
[**Naïves hirondelles**, pp. 75-76]

En effet, l'attribution du nom propre, obéissant au double impératif de la *spécificité* et de la *permanence* — est indispensable à l'individuation du personnage. Afin de le sortir au plus vite de son anonymat initial, le personnage classique se voit coller l'étiquette du nom dès la scène d'exposition, et on constate que dans la plupart de ses pièces, Dubillard profite bien des premières scènes pour ancrer dans la conscience du spectateur les noms de ses protagonistes : les personnages de **Camille** prennent soin de se nommer dans les premiers épisodes, comme les membres du quatuor du **Jardin** qui seront dûment nommés dès le début de l'acte I, scène 2 ; l'arrivée de Germaine et celle du journaliste donnent lieu aux scènes de présentation des **Naïves hirondelles** et des **Vaches**.

Cependant, bien des personnages se trouvent dépourvus d'une telle individualité et ne se signalent que par leurs fonctions (Le Prêtre, Le Docteur, L'Architecte, ainsi que les innombrables Valets et Servantes de **La Maison**), leur statut familial (Le Père des **Vaches**), ou bien par l'âge et le sexe (Monsieur, Madame, Le Jeune Homme et La Jeune Fille des **Crabes**). L'absence de nom stable est d'autant plus déroutante dans **La Maison** qu'une autre constante, celle de l'interprète, manque à ces domestiques, à tel point qu'ils (une quarantaine) seront joués *« par des acteurs aussi peu nombreux que possible »*. Le Maître a beau échapper à cette dispersion, le personnage central reste anonyme, « Monsieur » ou « Le Vieillard ».

Perte d'identité que Robert Abirached a relevée dans les pièces de bon nombre d'auteurs contemporains et qui aurait pour effet de ramener le personnage « au degré zéro de la personnalité » (1978, pp. 393-394). Ainsi le Maître devient-il le centre anonyme d'un foisonnement de noms interchangeables, prénoms passe-partout qui ne valent que pour la durée de chaque scène et dont les personnages-référents n'existent souvent que dans l'espace virtuel du hors-scène [1].

Même si ailleurs les scènes d'ouverture servent bien à identifier chaque personnage, l'ancrage du nom s'avère provisoire. Une fois posée, la constante nom propre/personnage permet au spectateur de se repérer parmi les noms variables qui suivent : les autres personnages des **Naïves hirondelles** ont du mal à retenir « Germaine » et l'appellent diversement Arlette, Camille, Françoise

[1] Voir notamment la scène LXI : « *Valet-1* : François ! Armand vient de me dire que MONSIEUR te fait savoir qu'il faut que tu ailles demander à Jules qui c'est qui doit donner les instructions à Léon au sujet de la femme à Paul [...] » [**La Maison d'os**, p. 124].

et Denise, alors que l'Angélique du **Jardin** se voit appeler Joséphine, Maria, Thérèse, prénoms qui servent non seulement à faire allusion à « l'Immortelle bien-aimée » de Beethoven mais aussi à faire d'Angélique la figure hypostasiée de La Femme. La *problématique de l'identité* concerne aussi le personnage masculin : tout au long du troisième acte des **Naïves hirondelles**, Madame Séverin s'obstine à appeler Fernand du nom de Bertrand ; l'obstination de Guillaume, chef du quatuor, à se faire appeler Beethoven est tout aussi frappante, alors que le Walter des **Vaches** se prend pour Chopin. Quête d'*identification* du personnage qui réfléchit le travail même du comédien en déjouant la convention du nom propre théâtral. En effet, puisqu'une scène de théâtre est le seul lieu où le chef du quatuor pourrait réellement passer pour Beethoven, l'*arbitraire* du nom « Guillaume » le paraît doublement.

Ce dévoilement du caractère fictif du personnage s'opère partout où le nom du personnage fait allusion à un être dont l'existence, réelle ou fictive, précède la pièce en question. La cohérence du personnage ne résiste pas aux renvois *hypertextuels* du nom propre car il se produit comme un dédoublement référentiel du signifiant. Le nom « Milton » se réfère et à l'auteur anglais et au deuxième violon du **Jardin**, ambivalence qu'on retrouve dans tous ces noms faisant partie de l'hypotexte culturel : « Camoens », « Wolfgang Amadeus » (Mozart) Tirribuyenborg dans **Le Jardin** ; « Saül », « Zerbine » (nom de la jeune paysanne dans **Don Giovanni** de Mozart) et « Félix Jean-Marie Aimé dit Félix Enne » (Rimbaud, par le biais des **Mains de Jeanne-Marie**) dans **Les Vaches**.

Ces noms indiquent clairement l'appartenance du personnage au monde de la culture, mais le nom propre a pour effet premier d'indiquer l'origine familiale, sociale, et même nationale de l'individu, d'où le caractère étrangement cosmopolite de ces œuvres qui réunissent des noms aussi divers que Camoens, Milton et Schwartz, ou Walter, Bavolendorf et Rose, et l'absence même d'origine qui frappe les nombreux personnages auxquels le patronyme fait défaut. Quand le nom de famille se précise, il est le plus souvent marqué par la dérision : celle d'une initiale, Félix *Enne*, celle de l'antiphrase, Fernand *Fort*, ou celle d'appelations aussi saugrenues que Tirribuyenborg. L'arbitraire de la dénomination se manifeste surtout dans les noms créés à partir de calembours et de jeux de mots tels Laurent de Vitpertuise, le Président Hachemoche, Ernest Gadoux et Melle Couffin Véronique. Pris au jeu de son langage, le personnage communique à travers son nom avec les objets.

Comme dans tout jeu de mots, la mise en valeur de l'arbitraire du signe s'accompagne d'une remotivation du rapport signifiant/signifié : les personnages à noms ressemblants se ressembleraient, la personne aurait les qualités qu'évoque son nom. Cette « preuve par le signe » s'étend à des noms même courants — Angélique serait « une admirable petite âme » et Schwartz serait « tout noir » [**Le Jardin**, p. 33 et p. 116], et Félix finira heureux, fertile et « Aimé ».

Signe parmi d'autres, le nom propre participe donc de la même mobilité que nous avons décelée dans le discours : calembours, jeux de mots, déformation phonétique [1], autant de procédés pour mettre en valeur cet *ensemble sémiotique* que constitue le personnage, étroitement lié au verbe et à l'objet.

Toutes les pièces de Dubillard se préoccupent de cette problématique du *nom*, de la *ressemblance* et de l'*identité*, véritable obsession qui se manifeste à travers le réseau d'analogies des noms de personnages et à travers le discours qui se fait commentaire sur la question du nom. Cette thématique du nom réapparaît dans une pièce récente de l'auteur, **Le Chien sous la minuterie** [2], dans laquelle Myriam et Paul renouvellent l'expérience tentée par Germaine et Bertrand dans l'acte II, scène 4, des **Naïves hirondelles** : faire connaissance. Avant de partir en moto, eux aussi, Paul et Myriam « se tiennent » par leurs noms : « Et puis vous, maintenant, quand vous m'appelez Paul, vous me tenez. Vous dites « Paul » et j'existe entre vos lèvres. Mais vous aussi, je vous tiens, Myriam, vous vous appelez Myriam, vous êtes Myriam. » Le nom-étiquette devient comme la métonymie concrète de la personne, se nommer Beethoven revient à lui ressembler, l'anonymat équivaut à l'inconscience :

> On est très bien personne, je te le jure. Personne, comme tout le monde. Des gens qui n'ont pas de nom. Qui dorment sans nom, comme le sommeil les prend, qui laissent le sommeil emporter leur nom, comme des bébés dans des paniers d'osier noir au fil de la rivière. Est-ce qu'un nom a un bébé ? Est-ce qu'un bébé criera son propre nom quand il a mal aux dents ?
>
> [**Le Jardin**, p. 110]

Le beau discours d'Angélique montre bien le poids que pèse le nom propre chez Dubillard. A l'anonymat de l'*infans* (« qui ne parle pas ») s'oppose le nom transmis de père en fils. Alfred, dans la scène LXIII de **La Maison**, s'appelle ainsi « par bêtise, ou au nom du père et du fils », alors que « les quatre Schécézig » du quatuor s'appellent ainsi du nom de leur « fondateur » qui s'appelle Schécézig parce que son père s'appelait Schécézig, patronyme qui remonte par un jeu de mots (chez zézig, voire chez lui/Louis/Ludwig) au compositeur omniprésent du **Jardin**. A l'arbitraire du nom-signifiant correspond donc l'acquisition involontaire du nom du père, d'un nom qui fait reposer l'identité de l'être sur le hasard d'un jeu de mots.

Cependant, comme le fait remarquer le même Alfred, « c'est encore trop jeune, on ne mérite pas son prénom en dormant dans l'herbe ». Le personnage dubillardien est véritablement en quête de son nom *propre*, d'où cet effort de remotiver — c'est-à-dire mériter — le nom-signifiant, l'étiquette

[1] C'est sans nul doute le docteur Korb des **Chiens** qui souffre le plus de la déformation du nom propre, et se plaint même d'être appelé « docteur Normal » : « Non ! Pas Normal ! [...] On m'appelle Marnor, Gare-du-Nord, Mardenal, Cardenal ! Pour monsieur Garbeau lui-même je m'appelle Dormal, alors qu'il sait très bien que c'est lui, Garbeau, qui souffre d'insomnie ! » [**Les Chiens de conserve**, p. 26].

[2] Créée en 1986 au théâtre de Lutèce.

qu'on lui a collée. Selon Guy Rosolato, cette quête du nom s'apparente à une quête de la reconnaissance : « Ce paradoxal anonymat s'offre comme un degré zéro à partir duquel tout sujet pourra par son existence, ses œuvres, exemplaires en bien comme en mal, transmuer son nom en véritable nom *propre*. Cette virtualité reste soumise à la reconnaissance par la société ; elle ira même par un curieux renversement de la notoriété, rejoindre la banalité d'un nom devenu commun par l'oubli de l'exploit originel, absorbé par le signifiant » (1969, p. 45). L'arbitraire du nom, dont témoignent tous les faux noms, noms déformés, noms-calembours, rejoint donc celui du signe, et la volonté d'y échapper consiste à *entrer* dans son nom, tout comme le signe motivé est celui qui intègre au signifiant une parcelle du référent. Et puisque la signification générale d'un nom propre ne peut se déterminer en dehors d'un renvoi au code, la circularité du processus (le nom désigne quiconque le porte) fait du nom un signifiant vide. L'absence de signifié propre conduit donc au remplacement du nom par des pronoms indéfinis, tels « Chose » et « tartempion », qu'affectionne particulièrement le Maître de **La Maison**.

Il reste donc au créateur qu'est Félix de se faire un nom dans et par ses œuvres, de transformer son nom en épithète. Donner son nom à son œuvre, acquérir un nom à la fois propre et commun, cette tentative paradoxale de Félix l'artiste est aussi celle de tout créateur *éponyme*, comme l'attestent tous les noms propres devenus communs du **Jardin** et de **Camille** : « du Beethoven 1825 », « fauteuil Voltaire », « montgolfière », « Panhard », « Levassor ». La quête d'identité que constitue la recherche d'un nom ramène le sujet à son point de départ puisque le nom échappe de nouveau à la personne pour rejoindre le langage de tout un chacun.

De même que tout nom propre sert à la fois à particulariser le sujet et à l'insérer dans la communauté, les noms propres de Dubillard servent à différencier les personnages tout en niant leur individualité. Comme autant de clins d'œil au spectateur, les noms allusifs, noms-calembours, et noms déformés réduisent le personnage au statut ludique de son appelation. Loin de lui fournir un gage d'authenticité, son nom l'enferme dans les aléas du langage.

Ainsi, à la thématique du nom correspond une crise d'identité du personnage dont le nom s'affirme aussi gratuit au premier abord qu'il est en fait fortement motivé. L'humour de l'auteur se complaît à faire rentrer le personnage dans un nom devenu signe ; humour à rebours grâce auquel l'auteur se joue de ses personnages : le « papa Garbeau » des **Chiens** appelle sa fille « Marlène » plutôt que « Greta » justement parce qu'il ne s'appelle *pas* Dietrich [p. 66]. Cet humour autorise le personnage à se payer la tête de son auteur, en même temps que la sienne :

Valet-I : Ho ! ho ! Ça s'appelle pas du billard, c'est, ça n'a pas de nom, allez vous rhabiller ! A moi ! — Le con !

[**La Maison**, p. 139]

5. Objets

Qu'est-ce qui est objet au théâtre ? En faisant confiance à la *sémiosis*, on peut le définir, à l'instar d'Anne Ubersfeld, comme toute chose que la scène transforme en signe : « Toute chose figurant sur scène y acquiert *ipso facto* le caractère d'objet : l'objet théâtral est une chose, reprise et recomposée par l'activité théâtrale : tout ce qui est sur scène, fût-ce un élément déposé là par le hasard, devient signifiant par sa seule présence dans l'univers scénique, univers recomposé par le travail artistique de la scène » (1981, p. 126). On peut aussi considérer comme objets certaines réalités qui ne se manifestent que dans le discours. En dehors des didascalies indiquant la présence de tel objet, la parole du personnage se sert constamment de sa fonction *ostensive* pour isoler et mettre en valeur les éléments de l'espace scénique. Le discours, appuyé par le geste, en vient même à susciter la « présence » d'objets difficilement figurables : des mouches dans **Naïves hirondelles**, des moustiques dans **Les Crabes**, des organes sexuels dans les deux pièces.

Les textes de Dubillard diffèrent sensiblement quant à l'importance qu'ils donnent aux indications scéniques : celles du **Jardin**, des **Vaches** et des **Naïves hirondelles** font le détail des objets scéniques et de l'usage qu'on en fait alors que ces informations ne nous parviennent qu'à travers le dialogue de **La Maison** (la seule indication « *L'intérieur d'une maison* » vaut pour toute l'action), d'où la nécessité de prendre en compte l'objet *dit* aussi bien que *perçu*. D'ailleurs, dans cette dernière pièce l'objet ne « tient » que la durée de la scène qui l'évoque et le référent scénique n'est jamais mis en question par son contenu d'objets ; il en va de même pour **Les Crabes**, pièce en un acte où le référent spatial, « *pièce de séjour* », ne varie jamais. **Le Jardin**, en revanche, n'affiche guère la même cohérence d'ensemble et ne répond jamais clairement à la question que se pose sans cesse le spectateur — où sommes-nous ? —, dont la réponse passe forcément par la reconnaissance *des* éléments de l'espace scénique. L'espace-décor, miné de l'intérieur, devient ce qu'Anne Ubersfeld appelle un « espace-forme » : « Le passage de l'espace-décor à l'espace-forme suppose la présence, non plus d'un système construit où les éléments scéniques se combinent pour former un lieu « réel », mais d'objets discontinus qui cessent d'avoir le statut d'accessoires pour devenir au sens plein du terme des éléments signifiants » (1981, p. 125). Bien qu'à des fins différentes, cette *déconstruction de l'espace* s'opère également dans les **Naïves hirondelles** et dans le dernier acte des **Vaches**, se servant de procédés linguistiques et plastiques pour affirmer la discontinuité de l'objet.

Prenons d'abord l'exemple du **Jardin**. Dès l'ouverture de l'action, le regard du comédien oriente celui du spectateur : premier venu dans cette maison de la culture isolée, Camoens fait le tour du lieu scénique (Milton et Angélique en feront de même), attirant l'attention sur le buste de Beethoven, le piano, la cloison incomplète, les blasons portant le nom de Schwartz.

Au dernier acte des **Vaches**, c'est grâce à la lente montée d'une « *lumière jaunâtre* » que nous découvrons la scène et ce buste d'Oblofet, « *pâle plus que jamais et que tout le reste* ». Promus au rang de signe et mis en relief par l'ostention, les objets pourraient néanmoins composer un dénoté unique renvoyant directement à un référent dans le monde — à condition que les parties fonctionnent comme les *indices métonymiques* d'un tout. Or, les deux pièces de Dubillard qui sembleraient, de par l'importance des didascalies, accorder le plus de poids aux éléments de décor, **Le Jardin** et **Naïves hirondelles**, sont aussi celles où la solidarité métonymique fait le plus défaut.

Ainsi **Le Jardin** réunit-il, au départ de l'action, le matériel d'un quatuor, un piano, un buste de Beethoven (référent : salle de musique) ; un grand fauteuil, des portraits de femmes romantiques, des blasons (référent : salon de M. Schwartz) ; des objets aussi hétéroclites qu'un vieux klaxon (référent : véhicule), une porte à tambour et une cloison incomplète. La rupture de l'unité référentielle empêche le spectateur de ne voir dans l'espace qu'une donnée *a priori* de l'action à suivre. La juxtaposition d'objets disparates prenant place dans des réseaux métonymiques divergents permettra par la suite l'actualisation de ce que nous pouvons appeler des *espaces-valises*, sorte d'équivalent scénique du mot-valise : le pullman-salle de musique qui s'impose à la fin du premier acte lorsqu'on entend le bruit d'un train en marche, l'étui-véhicule qui s'impose par la suite, lorsque l'intérieur tout rouge d'un étui à violon géant devient celui d'un vaisseau (« Cet étui à violon serait un navire submersible »). Les éléments scéniques se refondent en référents inédits. Dans ce va-et-vient entre l'espace et ses objets constituants, le spectateur est amené à percevoir l'objet tantôt comme *trait de reconnaissance* (sème), tantôt comme *objet à reconnaître* (sémème) — opération délicate dans le cas du **Jardin** puisque les objets-sémèmes se contredisent en tant qu'objets-sèmes. Cette hésitation du spectateur est à l'origine du fantastique, qui ne dure que le temps nécessaire pour décider si l'univers scénique relève ou non de la « réalité » [1].

Lorsqu'on compare le rôle de la métonymie dans **Le Jardin** et dans **Naïves hirondelles**, il est frappant de constater que cette dernière pièce exploite aussi la divergence des parcours métonymiques tout en restant au ras de la réalité la plus quotidienne. Au début de l'action, le décor représente « *une boutique d'on ne sait quoi* » et les objets mis en relief dans les premières scènes paraissent aussi hétérogènes que ceux du **Jardin** : un pneu, une bouteille pour eau de Javel, la ficelle et la cuvette en émail apportées par Bertrand, un hamac, des paravents. Cette diversité d'objets figure concrètement l'incapacité des deux amis de se fixer sur un commerce. Avec un décalage entre la perception de l'objet et son indexation métonymique, les objets disparates se résorbent tôt ou tard dans des isotopies *dénotées* parfaitement claires : | motocyclette |, | chapellerie |, | quincaillerie |, | photographie |.

[1] Voir Todorov, 1970, p. 46.

A la différence du **Jardin**, il n'y a donc aucune incompatibilité entre ces isotopies qui font partie de celle, surplombante, de | commerce |. Aux actes II et III, il s'agit toujours du même référent spatial : « *La même boutique, où il y a maintenant des chapeaux et des horloges* ». La présence des horloges renvoie à la nouvelle lubie de Bertrand et celle des chapeaux à la reprise en main du magasin par Mme Séverin, qui tient la chapellerie voisine ; au dernier acte, les chapeaux auront évincé les horloges. Comme au premier acte, perception et indexation métonymique de l'objet sont décalées, mais il s'agit maintenant d'un *rappel* d'isotopie : la roue de motocyclette rappelle le fameux « side-car » de Bertrand et le vase de porcelaine qui se dévoile à la fin, « *énorme, informe, et inachevé* » rappelle le lot de porcelaine cassée racheté par Bertrand. Ce jeu de renvois demeure parfaitement isotope au plan de la dénotation, même s'il en résulte une sorte de croisement de fils isotopiques. Il en est de même en ce qui concerne les confusions fréquentes d'objets, *quiproquo* (de la Javel prise pour du vin) et non pas tropes visuels. Cette ambivalence vraisemblable de l'objet contraste avec la rhétorique visuelle des pièces ultérieures. L'action des **Naïves hirondelles** donne à la mobilité de l'objet une causalité plausible, là où les autres pièces mettront en scène des objets-valises et des tropes visuels : ce sont le « clavir » du **Jardin** et les têtes-lampes des **Vaches** qui succèderont au café au lait chocolaté et à la tarte au fromage au savon.

Au-delà des **Naïves hirondelles**, on s'aperçoit que la reconnaissance même de l'objet ne va pas toujours de soi. Reconnaître l'objet, c'est (pouvoir) le nommer, puisque la reconnaissance s'opère par un mouvement dialectique entre le perçu et le dit. L'objet théâtral a beau se caractériser par la coïncidence du signe et du référent (une table sur scène est signe *et* chose), de nombreux exemples montrent qu'il y a moyen de mettre en doute la référence :

> *Entre Saül par la gauche. Il tire la ligne d'horizon qui s'éclaire. Au bout, on pressent Olga qui meugle.*
> *[...]*
> *Il tire sur la longe comme un batelier de la Volga et disparaît par la droite, tandis que dans une lueur à gauche paraît l'ombre de la vache.*
>
> [**Les Vaches**, p. 107]

La clarté des indications scéniques ne fait que masquer l'incertitude référentielle qui frappe ces « réalités objectives ». Confronté à cette surdétermination du perçu, le spectateur doit effectuer le parcours inverse de celui du lecteur — passer de la chose perçue à sa nomination [1] et réaliser lui-même les rapprochements précisés par les didascalies (horizon/longe/corde de batelier entraînant jour/vache/bateau).

---

[1] Différence de point de vue du lecteur et du spectateur qui fait intervenir aussi un décalage temporel : si le décor tout rouge du **Jardin** ne manquera pas de frapper le spectateur dès le lever de rideau, il ne sera probablement pas rattaché au référent « étui à violon » avant son ancrage verbal [p. 23], alors que la première ligne précise le référent pour le lecteur.

Si les mots ont recours à la connotation pour effectuer le rapprochement sémantique, la motivation du signe iconique fait en sorte que la ressemblance des formes entraîne, et inversement, celle des contenus [1]. L'intersection des signifiants ne peut que faire fusionner les sémèmes, d'où la *métamorphose du référent* à l'œuvre dans **Le Jardin**, **Les Vaches** et **Camille**. Loin de démentir la jonglerie verbale, l'objet en subit les conséquences et prouve que les signes iconiques fonctionnent selon des critères de ressemblance *conventionnels*.

C'est dans le but de contrôler cette ressemblance généralisée des choses que le Maître décompose en traits pertinents un verre de bière afin de cerner son identité propre :

> *Le Maître* : C'est un liquide. Moi qui vous parle, je sais parfaitement servir une bière à Monsieur. C'est plein de bulles, c'est... — oh ! c'est pas beau ! Hein ! Puis j'en ai déjà bu, ça fait un peu urinaire, tout ça, mais quoi ! la bière ! Ce coin, c'est de la bière, et la bière, que voulez-vous, mon pauvre vieux, la bière, c'est la bière. Si c'est comme ça, c'est que c'est comme ça, la bière, son caractère, personnalité, petit quant à soi. — Buvez.
>
> [**La Maison**, p. 41]

La tentative de saisir le « quant-à-soi » de la chose ressemble au désir du vieillard de définir sa maison par *le* trait pertinent « contenant », la maison étant « ce par quoi l'espace se trouve divisé en un dehors et un dedans habitable par l'homme » [p. 64]. Mais, sitôt identifié, le sème se convertit en *méta-sème*, apte à s'intégrer dans d'autres sémèmes et à assurer des *transferts métaphoriques*, d'où ce dérapage constant, ces glissements successifs d'une chose à une autre car, à la limite, tout est *comparable* : un saxophone et un robinet, un robinet et un pénis, une vessie et un biniou, un ballon et une montgolfière... [**Le Jardin**, pp. 100-103].

Évidemment, la perception d'objets ressemblants dépendra dans une large mesure de la parole et de la gestuelle pour expliciter le point commun puisque seuls les sèmes *visuels*, à la différence des sèmes *implicites*, peuvent être représentés [2] : si la ressemblance entre des têtes en cire et un buste devrait sauter aux yeux du spectateur des **Vaches**, Félix est bien obligé de *dire* que « sa tête est probablement sourde aussi » [p. 100], à moins de suivre Guillaume, premier violon du **Jardin** qui, pour ressembler à Beethoven, le *montre* en se mettant des boules dans les oreilles [p. 84].

Le transfert sémique de la métaphore s'accomode ainsi d'une représentation visuelle, spécifiquement théâtrale, et on peut voir dans le degré d'iconicité relatif de l'objet-signe l'équivalent de l'échelle de récurrence

---

[1] Cf. Kerbrat-Orecchioni, 1979, p. 210.

[2] Cf. Kerbrat-Orecchioni, 1979, p. 199.

verbale allant de l'allitération à l'antanaclase. La déformation de l'objet se révèle plus ou moins radicale, le mécanisme de la référence est plus ou moins compromis. D'une part, on trouve un signe complexe où les sèmes de *x* dominent ceux de *y* : la « *grosse horloge montée sur roues* » de **La Maison** (scène I) ; d'autre part, un signe composite ou *objet-valise*, avec équilibre des sèmes de *x* et *y* : les têtes-lampes du dernier acte des **Vaches**, la « *baignoire montée sur roues* » du deuxième acte. L'équilibre est certes délicat : « l'auto-baignoire » le réussit grâce à l'intersection de mousse + forme de baignoire/roues + rouge + contexte verbal, alors que « l'horloge sur roues » reste surtout horloge. Bertrand rachète de la porcelaine cassée pour la raccomoder ; l'auteur de **Naïves hirondelles** travaille selon le même principe — déconstruire l'objet pour le reconstruire.

Le caractère conventionnel de l'objet-icône ressort très nettement de ce « bricolage » d'objets. D'ailleurs, ce théâtre manifeste une prédilection certaine pour l'icône en tant que réplique humaine : un mannequin de couture, des portraits, statues, bustes, et autres têtes en cire, bronze et pierre. Ces signes *doublement iconiques* permettent de figurer concrètement ceux qui, pour des raisons différentes, doivent rester absents. Il y a en outre l'exploitation des connotations se rattachant à la matière de l'icône, aux matières « nobles » du travail artistique. Mais il s'agit surtout d'une réflexion sur le statut de sujet. A maintes reprises, c'est le personnage qui se fige en objet de représentation — Mme Séverin s'immobilise devant la caméra de Fernand, Félix tente de ressembler à son image, suivant ainsi les consignes de celui qui fait son portrait : « J'ai besoin d'un sourire figé. Voilà ! Pour qu'on obtienne de vous un portrait ressemblant, je vous donne un conseil, ressemblez d'abord à un portrait qu'on aura fait de vous » [**Les Vaches**, p. 36]. Ce faisant, le personnage cesse d'être vivant, à l'instar de Guillaume qui reste un moment assis dans le fauteuil, « *de profil, noble et triste* », alors que le simulacre se ranime tel le mannequin des **Naïves hirondelles**, « *vêtu d'une robe blanche qui le fait ressembler à Germaine* ».

L'iconisation fait du personnage un objet, mise à mort du sujet qui acquiert la permanence d'un objet ressemblant soustrait au temps, d'où les larmes de bonheur que verse Élodie devant le portrait de son fils, « la tête hors du temps, la tête, dans un musée ». La dialectique sujet/objet de la représentation trouve son développement le plus poussé dans un texte non théâtral de Dubillard qui s'intitule **Méditation sur la difficulté d'être en bronze** (1972), une méditation sur la difficulté d'*être*, dans laquelle la statue de Condillac, cet « Être-vu », échappe à la mobilité et au temps : « Mais nous seules resterons, statues, à nous savoir, à nous vouloir pareilles, immobiles obstinément, sous notre vert-de-gris pareil » [p. 93]. Être, c'est *déjà* se ressembler.

Même si le signe iconique est incapable d'exprimer directement l'abstrait, on constate que grâce à la rupture constante de l'isotopie sémique animé/inanimé, les objets de ce théâtre sont toujours porteurs de valeurs connotatives et qu'ils parviennent de la sorte à figurer concrètement des notions aussi « philosophiques » que la plénitude d'un moi idéal — le « caillou blanc » de la fin de **Camille** — ou bien son contraire, le vide intérieur des boîtes que manipule un Valet de **La Maison** [p. 64]. La boîte, en effet, représente l'objet dubillardien par excellence, car il y a peu d'objets, perçus ou évoqués, qui ne participent de cette isotopie sémique majeure, contenant/contenu : les paravents qui entourent Mme Séverin dans **Naïves hirondelles**, l'étui à violon géant du **Jardin**, et ce buste de Beethoven « à l'intérieur duquel a été enclose sa tête à Beethoven, sa vraie tête ». A l'exemple de ce buste, *toutes* les œuvres d'art contenues dans les pièces de Dubillard seraient des contenants à l'intérieur desquels meurent et (re-)vivent leurs créateurs, car, selon Jean Baudrillard, « tout contenu est quelque chose qu'on veut soustraire au temps » (1968, p. 45). Cela implique, par le truchement de la mise en abyme, qu'il en est de même pour les pièces de Dubillard.

Pour que l'objet devienne à ce point parlant, il lui faut non seulement la forte redondance du sémème « boîte » mais aussi l'apport d'autres systèmes de signes capables de lui imposer un « recreusement métaphorique », selon la formule d'A.Ubersfeld. Prenons l'exemple de l'alto d'Angélique qui, comme tous les instruments de musique du **Jardin**, porte un poids de sens considérable. En tant que véritable instrument de musique (signe et référent), l'alto est métonymie de la réalité, partie prenante dans l'isotopie | musique |. Par la littéralisation d'une métonymie verbale d'usage, il vient représenter celle qui le joue :

> *Camoens* : Cherchons votre alto, voulez-vous ?
> *Guillaume, furieux contre son étui et Camoens* :
> Il est là ! Son alto ! Il n'est pas perdu !
> *Camoens* : Ah mais en effet quel gros étui.
> [...]
> *Guillaume* : Ce n'est pas un étui.
> *Camoens* : Non, c'est plus gros.
> *Guillaume* : Ce n'est pas plus gros, c'est que c'est pour elle et moi.
> *Il a réussi à ouvrir l'étui.*
> Angélique.
> *Il regarde Camoens dans les yeux.*
> Son alto. Mon violon. Dans le même.
> *Camoens, considérant les deux instruments, médite* : Oui.
>
> [**Le Jardin**, pp. 52-53]

Appuyé très fortement par le langage et par le jeu, l'alto représente la personne d'Angélique, l'enjeu de la rivalité entre Camoens et Guillaume, représenté par le violon. Par la suite, c'est Tirribuyenborg qui essaiera de séduire l'altiste : « Ah ! ah ! Diding ! (*Il chatouille les cordes de l'alto d'Angélique.*) » [p. 61]. Symbole sexuel, l'alto devient la métaphore de l'indépendance de l'altiste/femme car « il n'y a pas de second alto, l'alto n'a de comptes à rendre à personne » [p. 94] ; cependant, Angélique serait enceinte et à la question « Avec qui ? », elle répond, « *repliée sur elle-même, assise face au public* :

Avec mon alto. » Ensuite, la métaphore phallique s'efface au profit de l'alto contenant maternel, métaphore de la grossesse d'Angélique [pp. 94–95].

Sans cesse en mouvement, l'objet devient ce par quoi les rapports des personnages s'expriment, et parvient à rassembler en boule de neige tout ce qui a été dit à son sujet, tout ce qu'on en a fait. Polysémie *dynamique* qui lui permet de signifier autre chose que son référent et de réunir des signifiés divers en une figure concrète. Cette dynamique étonnante compense le caractère motivé du rapport signe/référent par une mobilité théâtrale qui fait que l'objet est sans cesse re-sémantisé par son contexte.

Ce n'est pas un hasard si bon nombre des métaphores visuelles ont trait au corps et au sexe : « Les signifiants de la sexualité sont eux-mêmes, malgré leur variété, si parfaitement codés et si parfaitement unifiés dès l'abord puisqu'ils se construisent tous ou presque autour du corps-objet, qu'ils forment système en dehors même de toute redondance délibérée » (M.Corvin, 1985, p. 91). En effet, le corps-objet se trouve au cœur du fonctionnement métaphorique de l'espace dubillardien. L'effet de contagion de l'isotopie de la sexualité est exploité pour contrecarrer cette règle de l'esthétique théâtrale, la prééminence du signifié *vu*. Celui-ci constitue le sens le plus net, auquel s'ajoutent les signifiés venant d'autres systèmes de signes. Dans ce théâtre, le manque de redondance entre la parole et l'objet ouvre la porte à la surdétermination : les objets ne garantissent pas la réalité, la parole ne donne pas la légende des objets. Et subitement, le signifié vu perd de sa netteté, partagé entre sa *forme*, sa *fonction*, et son *nom* : Angélique brandissant son alto comme une raquette de tennis tout en en parlant comme d'une arme [**Le Jardin**, p. 93].

A la malléabilité du signe verbal, à l'instabilité du nom propre, correspond la mutation, parfois littérale, de l'objet. Le signe perçu est aussi à *lire*. Bien que la vision totalisante du spectateur ne lui donne pas la possibilité d'un savoir vrai, il en sait certainement plus que le personnage — le spectateur est à même de déceler les rapports entre les jeux du signe et la mobilité de l'objet ; rapports qui dépassent le personnage puisque son nom propre et son corps l'intègrent pleinement dans cet univers où tous les signes se tiennent. La suprématie du signifiant confirme l'avance du spectateur.

CHAPITRE II

CADRE DE JEU

Cette convertibilité de l'objet-signe souligne l'évidence qu'il n'existe au théâtre aucun plan référentiel préalablement établi — situation paradoxale où la mesure de vérification du signe est elle-même de l'ordre du paraître. Bien que la représentation puisse nous montrer un référent objectivé (espace scénique, présence du comédien), ce plan de signification est non seulement interne à la pièce mais aussi, dans une très large mesure, interne au discours, « le même objet concret devenant référent des signes linguistiques que le spectateur prononce intérieurement à mesure qu'il les *reconnaît* » (A. Ubersfeld, 1978, p. 123). Dans ce domaine, le personnage est le souffleur du spectateur. Cette « reconnaissance » est d'autant plus problématique que le référent à construire concerne le personnage ou le temps, éléments de l'univers fictif dont le plan référentiel dépend étroitement du discours. Grâce aux *déictiques* — qui rattachent l'énoncé au locuteur, au lieu et au temps — le « je » du personnage et le moment de l'action s'inscrivent dans la trame du discours dramatique. La représentation scénique de l'action ne signifie donc pas qu'on puisse faire le détour de l'instance énonciatrice et des risques de la parole. Risques que court le cadre énonciatif en plusieurs circonstances puisque la localisation de l'énoncé — sans quoi la communication reste lettre morte — passe par les trois aspects de la situation de parole : *ego*, *hic* et *nunc*. Si les trois dimensions de la *deixis* correspondent aux domaines habituels de l'analyse dramatique — personnage, espace, temps —, c'est parce que le théâtre nous offre, au fond, le spectacle de l'énonciation. Et dans les pièces de Dubillard, on assiste à l'actualisation de ce cadre.

1. Ici-là-bas

Le lieu parle : les cloisons qui entourent Mme Séverin, les escaliers que monte et descend Félix au deuxième acte des **Vaches**, des exemples qui montrent que la parole « dit le lieu où elle est prononcée comme elle est dite par lui » (A. Ubersfeld, 1977b, p. 11). Ainsi la présence du quatuor et l'absence du mystérieux Schwartz, celui qui leur a commandé le concert Beethoven, changent-elles de sens selon que le lieu est une salle de concert, un casino, un compartiment de train, et ainsi de suite, lieux dont les *métasèmes* [1] deviennent provisoirement *actuels* grâce à l'emploi déictique de la parole. Dans les œuvres où le décor change, c'est la succession rapide d'espaces différents qui sape le réalisme du contexte spatial, de façon d'autant plus marquée que les lieux se succèdent dans le noir. Tel est le cas de l'ensemble du deuxième acte des **Vaches** et d'une longue séquence de **La Maison** allant de la scène XXVI à la scène XLIII [2], nuit d'où nous arrive la parole comme d'une *autre scène*. En ce qui concerne la pièce de Félix, c'est justement l'alternance du *jour* et de la *nuit*, de l'éclairage clair et de l'obscurité, qui donne à la parole sa coloration tantôt socialisée, tantôt onirique :

> [...] un fond noir ou très sombre fonctionne comme un fond d'œil, une *camera obscura*, et en tant que tel détermine un espace psychique, une intériorité ; tout fond noir intériorise le spectacle, le transporte sur la scène psychique. Inversement, le fond clair objectivise le spectacle, lui donne la lumière du dehors, c'est-à-dire lui confère un sens tourné vers le social, le politique ; même si le passionnel et le psychique y sont présents, ils sont renvoyés à un monde de l'extériorité.
>
> (A. Ubersfeld, 1981, p. 104)

Or, le premier acte des **Vaches** se déroule à la lumière du jour et l'action porte essentiellement sur la réussite sociale de Félix l'artiste — on le voit flatté par les média, étudié à l'école, célébré par l'Académie, reconnu par l'État. En revanche, la nuit du deuxième acte sert de cadre à l'espace psychique du roman familial — Félix confronté à lui-même, à sa femme, à sa mère et à son fils. Le troisième acte joue sur l'alternance fond noir/fond clair

---

[1] A l'instar de C. Kerbrat-Orecchioni (1977, p. 249), nous appelons *métasèmes* « les traits sémantiques qui assurent le transfert métaphorique d'un terme [...] Les métasèmes se trouvent à l'intersection des deux sémèmes et ils reflètent linguistiquement la ou les propriétés perçues comme communes aux deux dénotés. » Dans le cas du **Jardin**, les maillons de la chaîne métaphorique pourraient se classer ainsi : *mouvement* (wagon, navire, sous-marin, astronef, ballon) ; *matière* et *forme* (étui à violon, cerceuil, violon, violoncelle) ; *noir* (« Schwartzpanier », sépulcre, cave, buste) ; *rouge* (étui, casino, poumon, cœur, ventre) ; *expansivité* (poumon, biniou, vessie, ballon, ventre) ; *bruit* (appartement, cœur, buste de Beethoven).

[2] Dubillard prend soin de préciser que, dans le texte publié, « les scènes se succèdent [...] dans un ordre que l'auteur n'impose pas au metteur en scène ». On retrouve néanmoins cet ordre, à peu de choses près, dans les versions données au Studio des Champs-Élysées en 1979 et sur France-Culture le 8 août 1981.

pour souligner tantôt l'intériorité, tantôt l'extériorité : lever du jour au moment où le « tout Paris » recherche le poète en fuite [pp. 93-96], obscurité lorsque l'arbre de famille, avec ses têtes-lampes, se dresse [pp. 97-108], et puis pour la consécration officielle de Félix-la fontaine : « *Tout à coup, lumière à pleins feux. Midi* » [p.108].

Dans les pièces où l'espace-décor ne varie pas, l'importance de l'éclairage paraît moindre et c'est par la présence invisible du hors-scène que le lieu devient parlant. En règle générale, l'espace contigu à la scène est ressenti comme réel, alors que l'espace scénique paraît toujours plus ou moins conventionnel [1], d'où le rôle important de l'espace des coulisses pour un théâtre soucieux de réalisme. **Naïves hirondelles** reste conforme à cette vision harmonieuse d'un espace perçu comme réel : grâce aux allées et venues fréquentes entre l'intérieur de la boutique et l'extérieur (rue ou cuisine), aux bruits et aux discours *off*, l'espace coextensif affiche sans cesse sa continuité avec la scène. Mais le hors-scène du **Jardin** est autrement déroutant. Les rapports subtils entre l'espace scénique et celui du dessus sont à l'origine d'une dynamique proprement spatiale. L'entracte représente un point-pivot autour duquel s'effectue un renversement d'espaces : celui d'en haut devient la salle de musique où un quatuor à cordes répète une musique de Beethoven, reprenant les mêmes œuvres que le quatuor Schécézig, alors que ce sont désormais les membres de ce dernier quatuor qui frappent au plafond ! Ce renversement se préparait déjà au cours du premier acte : les « *quatre coups égaux* » frappés au plafond [p. 12] connotent le début de la cinquième symphonie de Beethoven. Par petites touches, l'espace du dessus apparaît comme le double inversé de l'espace scénique, une sorte de lieu-repoussoir où s'actualise le référent du discours des personnages : on entend un bébé qui pleure, un chien qui aboie. Le hors-scène agit donc par contrecoup sur l'espace scénique, avec un décalage qui traduit l'actualisation sonore du dénoté linguistique. En ce qui concerne l'isotopie | répétition musicale |, il s'agit d'un mouvement en sens inverse puisque le référent perd son statut de réalité scénique pour entrer dans l'espace invisible du hors-scène. La concordance des espaces d'en haut et d'en bas, du quatuor Parkinson et du quatuor Schécézig, s'opère en fin de pièce — « *Ils jouent la même œuvre que les Parkinson* » [p. 118] — et par le biais de Tirribuyenborg : intermédiaire entre Schwartz et les membres du quatuor, Tirribuyenborg l'est également entre les deux espaces car c'est son cousin, Philippe-Emmanuel, qui pilote le quatuor rival à l'étage supérieur.

Le même procédé est à l'œuvre dans **Les Crabes**. La fin de l'action voit l'actualisation, par bruitage ou directement sur scène, de tout ce qui n'était alors qu'effet de parole : alors que minuit sonne la fin, douze crabes disparaissent par un trou du carrelage, la salle de bain déborde, un chien aboie, et le

---

[1] Voir la «Contribution à l'analyse de l'espace scénique dans le théâtre contemporain » de M. Corvin (1976, p. 64).

plombier frappe à la porte. Comme dans **Le Jardin**, le hors-scène écrase la perspective, confondant le proche et le lointain, *là* et *là-bas*. En jouant sur l'ambivalence d'une *deixis flottante*, le discours neutralise à son tour la distance pour se retrouver dans un contexte dépourvu de repères spatiaux :

La jeune fille :	Le chien hurle à la lune.
Le jeune homme :	Où ?
La jeune fille :	Là, très loin.
Le jeune homme :	Non, c'est là ; tout près, le vrombissement d'un moustique.

[**Les Crabes**, p. 89]

A côté de ce « là » indifférencié, l'*ici* devrait faire preuve de plus de stabilité puisqu'il ne peut que renvoyer à l'endroit où se trouve le locuteur. Stabilité toute relative dans les cas du **Jardin** et des **Crabes** car, étant directement rattachés à la situation d'énonciation, les déictiques vont à la dérive lorsque celle-ci fait défaut [1], et nous avons déjà vu à quel point l'espace dubilllardien peut être sujet à mutation.

Dans ces conditions les déictiques deviennent des supports sur lesquels se greffent en boule de neige quantité de couches sémantiques diverses. Empilement d'informations qui illustre le procédé de « polysémie syntagmatique », selon la formule de J. Dubois (1966) : les termes deviennent polysémiques puisqu'ils représentent le cumul des informations portées par les segments auxquels ils se réfèrent. Les déictiques tels « ici », « là », « là-haut », « du bout de là-bas », et le « titalenntourenn » de Tirribuyenborg ne servent donc pas à lever l'ambiguïté spatiale ; tout au contraire, ils en deviennent les supports.

Même si le contexte spatial est mis en question, « ici » se réfère nécessairement à la situation scénique du personnage et on peut remarquer que les personnages de Dubillard, au risque du pléonasme, sont sans cesse à rappeler au spectateur qu'ils sont « ici » (ou bien « là » quand il en est le synonyme). Félix et Fernand insistent là-dessus tandis que les deux personnages masculins des **Crabes** se le répètent dans un face-à-face [2] où tout se passe comme si chacun refusait à l'autre le droit de partager *son* lieu de parole. L'agressivité de cette confrontation anticipe sur le dénouement sanglant de la pièce car l'enjeu de la bataille entre les hôtes n'est autre que le monopole de l'*ici*, de l'espace propre du *je*. En arrivant chez le jeune couple, le Monsieur se déclare originaire « d'une contrée bien lointaine » ; cette distance n'est autre que celle, énorme, entre un « je » et un autre, chacun ayant son territoire à lui,

---

[1] Voir C. Kerbrat-Orecchioni, 1980, pp. 36-68, où l'on trouve une analyse de la fonction des déictiques qui est d'un grand intérêt pour l'étude du théâtre.

[2]

Monsieur :	Vous êtes ici, hein ?
Le jeune homme :	Oui.
Monsieur :	Moi aussi (*Ils se reculent, le temps de se considérer*). Voilà. Voilà ce qu'il y a. Je suis ici aussi.

[**Les Crabes**, p. 75]

délimité par les déictiques de sa parole. Les batailles sanglantes d'un théâtre shakespearien, dont l'enjeu est aussi le contrôle du lieu scénique, se réduisent ici à une lutte non moins violente pour un *territoire psychique*. Ainsi l'incursion des locataires vise-t-elle à prendre la place de l'autre — ou, à défaut de réussir l'éviction, de « faire sauter le Territoire ». D'ailleurs, le Monsieur lui-même compare cette lutte à « la sanglante journée du "Potemkine" » — allusion au célèbre film d'Eisenstein et à son point fort, la fusillade sur les escaliers. La référence cinématographique anticipe sur la fusillade finale des **Crabes** (Madame et Monsieur descendent respectivement la Jeune fille et le Jeune homme, avant que Monsieur tue Madame d'une troisième rafale), dénouement « épique » d'un drame psychique dont le lauréat revient à celui qui a le *monopole des déictiques*.

C'est le monopole que détient le Maître de **La Maison** et dont il (ab)use à volonté en convoquant et en congédiant les domestiques. Le lieu de parole lui appartient tout autant que l'édifice. Dans cet univers égocentrique, tous les ailleurs se valent et les frontières entre les espaces virtuels ont tendance à s'estomper. C'est par un seul geste et avec un « là-bas » emphatique que le Valet Luther désigne l'autre maison, le marché, l'abattoir et l'église, lieux du « partout dehors » [XLVIII]. Loin d'apporter une caution de réalité à l'espace scénique, les lieux du hors-scène se confondent en un « tout autour » nébuleux.

A l'intérieur, les personnages sont nombreux à se poser la question « Où aller ? » ou bien celle, conjointe, « Comment s'en sortir ? », mais, à la différence du lieu clos beckettien entouré du vide, l'espace scénique de Dubillard donne toujours sur d'autres lieux ; les entrées et sorties ne s'effectuent pas seulement en fonction d'un espace concret donné comme métaphore du monde entier, voire du théâtre lui-même. Certes, il y a cette charge méta-théâtrale de l'espace, exploitée de façon plus ou moins marquée — le Maître va jusqu'à annoncer « Un théâtre » [XVI], Camoens s'installe dans son « petit coin d'extrême gauche. Côté cour. » [p. 36] Ces répliques ne manquent pas de donner un relief pirandellien aux déictiques, même si la surdétermination de l'espace leur confère une épaisseur sémantique que ces formes n'ont pas chez un Beckett.

L'univers extérieur à la scène se caractérise en revanche par le *nombre*, par la multiplicité des « endroits » :

> *Fernand* : L'endroit : Ah ! ma pauvre Tantine ! on voit bien que vous ne savez pas ce que c'est qu'un endroit ! Mais il y en a partout des endroits ! on ne peut pas faire un pas sans poser le pied dessus.
>
> [**Naïves hirondelles**, p. 114]

A l'infinité déroutante des « là-bas » s'oppose la *singularité* de la scène, lieu unique de la parole. L'espace des autres reste hors-scène dans **Le Jardin**, **Les Crabes** et **Naïves hirondelles**, puisque l'*ici* se réfère au même contexte spatial et tout se passe comme si, dans ces trois œuvres, la permanence du décor (non pas son *sens*) engendrait une ressemblance curieuse entre les personnages : symétrie appuyée des couples dans **Naïves hirondelles** et dans **Les Crabes ou les hôtes et les hôtes**, destin commun des membres du quatuor. Enfermés dans un seul et même espace, les quatre musiciens deviennent « les quatre Schécézig », se partageant une instance d'énonciation unique. C'est que l'espace théâtral de Dubillard est celui d'*un* sujet dont l'exercice de la parole englobe celle des duos, trios ou quatuors que forment les personnages, ramenant le théâtre vers une donnée simple du langage : « L'activité langagière, dans sa totalité, est subjective » (C. Kerbrat-Orecchioni, 1980, p. 69). Qui s'assemble, se ressemble. Camoens restera fidèle au thème du voyage pour illustrer cette traversée de la différence :

> *Camoens* : Guillaume aussi c'est autre chose qu'Angélique. Mais quand une chose et une autre chose, vous les mettez dans le même train, ça devient, peu s'en faut, la même chose.
>
> [**Le Jardin**, p. 26]

L'espace de **La Maison** est non moins subjectif, à cette différence près que « les autres », c'est-à-dire une quarantaine de domestiques, font incursion dans le lieu du Maître. Il s'en suit une *fragmentation de l'espace scénique* de l'œuvre, ce qui permet de multiples confusions entre lieux plus ou moins éloignés, tantôt actuels tantôt virtuels. Dérive déictique qui témoigne de l'incapacité totale des personnages d'ancrer leur discours dans l'espace et de s'entendre sur ses points de repère :

> *Le Premier* : Il est mort.
> *Le Deuxième* : Quoi ?
> *Le Troisième* : Quoi ?
> *Le Premier* : Mort. Là. Comme deux et deux.
> [...]
> *Le Premier* : MONSIEUR. Là-bas.
> *Il désigne un lieu lointain. Le Deuxième et le Troisième se détournent vers ce lieu.*
> *Le Deuxième* : Là-bas !
> *Le Troisième* : Là-bas !
> *Le Premier :* Là-bas !
> [...]
> *Le Premier, seul* : Oui, dans son lit. Là-bas. *(Il désigne l'endroit lointain.)* Quant à là-haut *(il désigne le plafond)*, ce qui s'y passe...
>
> [**La Maison**, pp. 15-16]

L'ancrage défaillant suscite de multiples confusions — entre ce Monsieur et un autre, entre le dedans de la maison et le dehors, entre les étages supérieurs et un ciel lointain. Le labyrinthe intérieur de **La Maison** illustre cette constante des pièces ultérieures aux **Naïves hirondelles**, que l'*espace est métaphore du corps et de la tête*, d'où ses résonances à la fois physiques et psychiques. Délabrement de la maison, usure du corps, fragmentation du moi : la surdétermination de l'espace se répercute sur les formes déictiques dans un glissement entre la relation d'inclusion (je-dans-ici) et la relation d'équivalence (je = ici). Le Maître tolère mal l'intrusion des autres et finit bien par les expulser, de même que Félix tente de faire le vide dans sa tête en chassant de sa conscience ces « personnages du Tout-Paris » [acte II, scène 10] venus figurer sur la scène de son cauchemar. Toute présence serait une invasion de l'espace entièrement subjectif que désigne « ici ».

Mais le « ici » de l'énonciateur peut étendre ses limites bien au-delà d'une scène de théâtre figurant la situation de parole immédiate, grâce à l'élasticité complète de son rayon référentiel, capable de dénoter « un point dans l'espace/temps, mais aussi, à la limite, le globe terrestre ou l'éternité » (C. Kerbrat-Orecchioni, 1980, p. 60). En effet, l'*ici* se gonfle chez Dubillard pour montrer que l'espace subjectif vise à englober tout l'espace environnant. Le lieu subjectif assure à l'instance d'énonciation toute l'étendue d'un moi centrifuge ; hors de ses limites, *là-bas*, le moi serait en non-lieu.

C'est une qualité qui convient tout particulièrement au théâtre radiophonique et à son espace à la fois intime et immatériel [1]. Quand Martin Esslin évoque « *the mind as a stage* » pour décrire le théâtre radiophonique (1980, pp. 171-187), on voit bien qu'à la scène mentale de l'auditeur peut s'ajouter celle d'un personnage-locuteur, avec tous les transferts possibles entre les deux. Si les allures d'intrigue à suspense de l'œuvre radiophonique **Les Chiens de conserve** [2] pourraient faire croire à un traitement réaliste de l'espace, les paroles d'ouverture, proférées par Garbeau à l'intention de lui-même, signalent que la suite de l'action se déroulera dans un même *espace mental* :

> *Voix de Garbeau* : On est plusieurs de vos anciens ouvriers qui se demandent ce qui se passe dans votre tête.
>
> [**Les Chiens**, p. 10]

Et à maintes reprises au cours de l'action sera-t-il question de cette « tête » à Garbeau, agent et lieu d'une grande part de l'intrigue, jusqu'à sa mort qui marque la fin de la pièce (« Ma tête qui s'envole ! »). Les monologues de Garbeau constituent le mode d'énonciation dominant des **Chiens** — à tel point qu'au cours des séquences IV à X (en route pour Vesouille), même les scènes mettant en jeu les autres personnages semblent surgir de la conscience du personnage central. Lorsque l'infirmière, Melle Couffin, met en doute la santé mentale de ce vieillard souffrant d'aphasie, le Docteur déclare : « [...] il a toute sa tête ou presque. On ne comprend rien à ce qu'il dit, d'accord, mais lui se comprend parfaitement. Probablement même, il se parle intérieurement.

---

1 Cf. « Oreille qui parle : Dubillard et la radio » (Wilkinson, 1986).

2 Suite à une lettre anonyme lui apprenant la mort de sa fille Marlène et la faillite de son ancienne usine, le vieux Garbeau retourne en grande hâte à son ancien château, poursuivi par son infirmière, son médecin et la police, qui craignent la « folie » du vieillard. En effet, Garbeau assassine son beau-fils, Gadoux, et jette son cadavre aux chiens. Lorsqu'il retrouve sa fille, toujours en vie, il se rend compte de son erreur et se précipite au pavillon de chasse, lieu de rendez-vous de Marlène et de son amant, Armand de l'Armergue, auteurs de la lettre. Il tue l'amant et meurt, d'une embolie, au moment où ses poursuivants arrivent.

Un langage très clair » [pp. 28-29]. Toute l'action se déroule sur le seuil de la conscience de Garbeau, entre le rêve éveillé et la confidence chuchotée à l'oreille de l'auditeur. Là où les œuvres proprement théâtrales jouent sur les relations scène/hors-scène pour rendre sensible l'univers intérieur, **Les Chiens** utilisent la mobilité extrême qu'offrent les techniques de montage radiophonique pour dissoudre les frontières spatiales, laissant entendre que les limites de l'espace subjectif sont tout à fait élastiques.

L'espace théâtral de Dubillard se déploie aussi dans le sens de la *verticalité*. Dans **La Maison**, en particulier, didascalies et discours s'unissent pour évoquer le hors-scène du *dessus* et du *dessous* : on remarque l'escalier en tire-bouchon, les références à la cave et même à un « cinquième étage », et une deixis abondante indiquant « ici-bas » et « là-haut ». Si l'espace du dessus reste en priorité celui du Maître, le rapport bas/haut se révèle aussi flexible que le rapport ici/là-bas. Le caractère fourre-tout du déictique « là–haut » situe le vieillard par rapport à ses serviteurs, mais aussi certains domestiques par rapport à d'autres, le ciel par rapport au Maître, et la « chef lingère » par rapport aux valets. Ainsi les rapports de hiérarchie et de domination s'expriment-ils dans et par l'espace, mais il faut également constater le croisement fécond de l'espace et du temps. En effet, les connotations fortement codées ayant rapport à l'ascension et à la chute, à la hauteur et à la profondeur, viennent se greffer sur l'axe du temps ; les déictiques spatiaux deviennent des *repères temporels* :

> *Le Maître, seul, manipule une assiette* : [...] Depuis des profondeurs, mais non, depuis qu'il est là, depuis c'est bien simple, depuis bien avant moi, poisson, poisson depuis toujours poisson d'avant maman. Et il remonte. Porcelaine, porcelaine qui le soutient et il remonte jusqu'ici, jusqu'à moi, jusqu'au premier avril.
>
> [**La Maison**, p. 171]

Ailleurs, le mouvement vers les profondeurs du moi se fait en sens inverse, vers la cave dans laquelle ni l'Architecte ni le Maçon ne veulent descendre, lieu du souvenir et d'un moi *autre*, un trou dans lequel l'homme habitait « autrefois ». L'inflation extravagante de déictiques flottants est à la mesure de la surdétermination du contexte spatial de **La Maison**. Maison-tête ou maison-corps dont la symbolique verticale s'érige de nouveau dans **Les Vaches**, avec son « toit, le grenier, un étage au-dessous, un étage dessous le dessous. Le rez-de-chaussée. La terre. » Dès la première scène, le reporter et le spectateur font connaissance avec une maison que le portier désigne dans l'espace *décentré* du hors-scène : « Oui, monsieur, je suis le portier de cette "là-bas - maison" là-haut que vous voyez — vous la voyez ou vous ne la voyez pas — par cette fenêtre ! » Selon la notice que lit le portier, le toit qui abrite le poète serait en fait celui de Mme Enne, sa mère, et la suite de l'action confirme bien que cette maison où Félix ne cesse de passer semble appartenir plus aux autres qu'à lui-même. De même que Félix fuira cette maison maternelle décidément trop peuplée pour aller « où boivent les vaches », l'*être-là* auquel aspire l'artiste se manifeste dès la fin du premier acte par l'intermédiaire d'Olga la vache, cet autre Félix qui meugle « là-haut », dans les combles du hors-scène. Olga ne parvient pas à venir, à descendre dans le lieu de Félix, alors que les montées de ce dernier se soldent toujours par la chute (voir les scènes 4 et 6 du deuxième acte). Le décalage des espaces représente cette impossible coïncidence qu'évoque Saül, le fils du poète, en s'adressant à Olga : « Papa a soif, Olga, Papa t'attend. Il ne sera là que si t'es là ! » [p. 107] Il est significatif que Félix appelle Olga à venir dans ce lieu de la parole qu'est la scène en l'invitant aussi à parler, à dire « ces trois mots », ou bien à se taire. La parole — et à plus forte raison le silence — ne sont parlants que sur scène, *ici*.

L'être-là d'un Félix identique à lui-même devrait donc passer par la coïncidence des espaces *ici* et *là-bas*, par la réconciliation du mot et du silence. Les rapports entre la *spatialisation du moi* et la pratique verbale de Dubillard peuvent s'éclaircir à la lumière de ces remarques de Michel Foucault (à l'intention de Raymond Roussel) :

> Où donc, maintenant, trouver le trésor de l'identité, sinon dans la modestie muette des bêtes, ou dans l'au-delà du neuvième degré du langage — dans le silence ; à moins encore qu'on use systématiquement, pour en faire un langage merveilleusement unique, de la possibilité de dire deux choses avec les mêmes mots.
>
> (1963, p. 187)

Pour des raisons allant bien au-delà des difficultés pratiques [1], la modestie muette d'Olga ne peut figurer le trésor de l'identité qu'à partir de l'espace décentré du hors-scène. Autant dire que la division du moi est aussi franche que la séparation scène/hors-scène, aussi primitive que le clivage entre le mot et la chose que même la remotivation du signifiant ne peut abolir. Et c'est ce même enjeu — celui d'un *moi plein*, idéal — qui inspire le Maître lorsqu'il tente de saisir du dehors l'intérieur de sa maison.

C'est dans le dernier acte des **Vaches** que se nouent véritablement les deux axes de l'*horizontalité* et de la *verticalité*. Fuyant la maison verticale de sa famille, Félix s'échappe dans l'espace ouvert et horizontal de la nature, dans cette plaine où il peut pivoter sur lui-même sans quitter des yeux l'horizon. Mais, d'un « là » marquant la différence du lieu on passe à un « ici » qui signale l'identité, cela au moment où Félix se met *debout* pour porter Zerbine, une fille « *qui passe entre lui et l'horizon* » :

Félix :	Vous êtes arrivée ?
Zerbine :	Ici.
Félix :	Vous alliez d'un point à un autre ?
Zerbine :	Non, je ne viens pas d'un point précisément, mais c'est ici qu'il faut que j'aille.

[**Les Vaches**, p. 99]

[1] Difficultés qui ne sont d'ailleurs pas insurmontables : lors de sa mise en scène au TNP, Planchon a fait monter une vache sur scène.

L'énallage spatial (« aller ici ») indique bien le caractère paradoxal d'un voyage qui part de nulle part pour arriver « ici ». Félix quitte ainsi sa famille pour la retrouver, fuit l'aliénation des faux objets pour en devenir un lui-même lorsque se dresse enfin cet arbre généalogique en forme de fontaine de Médicis, dans l'*ici-là* d'un « square à plus de cent quarante kilomètres de Paris, tout près du Luxembourg ». A l'instant tant attendu où Olga répond à l'appel incessant de « Sois là ! », Félix la rejoint dans l'être-là d'une statue qui était *déjà là.*

La force du dernier acte des **Vaches** réside dans la concordance parfaite du mot et de la chose, de l'énoncé et de son contexte spatial, dans une densité d'expression à l'image de celle du contenu. Une dynamique spatiale du même ordre régit le *crescendo* du **Jardin** dans lequel le quatuor voyageur quitte le champ de betteraves pour rentrer dans « la bulle du Jardin aux Bettroves », voyage circulaire qui s'exprime théâtralement par le fait qu'on ne quitte jamais l'*ici* scénique. Comme dans **Les Vaches**, l'action se mord la queue lorsqu'elle rejoint son point de départ : son titre. Cette dynamique spatiale manque totalement à **La Maison** où c'est précisément la verticalité de l'espace qui figure l'*inertie temporelle* de l'œuvre. En la présentant, l'auteur prévient : « La pièce (comédie ou tragédie ?) n'a pas l'air "construite". En réalité, elle est construite comme une maison. C'est-à-dire qu'elle n'est pas en mouvement, construite dans le temps comme une symphonie ou un drame. Si elle dure un certain temps (peut-être trois heures), c'est qu'il faut du temps pour tout (pour voir une peinture, pour visiter des ruines). » On ne saurait mieux dire l'interférence parfaite des aspects spatial et temporel de la pièce, et la façon paradoxale dont l'espace offre une forme palpable à l'immobilité.

Chez Dubillard, le lieu scénique ne va jamais de soi et c'est une des raisons principales pour laquelle Dubillard se situe fermement dans le théâtre dit « de l'absurde » de l'après-guerre. Selon Robert Abirached, les auteurs de ce théâtre mettent en scène un espace « où sont perverties les lois de l'équilibre et de la pesanteur, où se détraquent les rapports coutumiers entre le vide et le plein, le contraire et le même, le contenu et le contenant, où s'abolissent les frontières entre l'ici et l'ailleurs » (1978, p. 410). Toutes ces lois sont effectivement bafouées dans ce théâtre d'espaces subjectifs et il n'y a guère que **Naïves hirondelles** qui présente un lieu à peu près cohérent, répondant aux normes de la réalité. De même, il serait facile de re-classer les objets de ce théâtre selon la taxonomie qu'Abirached développe à l'intention d'auteurs comme Ionesco et Adamov : juxtaposition d'objets contradictoires, objets extravagants comme allant de soi, mise en valeur d'accessoires utilitaires, changement de perspective ou d'échelle, prolifération d'objets divers, métamorphose de l'espace en lui-même...

Un tel classement montrerait comment l'univers spatial de Dubillard s'emboîte dans l'espace théâtral d'un certain courant. Mais, à force d'insister sur l'onirisme, sur l'irréel, sur « l'absurde », on ferait abstraction de ce qui est le propre de ce théâtre et de *son* insolite. Ici, l'intrusion de l'irrationnel se place dans le cadre d'une mécanique bien précise : ressemblance métaphorique généralisée (tête/buste/lampe), redondance de métasèmes (haut/bas, dedans/dehors, ici/là) s'indexant, souvent après-coup, sur des isotopies qui deviennent de plus en plus fortes au fur et à mesure que progresse l'action. C'est invariablement le discours qui suscite la polysémie de l'espace — par les jeux de mots, par des déictiques ambivalents — et qui empêche son débordement.

L'agencement des signes exclut l'onirisme tout cru d'un Weingarten aussi bien que les « symboles-valises » comme le cadavre grandissant d'**Amédée ou comment s'en débarrasser** de Ionesco ou bien le « schmürz » des **Bâtisseurs d'Empire** de Vian. Le caractère *ludique* du théâtre de Dubillard y intervient à tout moment pour serrer le jeu des signes et contenir la tendance à l'abstraction du symbole. Quant à l'importance particulière donnée aux déictiques spatiaux, voire au contexte physique de l'énonciation, la mobilité de l'opposition ici/là serait à chercher moins du côté des dramaturges — chez Beckett et chez le Ionesco des **Chaises**, par exemple, la dichotomie se fige avec la clôture du lieu — que du côté de certains romanciers pratiquant cette *polysémie du déictique* :

> Dans la fourche dichotomique dehors-dedans, le déictique aurait donc valeur d'aiguillage de la narration. Le « dehors » restant invariant, l'« ici » se *remplirait*, grâce à sa mobilité, de diverses façons au cours du roman, permettant d'engendrer différentes phases anecdotiques par simple détermination spatiale.
>
> (F. Jost, 1975, p. 485)

L'analyse d'un roman de Robbe-Grillet faite par F. Jost pourrait s'appliquer au **Jardin aux betteraves**, à cette différence près que scène et hors-scène, « ici » *et* « autour », s'y trouvent *remplis* par l'empilement de sens se rattachant aux déictiques. D'ailleurs, Dubillard s'est servi du procédé, sous forme narrative, dans **Les Campements**, sorte de rêverie sur l'inconsistance où le flottement des déictiques est à la mesure de l'instabilité spatiale, celle d'un théâtre où le « je » est toujours en quête d'*ici* :

> Cette chose instable et provisoire passait d'un campement à l'autre, car sa localisation aussi nous inquiétait. Sans doute, elle eût trouvé définitivement sa place en un centre véritable, et c'était bien ce centre que nous ne cessions de lui chercher. Mais la mobilité des camps eux-mêmes retirait tout espoir d'en finir.
>
> [**Olga ma vache**, p. 78]

2. Qui « je » ?

La cohérence du personnage de Dubillard souffre, nous l'avons vu, de l'absence de nom propre et de la remotivation d'un nom-signifiant qui le fait rentrer dans le jeu de son discours. Or, l'homogénéité de ce discours dépend dans une large mesure du rapport solide entre énoncé et énonciateur, facteur essentiel de la situation de parole qui permet de répondre à cette question décisive : « Qui parle ? »

Malgré la présence indéniable du comédien/énonciateur, le spectateur de ce théâtre se trouve souvent embarrassé pour fournir à cette question une réponse sûre. Il s'en suit une obnubilation du contenu car au théâtre encore plus qu'ailleurs, « le message ne prend son sens que dans ses rapports avec ce que le récepteur sait de l'émetteur et des conditions d'émission » (A. Ubersfeld, 1977a, p. 142). S'il en est l'émetteur apparent, le personnage de Dubillard attribue fréquemment ses propos à des tiers absents et souvent anonymes. Milton, dans **Le Jardin**, est le spécialiste en la matière puisque l'histoire confuse de « ce bébé Charlot » (« C'est pas moi : on me l'a racontée hier ») et l'envolée discursive sur les ballons (« On me l'a dit. Je l'ai lu ») seraient redevables à d'autres. Le déplacement de l'*origine du dire* n'est signalé qu'après coup, ce qui contraint le spectateur à revoir son interprétation première. Lorsque la pratique se répand, il y a comme un effacement de la frontière entre discours direct et rapporté ; l'énonciateur scénique fait figure de porte-parole, l'énoncé se révèle incertain. Dans **Naïves hirondelles**, la source a beau être un des personnages, le discours rapporté tend un piège à la communication ; déplacé de son contexte d'origine, le message change de sens pour acquérir parfois une valeur comique :

> *Fernand* : Il ne vous a pas dit de me dire quelque chose ?
> *Germaine* : Il m'a dit de vous dire de me regarder.
> *Fernand* : Oh ! celui-là !
> *Germaine* : C'est ce que je lui ai dit. Moi, je n'ai pas du tout compris pourquoi il m'a dit de vous dire ça.
>
> [**Naïves hirondelles**, p. 16]

Les « messages » des premières scènes s'entrecroisent et ratent leurs buts. Les oublis des personnages s'aggravent au cours de l'action et finissent par piéger la mémoire du spectateur : contrairement à ce qu'affirme Mme Séverin, Germaine n'a jamais dit qu'elle avait de la famille « au bord de la Marne » [p. 33], et contrairement au correctif de Bertrand, ce n'est que plus tard qu'il invitera Germaine à faire une promenade aux bords de la Marne. Plus loin, au début de l'acte III, la conversation tourne en rond autour de la question de ce que Germaine aurait dit, ou n'aurait pas dit, à Mme Séverin. La mémoire très courte de tous les personnages de ce théâtre s'effrite et porte ses fissures dans la construction même du personnage, fissures encore discrètes dans **Naïves hirondelles** mais qui parviennent à éprouver la mémoire du spectateur et à le faire douter de son vis-à-vis théâtral.

Dans les autres pièces, l'origine de l'énoncé est parfois voilée par une pratique d'écriture voisine, celle des *citations implicites* (souvent explicites pour le lecteur à cause des guillemets) renvoyant à des locuteurs hétérogènes dans un *dédoublement de l'instance d'énonciation.* Les citations sont plus ou moins évidentes mais, en général, elles font l'effet d'un corps étranger au cotexte [1] :

Le Portier : Mais voilà : c'est sa maman qui fait tout ! Ça, pour ça, oui : « dans les étoiles » mais c'est sa maman qui fait tout.

[**Les Vaches,** p. 12]

Le Maître : Il faut que je fasse un effort pour savoir que vous soyez là. Pour que « vous ici ? quoi ? Madame ».

[**La Maison,** p. 116]

Il ne s'agit pas simplement de mettre en valeur un mot-thème car le procédé citationnel constitue une stratégie discursive subtile, servant à mettre en doute les mots d'autrui ou à donner aux siens une valeur de loi, à marquer une distance vis-à-vis du langage ou de la situation. Dans tous les cas, il se produit un *glissement de point de vue* — on adopte celui de l'autre, on donne au sien une certaine altérité — et l'ouverture d'une faille dans l'énonciation. La superposition de deux énonciateurs ne manque pas de brouiller le sens et l'absence du contexte d'origine ne fait qu'amplifier l'incertitude. Lorsque Milton rapporte le mot de son oncle à son égard — « L'élite » — le sens, à défaut d'indications cotextuelles, est forcément ambigu. L'hypothèse de l'ironie ne dissipe pas l'incertitude puisqu'on ne sait si l'ironie pèse sur le signe, sur l'énonciateur (son oncle), ou sur le référent (lui-même). C'est effectivement **Le Jardin** qui fait l'usage le plus flagrant de la citation — explicite et implicite. A l'intérieur du discours de chaque personnage se confond une pluralité de *couches énonciatives* prises à des contextes divers, tantôt intérieurs à l'œuvre, tantôt extérieurs, relevant de l'hypertextualité. On remarque la citation ouverte de Haydn, de Beethoven et du biographe de ce dernier, Romain Rolland, citations explicites qui ne présupposent donc pas une grande culture musicale. Si, comme J. Kristeva l'a écrit, « tout texte se construit comme mosaïque de citations, tout texte est absorption et transformation d'un autre texte » (1969, p. 146), **Le Jardin** joue à montrer les ficelles d'une pratique *consciente* ; les points de rupture sont visibles, les séquences citées ne sont que partiellement assimilées. Le spectateur est dérouté moins par un manque de savoir que par la nécessité de re-situer le discours selon un foyer autre que le personnage-sujet.

---

[1] Par « cotexte » on entend le seul contexte verbal, à l'exclusion de l'environnement scénique.

La recherche d'identité dont témoigne la volonté de mériter/remotiver le nom propre se manifeste parfois dans un autre type de dédoublement énonciatif, celui qui résulte de cette sorte d'*identification partielle* à laquelle se livre volontiers le personnage dubillardien : le Guillaume du **Jardin** se prend pour Beethoven alors que dans **Les Vaches**, Walter se prend pour Chopin, Marchecru pour Polyphème, et le Père pour Le Plombier de cette fontaine de Médicis. Il s'agit évidemment d'identifications explicites et partielles car, en dépit de la confusion d'un Walter et d'un « Chopin », le *comme si* subsiste. Ce rapprochement n'a pas seulement une valeur ponctuelle puisque les sémèmes « Plombier », « Beethoven », « Chopin », réapparaissent en filigrane lors des actes ultérieurs, et antérieurs, du personnage, tandis que le personnage se retrouvera dans les autres occurrences du sémème. Ceci est particulièrement vrai pour Marchecru : « *l'acteur à tout faire* » est appelé à jouer non seulement Marchecru mais aussi Le Portier, l'Examinateur, Oblofet, Hachemoche, et d'autres, qui sont tous « contaminés » par le rapprochement entre Marchecru et le cyclope Polyphème qui surveille les ébats d'Acis et de Galatée du haut de cette fontaine de Médicis. Quant à Guillaume/Beethoven, l'identification au compositeur mène presqu'à l'effacement total du chef du quatuor — comme si le manque d'autorité de ce dernier provenait justement d'une incapacité d'endosser son « personnage», une scène de théâtre étant le seul lieu où Guillaume pourrait être « Beethoven », prenant sa place aux côtés de « Milton » et de « Camoens » dans cette maison de la haute culture. Tout le deuxième acte du **Jardin** joue sur cette mobilité foncière du personnage de théâtre, sa capacité de transformation, pour poser et compliquer la question « qui parle ? ». En affirmant qu'il est et n'est pas Beethoven [cf. p. 104], Guillaume installe la *dénégation* théâtrale au sein même du personnage. L'énonciation devient forcément équivoque et frappe d'ambiguïté toute l'attitude d'Angélique, par exemple, dont l'exclamation ironique « "Beethoven !..." » peut viser Guillaume, Beethoven, ou bien le manque de ressemblance entre les deux.

Les autres personnages de la pièce ne résistent pas à cette *mise en abyme énonciative* : Angélique, jouant le rôle de l'« Immortelle bien-aimée », participe d'un même dédoublement ; les « deux monocles » de Camoens font irrespectueusement référence au poète borgne ; les allusions à Shakespeare nous rappellent l'identité de Milton. Et lorsque Tirribuyenborg se met enfin à parler français, c'est pour livrer ses réflexions sur la *signification* de son rôle :

Tirribuyenborg : Je sais parfaitement parler le froncé. Il suffit que je me surveille. Je craignais qu'une surveillance trop étroite ne me fît perdre de mon natural. Puisque vous ne semblez pas tenir à mon natural, je me surveillerai désormais. Au reste, dans la posture où vous m'avez posturé, mon natural n'a plus grande chance de garder une signification. Mon natural, astheure, j'en conviens, manquerait lui-même de natural.

[**Le Jardin**, p. 114]

Le paradoxe du comédien devient celui du personnage. En jouant constamment sur l'identification et sur la dénégation, **Le Jardin** empêche le personnage de s'installer dans un caractère : le « je » se voit privé de son « natural ».

Si elle ressemble fort à la séquence du **Jardin** où Guillaume joue (dans les deux sens) Beethoven [pp. 106-109], la scène 7 de l'acte I des **Vaches** est d'autant plus déroutante qu'il s'agit de la première apparition du personnage et que l'on ne saura qu'après coup que Walter n'est point Chopin. Dès sa première réplique, le personnage encore anonyme affirme en quelque sorte sa *disponibilité* totale : « Moi, c'est moi. » Il a beau se présenter dans la foulée (« Moi c'est Walter »), le récit dans lequel il se lance tout en jouant *du* Chopin au piano ne manquera pas de susciter une certaine confusion : « Je l'ai entendu jouer, lui, Chopin, avec ses doigts. Ces doigts-là. C'était moi. Voilà. Chopin. Moi. » Les énallages de temps (passé/présent) et de personne (lui/moi) marquent comme une *actualisation du récit*, la tentative — ratée — de devenir le « personnage » du grand compositeur. Le personnage de Walter restera marqué par le trait dévalorisant « pas Chopin », voire « faux créateur », trait tout à fait ironique, car Walter est, de par son nom, l'*alter ego* d'André Gide, l'auteur des **Cahiers d'André Walter** ainsi que des **Notes sur Chopin**.

Plus généralement, la mise en valeur du caractère fictif du personnage ressort de tout énoncé à valeur *méta-théâtrale*, lequel manifeste un rapport impossible entre deux types d'énonciation contradictoires, comme si le personnage était en mesure de s'appréhender de l'extérieur, d'être à la fois « je » et « il ». Sans jamais pousser le paradoxe jusqu'à la théâtralité en miroirs d'un Jean Genet, le théâtre de Dubillard n'hésite pas à se désigner tel. Dans **Les Crabes**, par exemple, l'allusion dès la première scène aux « Fanfares du cinquième acte ! » se concrétise lors de la scène 7, dans ce monologue où le Jeune homme, imitant Walter et Guillaume, fait comme s'il inventait sur-le-champ son personnage :

> *Le jeune homme :* Ce que je n'ai pas été. Vous me croirez si vous voulez ; je n'ai pas été capitaine de moustiques. Capitaine de moustiques, moi ? Eh bien, ne me croyez pas : je l'étais. Là, je vous ai eus. Je l'étais, je le suis toujours.
>
> [**Les Crabes**, p. 85]

Ce « vous » ne vise que les spectateurs, dont le personnage, comme dans un spectacle de café-théâtre, abuse de la confiance. Bertrand aussi joue à démasquer sa théâtralité, faisant sien le soliloque trop connu de Hamlet [pp. 82-83] tandis que le Valet de plume de **La Maison** s'adresse directement à la salle pour gloser sur « le plan de cette comédie » [LVI]. Si, dans les versions représentées de **La Maison**, on a souvent omis cette scène et d'autres où le discours méta-théâtral se fait trop insistant, c'est sans doute parce que la relation maison/œuvre s'impose à tel point que tout propos au sujet de l'édifice tend *déjà* à se retourner sur la pièce et à fournir au spectateur comme le mode d'emploi du spectacle :

L'Appariteur : N'importe quel endroit est le bon si c'est par lui qu'on est entré. Une fois à l'intérieur, l'envie de trouver la meilleure entrée a perdu non seulement son urgence mais son sens.

[**La Maison**, p. 82]

Inutile donc de vouloir saisir les habitants de l'œuvre sous l'angle de leurs caractères : la plénitude du sujet se révèle illusoire. Au désir d'identification du spectateur répond la distanciation désarmante du *méta-discours*, particulièrement abondant dans les monologues de **La Maison**. La pratique relève plus de la *conscience humoristique* de Pirandello que de Brecht. Ce n'est pas le comédien qui désigne son personnage mais le personnage qui se réfléchit, de telle sorte que l'identification s'efface au profit d'une *connivence* entre l'auteur/émetteur et le récepteur.

L'Appariteur : [...] Enfin, bref : mieux vaux parler comme on veut que comme il faut. Ou alors, je vais me taire. C'est à choisir.

[**La Maison**, p. 85]

Précisons qu'il ne s'agit pas, à proprement parler, de la voix de l'auteur Dubillard (même si ce dernier joue le rôle de Guillaume ou du Maître) mais bien celle d'un personnage qui fait semblant de passer outre au cadre de la fiction, à la manière de l'auteur implicite d'un roman. Faisant appel à ce qu'il faut bien appeler un *spectateur implicite*, originaire de la fiction, la mise en abyme du personnage joue sur l'inquiétante étrangeté d'un spectateur dédoublé.

Les soliloques de **La Maison** signalent ouvertement la mise en abyme. D'autres exemples nous montrent tout simplement les cas de personnages détenant un savoir invraisemblable sur la fiction dans laquelle ils évoluent : Félix semble anticiper l'arrivée des Voix dans l'acte II, scène 10 (« Ils vont venir ») ; le Jeune homme sait d'avance que les futurs locataires des **Crabes** auront un chien ; quant à Tirribuyenborg, ses qualités de journaliste et guide, d'indigène et étranger, font de lui une sorte d'agent de destinateur, version en abyme de ces personnages que le récit réaliste mandate pour servir d'« organes de vérité » au sein de la fiction (cf. L. Dällenbach, 1977, p. 73). Si Dubillard fait souvent appel à ces *rôles types* d'agents de vérité — le portier dans **Les Vaches**, l'appariteur de **La Maison** —, il n'est jamais question de rétablir un plan de vérité interne à l'œuvre mais plutôt de parodier la fonction de « vrai-dire » de ce type littéraire. On assiste alors à des glissements de point de vue qui n'ont rien à voir avec la psychologie des personnages ; ils proviennent de la *rupture de l'isotopie énonciative* et d'une confusion subtile entre le dedans et le dehors d'une fiction théâtrale.

Les quatre personnages des **Naïves hirondelles** ne bénéficient, certes, d'aucun savoir excessif sur l'action dans laquelle ils sont pris. La cohérence de ces personnages ne souffre donc pas de failles énonciatives mais plutôt des tendances fortement répétitives de leurs discours. La confusion d'identité que suscitent les oublis de noms se manifeste sur le plan de l'énoncé par la répétition de bouche en bouche d'une sorte de *parole à quatre* — « C'est des choses qui arrivent », « A son âge », « A votre âge », et cette chanson du titre que chantent tous les personnages à tour de rôle. Mettant à nu les clichés du langage quotidien, les rengaines finissent par saper l'individualité du locuteur. La parole circule à l'insu du personnage, de telle sorte que chacun des quatre devient un peu tout le monde.

D'ailleurs, ce sont justement les quelques variantes du *leitmotiv* « A mon âge » qui reviennent le plus fréquemment dans toutes les pièces de Dubillard. Platitude dont l'imprécision renvoie à cette constante, qu'il n'y a personne dans ce théâtre dont l'âge ne soit suspect. Dans **Naïves hirondelles,** les âges respectifs des quatre protagonistes s'inscrivent dans une relativité totale, excluant tout ancrage référentiel :

> *Fernand* : Parce que vous, naturellement, maintenant que je vous dis que je suis vieux, c'est fini les lamentations. Vous ne vous sentez plus vieille du tout.
>
> *Mme Séverin* : Et après ? Je le sais bien, que je suis vieille, allez.
>
> *Fernand* : Mais non, Madame Séverin, faut voir les choses autrement. C'est pas vous qui êtes vieille, c'est eux qui sont jeunes !
>
> [**Naïves hirondelles**, p. 35]

On assiste d'une part à la polarisation des couples et des générations — Bertrand serait « un gosse », Germaine une « pauvre petite », alors que Fernand et Mme Séverin seraient des vieux — et d'autre part, à l'effacement de la différence de génération entre Fernand et Bertrand (« un faux frère »), surtout vis-à-vis de « la mère Séverin », et au creusement de l'écart entre Fernand et Mme Séverin, faisant de celui-ci le « petit Fernand » de celle-là. Les revirements systématiques du troisième acte [1] parachèvent la *valse des générations* : Fernand serait comme le fils de Mme Séverin (« mon petit Fernand »), Mme Séverin serait comme la fille de Fernand (« ma petite fille »), de telle sorte que les deux personnages restés en lice cumulent tous les rôles assurés par les quatre personnages dans les deux actes précédents. La confusion des générations se calque sur celle des rapports de domination, Fernand étant tantôt l'associé de Bertrand, tantôt le patron, tantôt propriétaire de la boutique, tantôt locataire de Mme Séverin. Cette mobilité extrême des rapports d'*âge*, de *parenté* et de *pouvoir* interdit toute certitude quant à l'énonciation, la tâche du spectateur étant de repérer la « voix » qui parle par la bouche du personnage.

---

[1] « Dans **Naïves hirondelles**, le dernier acte a l'air complètement décousu, mais tout est conçu de telle sorte que chacun des deux personnages restants a le temps de dire des autres, qui ne sont plus là, d'abord une série de choses, et ensuite exactement le contraire » (Dubillard, 1979, p. 44).

Le même schéma — une confusion de générations soigneusement réglée — ressurgit dans **Les Crabes** où la compression temporelle rend les points de rupture tout à fait flagrants. La pièce présente une égale symétrie de distribution (2+2) mais depuis **Naïves hirondelles**, les personnages ont perdu tout bagage psychologique et toute prétention de sujet. Le contraste entre l'amour idéal du jeune couple et le couple horrible que forment Monsieur et Madame fait place à une suite de scènes où les rapports jeune/vieux, enfant/parent, homme/femme, locataire/propriétaire (hôte/hôte) subissent des revirements désarçonnants : le Monsieur est successivement amant de la Jeune fille, « papa », « pas un bébé », alors que Madame se fait l'amant de la « belle » Jeune homme, petite fille de maman, et le chien avec lequel se confond leur enfant. Dépouillé du semblant d'autonomie dont disposait le personnage de **Naïves hirondelles**, celui des **Crabes** se réduit à l'incarnation provisoire et radicale d'un *désir* dont il est tantôt sujet, tantôt objet. Pris dans des structures actantielles qui débordent le cadre habituel des rapports entre personnages, ceux-ci éclatent en une variété de rôles aussi hétérogènes qu'instables. Entre **Naïves hirondelles** et **Les Crabes,** tout se passe comme si la véhémence du désir faisait paraître plus distinctement les *rôles familiaux* parmi les éclats des personnages.

Si l'arrière-plan d'un *roman familial* ne passe pas tant au premier plan dans les autres pièces, plus longues, c'est qu'il se manifeste autrement : dans les récits exaltés des membres du quatuor Schécézig ou bien partagé parmi les personnages plus nombreux de **La Maison** et des **Vaches**. On peut néanmoins signaler que l'âge avancé du « vieillard » de **La Maison** ne va nullement de soi. Comme ce Gamin Garbeau des **Chiens** dont Melle Couffin serait à la fois « tantine », « infirmière » et « gouvernante », le Maître oscille constamment entre la sénilité et l'infantilisme, ce qui entraîne des changements de rôle corollaires parmi son entourage : Myriam se glisse dans celui de la mère « dévouée » de « ce moutard » [XXIX], un Prêtre devient « Papa » [XXXII]. Quant à Félix, père et fils, il n'y a rien de plus secret que la date d'une naissance qu'il va jusqu'à nier devant le reporter. Mais la nouveauté des **Vaches** réside dans la surabondance de personnages qui incarnent, de manière explicite ou non, les rôles de la famille : il y a *du* père, pour ainsi dire, chez Félix et chez le Père de Zerbine, mais aussi chez Oblofet, chez l'Examinateur et chez d'autres.

Avant de suivre plus loin le parcours du personnage, nous pouvons résumer ces procédés par lesquels l'*un* se divise en *plusieurs* : citations, identifications partielles, mise en abyme énonciative, circulation d'une parole généralisée, mobilité des rôles. Le personnage devient le carrefour d'une pluralité de voix, une *polyphonie énonciative*, insaisissable telle quelle, qui met le récepteur dans l'obligation de dissocier l'individu en fragments distincts et ensuite de les distribuer selon le principe d'unités nouvelles. D'où la fonction privilégiée d'*embrayeur d'isotopies* qu'exerce le personnage, articulant texte et hypotexte, rapports de famille et de dépendance financière, rapports d'âge et de sexualité.

La discontinuité du personnage exige une malléabilité considérable dans le travail du comédien. Les brusques ruptures que nous avons entrevues ne sont pas que des inflexions de ton car elles mettent en cause la cohérence même du personnage. Prenons l'exemple d'Angélique. Au cours de son monologue du deuxième acte entrecoupant celui de Milton [pp. 90-96] [1], Angélique joue — vis-à-vis d'un Milton également mobile — les rôles de la mère, de la « soliste » indépendante, de la petite fille tantôt agressive, tantôt « *repliée sur elle-même* », et de la coquette, s'asseyant sur les genoux de Tirribuyenborg. Au-delà de l'identification partielle d'un Guillaume, cette mobilité foncière du personnage dédouble donc celle exigée de l'acteur. Le personnage gagne en une sorte de liberté surveillée ce qu'il perd en cohérence, multipliant ses rôles dans le cadre ludique d'un théâtre à l'état toujours naissant. C'est l'enfant sénile de **La Maison** qui est le maître de cette improvisation dont les indications de l'auteur démontrent la précision :

> *Le Maître, colère* : Et on ne m'obéit plus ! [...] S'en va pas quand j'hurle ! *(Il a soudain très peur devant cette présence dont il n'est plus obéi. Il se cache les yeux et crie :)* Maman !
>
> *Un temps d'immobilité totale, non chronométrable. Puis le Maître pose ses doigts sur ses genoux, y pianote un peu. Le calme et la grandeur lui sont retombés dessus d'un seul coup. Il se lève.*
>
> Je n'aime pas vos suppositoires. Je vais vous dire mon opinion là-dessus. *(Il sonne).* Le suppositoire d'abord n'est pas commode, supposez qu'il y ait du monde, on a beau se détourner, n'avoir l'air de rien, ça se voit. Et puis...
>
> *Un silence inexplicable, les yeux dans le vide, mais pas forcément fixes. Comme si une pensée lui venait dans un autre chapitre de sa tête. Il reprend sa phrase où il l'a laissée sans solliciter d'excuse pour son absence.*
>
> ...et puis on a beau dire, ça laisse un mauvais goût dans la bouche.
>
> [**La Maison**, pp. 118-119]

Certains signifiés, certes, ne sont lisibles que pour le lecteur (l'« absence » du locuteur, cet « autre chapitre de sa tête »), mais le spectateur ne manquera pas d'être frappé par l'éboulement de l'édifice du sujet, par une espèce de vide énonciatif dans lequel sombre toute hypothèse psychologisante.

Le Maître nous offre l'exemple le plus parlant de cette faculté de *décrocher* dont semble disposer le personnage dubillardien, comme s'il était

---

[1] Il y a tout lieu de parler d'entrecroisement de monologues plutôt que de dialogue car Angélique se retranche derrière un « Mais moi... » catégorique et Milton répond de façon tout aussi égocentrique. Affrontement de « mois » qui rappelle le « Dialogue puéril » des **Diablogues**.

libre de se choisir, de *se saisir du dehors.* A partir de **Naïves hirondelles**, l'objet de ce choix quitte le domaine référentiel de l'action pour s'insérer dans la construction (en abyme) du personnage. Ainsi le choix qu'exprime ce « *To be or not to be* » de Fernand [p. 67] se place-t-il au niveau du référent (vendre la boutique ou non) tandis que le dilemme de Félix se manifeste *littéralement* et touche la construction même du personnage-signe :

> *Félix* : En tout cas j'ai gardé mes têtes. Et je vais m'allonger entre elles, comme entre mes oreilles, pour la nuit. Si c'est vraiment la nuit. Car enfin, il me semble qu'on me laisse le choix, non ?
> *Il va à droite.*
> Malgré tout ce bruit j'ai le choix.
> *Il va à gauche.*
> Vous voyez : j'ai le choix.
> *Il se tourne vers sa tête en cire qui s'est mise à luire.*
> Quoi ?
> Le choix. Une quantité de choix.
> *Il remonte vers le fond.*
> Par ici...
> Attendez, je reviens : j'ai le choix.
> *Il descend vers la rampe en zigzaguant. Il donne des coups de pied dans les herbes et les feuilles mortes.*
> Le choix !... le choix !... Le choix !...
>
> [**Les Vaches**, pp. 101-102]

Si la crise d'identité d'un Hamlet ne tire tout son sens que du fait d'être exprimée sur scène par un personnage qui, justement, *est* et *n'est pas*, par un être possédant la fragilité de tout *signe*, il en va de même pour ce choix auquel se heurte Félix. Le choix d'action se réduit aux possibilités de déplacement du personnage dramatique dont le discours se retourne sur sa propre fonction sémiotique. D'ailleurs, la connotation méta-théâtrale imprègne fortement toute l'œuvre des **Vaches** : la maison que désigne le Portier dès le début de l'acte I, cette maison du poète qui appartenait autrefois à Oblofet (« ces pierres entre ses mains, il y logeait à l'intérieur »), elle est aussi une pièce qui change de mains en passant de l'écriture à l'acte théâtral, une pièce comme celle qui commence [1]... Dans ce contexte, le message enregistré d'Oblofet [acte I, scène 9], que l'on passe pour « la centième fois », ne peut être que la voix en gigogne du maître d'œuvre [2].

Ici comme dans **La Maison**, l'utilisation du magnétophone est doublement parlante. Distancier la voix propre, prêter sa voix aux autres, plaisirs du jeu d'enfant qui sont aussi, primitivement, ceux du théâtre, où la voix « revient

---

[1] Ainsi, dans la mise en scène de Planchon, le Portier décrit cette maison en indiquant derrière lui le rideau qui ne se lèvera qu'à la scène suivante.

[2] Et en effet, la voix du message d'Oblofet dans la mise en scène du TNP était bien celle de l'auteur.

comme voix des autres, diffractée dans le miroir brisé de la représentation qu'il se donne » (M. Chion, 1982, p.90) [1]. Cette distanciation toute physique de la voix serait l'équivalent matériel des procédés d'énonciation servant à donner à l'énoncé une valeur d'*altérité*. D'où le caractère *dialogique* des monologues dubillardiens : même et surtout seul, le personnage sert à la fois de destinateur et destinataire de la parole. Le discours du Maître en est la meilleure illustration. Lorsque le domestique Catron le laisse seul sur scène [XXIII], le vieillard répète et commente le « Bonne nuit » de l'autre, se pose une question, cite ses propos imaginaires, adopte le point de vue des autres sur « ce Monsieur que je suis », et finit par se diviser en deux, agent et témoin de son discours : « Voilà que je viens de m'endormir en parlant. » L'entrelacement des points de vue est tout à fait caractéristique du parler du Maître et du héros des **Chiens**. Comme chez Beckett, le monologue ne sert nullement à informer les spectateurs d'une réflexion dévoilée en aparté mais à révéler une pluralité de voix : « [...] le texte beckettien, en disloquant le personnage individué et en substituant au dialogue traditionnel le soliloque généralisé, inaugure une sorte de « dialogisme » de la plus petite dimension : une attitude questionnante et contradictoire du personnage vis-à-vis de lui-même » (J.–P. Sarrazac, 1981, p. 129). C'est dans cette parole divisée d'un personnage à l'écoute de lui-même que Dubillard s'approche du minimalisme de Beckett, et si Dubillard se dispense du Témoin, de l'Autre qui survit jusque dans l'Auditeur de **Pas moi**, c'est que l'énonciateur et l'auditeur passent tous deux par la voix du Maître.

En réalité, le Maître parle toujours seul car son interlocuteur ne sert qu'à boucher les trous d'un discours autarcique. Les domestiques interchangeables perdent la capacité de se poser en « je » autonome pour s'emboîter dans l'énonciation du Maître. L'indication qui précède le monologue de la scène XXV est significative : « *Le Maître, seul ou non* ». Selon Benveniste, c'est bien à partir de l'emploi déictique du « je » que se construit l'identité du sujet : « Est *ego* qui dit *ego*. Nous trouvons là le fondement de la *subjectivité*, qui se détermine par le statut linguistique de la *personne* » (1966, p. 260). Inutile donc d'insister sur le rôle primordial joué par le « je » du discours théâtral, la reconnaissance du « je » de l'autre étant à la base de la relation intersubjective du dialogue traditionnel. Or, l'inflation du « je » du Maître se fait justement au détriment de celui de son interlocuteur, celui-là exploitant son pouvoir sur celui-ci pour imposer ce que C. Kerbrat-Orecchioni appelle « l'absolue prééminence du locuteur sur son partenaire discursif » (1980, p. 61).

Tout comme les déictiques de l'espace, les *pronoms personnels* ne sont plus, ici, les accessoires purement mécaniques de la communication. Supports

---

[1] M. Chion parlait d'Orson Welles qui, comme Dubillard, est resté très marqué par son expérience radiophonique ; on retrouve chez l'un et l'autre la même importance toute matérielle de la voix.

premiers de ce personnage capricieux, les pronoms se trouvent à l'intersection d'une pluralité de voix, des points névralgiques où se noue une énonciation complexe. En plus des différentes couches énonciatives se rattachant au même « je », le jeu des pronoms se distingue souvent par des glissements *entre* pronoms, *énallages* qui permettent de passer subitement de l'actuel au virtuel, de brouiller les frontières je/il, présent/passé, discours/récit. Lors de ce récit du **Jardin** [pp. 56-57] où Camoens raconte les mouvements du « quartier-maître à bord du ferry-boat », le personnage se lève et fait des pas, alors que son histoire navigue entre « je » et « il », présent et passé, musique et voyage ; dans une envolée comparable, le Jeune homme des **Crabes** raconte ses expériences de pilote, passant allègrement entre « moi » et « lui », pilote et « moustique », mimique actuelle et récit. De la même façon, le Maître parle volontiers de lui-même comme d'un tiers, alors que l'emploi très fréquent d'un « Monsieur » de cérémonie tend, paradoxalement, à niveler toute hiérarchie en confondant domestiques entre eux, Maître et valets, et divers maîtres, ramenant tout énoncé vers le noyau d'un Il/« MONSIEUR », déictique majuscule où se résorbent « je », « vous » et tout « il » [scènes V et LXXI]. La confusion déictique refuse toute autonomie aux personnages ; loin de leur laisser paraître comme des « vases d'intériorité », les *glissements de personne* en font comme un système de vases communiquants. Lorque l'on arrive aux **Vaches**, la rupture de l'isotopie énonciative perd de son importance devant la fissuration *visible* de la tête et du corps : Félix et son double s'adressent la parole [acte II, scène 2], des Voix incorporelles envahissent la scène [acte II, scène 10], et à la fin, des têtes sans corps parlent dans le feuillage d'un arbre. La polyphonie énonciative aura mené jusqu'à l'éclatement physique du *je*.

Cette *unité plurielle* du sujet est au cœur du mouvement dramatique des **Crabes**. L'absence de noms propres réduit tous les personnages au statut impersonnel et mobile des pronoms, signifiants de la personne qui se mettent au premier plan du discours de la pièce. En schématisant, on peut réduire l'action à une suite de configurations pronominales où se décèlent deux impulsions inverses : du pluriel au singulier, du singulier au pluriel. La tendance à l'union tente de faire revenir l'autre au même :

- amour du jeune couple : « Je t'aime. Comme soi-même » [sc.1]
- accord des hommes : « Pouvons-nous parler entre hommes » [sc.6]
- harmonie des couples : « Vous êtes nos hôtes »/« Nos hôtes c'est vous » [sc.6]
- M. & Mme tuent leurs hôtes : « On s'aimait… C'est bien la preuve qu'on s'aimait » [sc.10]
- M. tue Mme, seul : « Couchons-nous » [sc.10]

La tendance inverse affirme la différence :

- conflit Monsieur/Jeune homme : « Moi » emphatique du Monsieur, effacement du Jeune homme (« Moi ? Ah ! Euh ! ») [sc.3]

- division M./Mme : « Nous sommes vos locataires. Elle et moi, moi et elle, là ! » [sc. 4]
- conflit M./Mme : « Encore je dis "notre" chien, comme si nous avions jamais eu rien de commun toi et moi, toi, Jules, tu la tripotais, elle ! » [sc.10]

Le mouvement vers l'*un* alterne avec l'affirmation violente de l'*autre*, ce qui fait avancer l'action sur un fil tendu entre l'extinction et l'éclatement des voix. C'est le jeu des pronoms qui, dénué de camouflage individualiste, cristallise l'instabilité des situations. Ainsi les énallages de personne régissent-ils la confusion des sexes et des couples, ainsi que l'exclusion d'un personnage présent qualifié de il/lui/elle, qui se confond de la sorte avec les nombreux référents extra-scéniques (chien, bébé, baignoire). Qu'il s'agisse de l'amour du jeune couple ou de la solitude finale du Monsieur, il est frappant de constater que le désir d'unité aboutit toujours à l'éclatement du *un* et à l'actualisation d'un référent tiers ou, concrètement, à l'entrée en scène de l'autre, comme en témoignent l'arrivée de Monsieur et Madame à la fin de la scène 1, la « naissance » de Monsieur à la fin de la scène 8, et l'arrivée finale du plombier. Par-dessus toutes les catégories de la personne, c'est le « nous » qui s'impose comme chiffre de base du sujet : avec une élasticité égale à celle d'« ici », il regroupe un, deux, trois ou quatre personnes ; mise en évidence dès la première scène (« Nous sommes encore ensemble et tout seuls »), son unité plurielle résiste jusque dans les derniers propos du Monsieur : « Couchons-nous ». Unité impossible puisqu'elle débouche sur l'énonciation paradoxale d'un je/il, d'une voix hors-scène annonçant l'arrivée du plombier attendu pour réparer les « très gros dégâts ».

La forme concentrée de la pièce en un acte donne aux catégories de la personne une densité signifiante comparable à celle des déictiques spatiaux. Épurant le personnage jusqu'à son statut linguistique, le dialogue des **Crabes** révèle en fait le caractère *monologique* d'une œuvre qui ressemble à un *Ich-dram* à cinq voix — quatre sur scène, une cinquième invisible. Le mouvement de bascule entre l'*un* et le *multiple* apparaît comme la condition même du drame. Lorsque l'autre revient au même, les personnages s'estompent à force de ressemblance — le conflit du moi s'achève dans l'unanimité des voix ; lorsque le conflit atteint son paroxysme, les voix discordantes font les frais de l'éclatement du moi. Dans les deux cas, le théâtre court le risque de sa mort : celle de l'*inconscience* paisible d'un moi retrouvé ou celle d'un *débordement* explosif du moi. Seul avec lui-même dans la nuit intérieure du deuxième acte des **Vaches**, Félix, créateur de son état, tente de ménager la distance qui le sépare de son double : « Laissez-moi tranquille avec moi-même. Assis moi-même là-bas en face de moi-même. La solitude des créateurs. Tu m'écoutes ? — Comme je suis nombreux ce soir. Il m'écoute. »

Pris entre les écueils contraires de la ressemblance et de l'éclatement, le personnage de Dubillard ne pourra retrouver sa cohérence par les vertus traditionnelles du dialogue dramatique. Qu'il s'agisse du recueil de scènes à deux voix que constituent **Les Diablogues** ou bien des œuvres de plus d'ampleur, il faut bien reconnaître que si l'auteur maîtrise totalement l'art du dialogue drôle et original, ce n'est pas parce que ses personnages ont un don quelconque pour l'art de la conversation. On dirait plutôt que les inventions du dialogue surgissent à l'insu des interlocuteurs.

Lorsque le personnage se lance dans un de ces monologues ou récits qu'affectionne l'auteur, on a souvent l'impression que l'élan de la parole dépasse de loin le cadre de la situation ou du dialogue dans lequel il prend son essor. Les récits que Milton consacre aux « casinos de la culture » et aux « ballons » [**Le Jardin**, pp. 20-21 et p. 103] sont à cet égard exemplaires. Comme dans les longues extrapolations de **La Maison**, le récit se prolonge dans une espèce d'*auto-engendrement* de la parole [1] où l'énoncé tente d'effacer l'instance d'énonciation. C'est un procédé qui a été mis en lumière par Jean Ricardou dans son étude sur le nouveau roman (1973, p. 120) : « Il suffit par exemple que tel récit, proposé d'abord dans un dialogue, se développe de manière excessive. En s'hypertrophiant, en multipliant toutes sortes de détails, en se faisant plus littéraire que parlé, il tend à éliminer complètement le dialogue dans lequel il était pris. » Il va sans dire qu'au théâtre l'effacement total de l'énonciateur n'a pas lieu, du fait de la présence irréfutable du comédien, voire de l'instance de discours. Néanmoins, le *récit inflationniste* de Dubillard indique bien une insubordination de l'énoncé vis-à-vis de l'énonciateur, un élan verbal qui fait du personnage comme un rapporteur de la chaîne discursive. Si Saül se cache délibérément derrière la phrase interminable du manuel scolaire pour discourir sur l'œuvre du poète qu'est son père, l'énonciateur est autrement effacé lors des scènes XXXIII et XLII de **La Maison** dont le caractère *écrit* des monologues tend à gommer l'instance de parole.

La théâtralité des récits de Dubillard émane de la relation toujours problématique entre l'énonciateur et l'énoncé, lequel se ponctue d'intrusions déroutantes qui viennent brouiller la frontière entre l'actuel et le virtuel. Certes, G. Genette a eu raison de préciser que « le discours inséré dans le récit reste discours et forme une sorte de kyste très facile à reconnaître et à localiser » (1966, pp. 161-162), mais le monologue dramatique de Dubillard prouve bien que les interventions répétées du personnage finissent par troubler la transparence de l'histoire qu'il raconte. Les bouts de discours qui s'insèrent dans le récit de jeunesse de Milton [**Le Jardin**, p. 92] sont aussi déconcertants que les intrusions et commentaires de Mme Séverin et Fernand lorsqu'ils évoquent les aventures d'antan de Bertrand [**Naïves hirondelles**, pp. 108-110] : le passé devient actuel, Bertrand l'adulte se confond avec l'enfant qu'il

[1] Au cours d'un entretien avec l'auteur, R. Dubillard a assimilé l'histoire « absolument gratuite » des « ballons » à l'envolée hors-thème de certaines des ***Variations sur une valse de Diabelli*** de Beethoven, opus qui avant inspiré la composition du **Jardin**.

était. Tantôt le personnage s'enfonce dans l'enfance dont il parle, tantôt c'est le passé qui fait irruption dans la situation présente : « Papa ! (Tiens, c'est la première fois que je parle de mon père [...]) », s'écrie Félix alors qu'il raconte l'histoire de Polyphème, le sujet de son ballet. Énallages, intrusions dans le récit, glissements de point de vue — l'histoire que raconte le personnage de Dubillard est toujours truquée ; loin d'informer le spectateur du passé du personnage, elle met en doute sa crédibilité de locuteur, tout en réalisant une concordance invraisemblable des temps.

Par les quiproquo et autres confusions qu'il suscite, le récit de Dubillard est toujours source de comique [1]. D'ailleurs, à parcourir **Les Diablogues**, on se rend compte que le ressort comique de beaucoup de ces « saynètes » est justement la distribution bicéphale d'une sorte de récit à retardement : Georges et « la cousine Paulette » sont les absents éternels qui reviennent sans cesse dans ces histoires fragmentées où la linéarité du récit est constamment brisée par les atermoiements d'*Un* et de *Deux*. On retrouve le même sabordage du récit, de façon exemplaire, lors de l'histoire du « bébé Charlot » racontée par Milton dans **Le Jardin** [pp. 26-33]. Tout en parlant de « ce bébé », Milton fouille dans ses affaires alors que Camoens allume son narguilé tout en parlant de « là-haut ». L'ambiguïté des déictiques, la confusion entre contexte scénique et cotexte discursif, le retard des réponses, provoquent une nébuleuse de sens riche en confusions : bébé/bouteille, bébé/casque, bébé/violon. Il en résulte un *enchevêtrement d'isotopies* dont la richesse d'information destinée au spectateur contraste avec la pauvreté informative de la communication scénique. Tout se passe comme si les interlocuteurs maniaient un outil dont ils ignoraient le mode d'emploi. Les failles dans la chaîne de communication sont dues à l'élaboration du plan signifiant et à la rupture systématique de certaines règles d'intelligibilité qui sont indispensables à l'échange dialogique. Pour bien souligner l'incompétence conversationnelle de ces personnages, voyons dans son ensemble cette autre séquence du **Jardin** :

Milton : Et toi, qu'est-ce que tu as fait quand elle a été morte ?
Camoens : Et elle ?
Milton : Véronique ? Quand elle a été morte ? Qu'est-ce qu'elle pouvait faire ?
Guillaume : Et moi ?

---

[1] C'est justement le tâtonnement du narrateur qui se raconte dans cette **Fable du fabuliste incertain**, un des deux textes inédits de Dubillard publiés dans le recueil d'Absurde de Robert Benayoun (1977, pp. 256-257). En ce qui concerne l'exploitation comique des énallages je/il, Dubillard y a souvent recours dans la première partie de son **Livre à vendre** (la deuxième partie est de Philippe de Cherisey), où la narration multiplie les détournements de récit pour rejoindre subitement le narrateur : « Eh bien, ce qui me permet d'affirmer une chose pareille, c'est que ce personnage [...] tout à fait accessoire et dont personne ne saurait jamais combien il avait eu froid aux pieds cette nuit-là entre Vienne et Paris, ce personnage, en un mot, c'était moi » [p. 68].

Camoens : Dans son étui, l'altiste !...
Milton : Cercueil...
Camoens : En bois, comme son alto, son cadavre ? Il a dit quoi ?
Milton : Pas « dit » ! Il a « fait » quoi ?
Camoens : Qui, « dit », elle ? Dans sa boîte ?
Milton : Pas « elle » : « il » qu'est-ce qu'il...
Camoens : Qui ? « Est-ce qu'il a fait » quoi ?
Milton, désignant Guillaume : « Qui ? » Lui !
Camoens : Et quoi, fait ?
Milton : A elle...
Camoens, à Guillaume : Alors quoi, fait ?
Angélique, à Milton : Eh bien, dis-le si tu le sais !
Guillaume : Dis-le !
Milton : Oh. Elle était morte, alors. Vous pensez comme ça m'a fait quelque chose...

[**Le Jardin**, p. 112]

L'emploi d'un déictique présuppose à la fois l'existence du référent et l'accord des interlocuteurs sur sa nature. Or, il est manifeste que cette entente manque aux personnages du **Jardin** : l'ambiguïté de « il » et de « elle » est l'obstacle majeur sur lequel bute la progression du dialogue. Milton et Camoens finissent par tourner autour de ce qui devrait être le *présupposé* du discours, qui — comme l'a montré Ducrot (1972, p. 90) — assure par sa redondance la cohésion de l'échange verbal en donnant le *cadre* du jeu des questions et des réponses. Contraints de s'interroger sur ce cadre de référence, les personnages se révèlent incapables de manier le méta-discours indispensable à la remise en route du dialogue. La communicaton défaillante devient dialogue de sourds, exploitant le décalage des réponses, la suppression des verbes (ce qui gomme les rapports temporels et circonstanciels entre étui/altiste/cercueil/alto/cadavre), la polysémie de « boîte » et de « faire », et la succession de micro-citations, beaucoup plus équivoques à l'ouïe qu'à la lecture.

Intervenant souvent lors de scènes à conflits intenses, le *dérèglement du dialogue* est comme l'équivalent dubillardien de la *stichomythie* classique, qui, selon P. Pavis, « donne une image parlante de la contradiction des discours et des points de vue et marque le moment de l'émergence dans la structure discursive très stricte des tirades, de l'élément émotionnel, incontrôlé ou inconscient » (1980, p. 385). Il s'agit bien, chez Dubillard, de l'émergence de l'émotionnel, voire de l'inconscient, mais le sens ne parvient pas à s'exprimer directement ; il passe donc par la voie du signifiant, voie qui échappe à l'emprise du personnage.

A notre avis, il serait faux de classer Dubillard parmi ceux que Jean-Pierre Sarrazac a appelé « les pleureuses de la communication » (1981, p. 119). L'important réside moins dans le ratage des locuteurs que dans l'*apport de sens* qui en résulte — détournement du sens patent, ouverture sur les rapprochements latents : les isotopies dénotées se brisent pour mieux s'ensevelir. Il faut souligner qu'il y a dans toutes ces pièces une disproportion immense entre la communication scène/salle, extrêmement dense, et celle, comique à force d'à-peu-près, entre les personnages. Le piétinement du discours, les rapprochements imprévus, obligent le spectateur dans un premier temps à se mettre à la place du personnage pour se poser la question : « De quoi parle-t-on ? » ; dans un deuxième temps, le point d'interrogation frappe cet « on », tant il est vrai que l'énoncé ne prend son sens que par rapport à l'énonciation. Loin de se limiter à la communication dite normale, cette loi d'intelligibilité est ici d'une importance capitale puisque la saisie du sens pluriel que provoque l'enchevêtrement des isotopies suppose qu'on passe par-dessus la tête du personnage, qu'on s'avise d'une autre source d'énonciation, qu'on situe le message théâtral dans son rapport problématique avec un *je surplombant*.

R. Nataf a eu raison de remarquer, au moment de la création, que « le héros de **La Maison d'os** parle seul, de même que ressemblaient à des monologues à plusieurs voix les conversations radiophoniques de Grégoire et Amédée [1], et les dialogues hésitants de **Naïves hirondelles** » (1962, p. 134). En effet, il ressort de l'absence d'entente entre les personnages la présence très forte d'*une* voix passant par *tous* les personnages. Le caractère *monologique* des dialogues de Dubillard est manifeste non seulement dans la façon dont la parole du Maître domine celle de ses interlocuteurs et dans le dialogue réflexif de Félix ; il se fait entendre aussi derrière la parole à quatre du passage cité du **Jardin**, disant l'immense culpabilité envers Véronique/Angélique, la morte (l'anomalie « a été morte » le dit bien), et derrière la scène de délire des **Vaches** [pp. 84-87]. Les personnages deviennent ici des figures de rêve, dialoguant par enchaînements phonétiques et sériels, par jeux de mots et par associations d'idées, tout en ayant l'air de se comprendre. Le sens n'y est pas aboli, mais plutôt morcelé en syntagmes divers : fuite/poursuite/refus de la commande du gouvernement/scandale, chasse/tuer/baiser/pédé/bain, impuissance/affaires/multiplication/cocuage/enfants/maîtresses, honte/famille/mort (la liste n'est pas exhaustive). Cette scène est en effet un cas limite dans l'œuvre de Dubillard ; l'effet monologique efface tout semblant de dialectique intersubjective. Les personnages de **Naïves hirondelles** et du **Jardin** ne cessent jamais de jouer le jeu de l'échange dialectique, ce qui donne souvent l'impression qu'*on* parle de bien autre chose que du thème patent : « Quand les personnages vivent une scène d'amour, ils ont l'air de parler uniquement des mérites comparés de la photographie et de la réparation de porcelaines. Ils entrent dans de grandes colères à propos de bottes (on pourrait du moins le croire) et leur difficulté à se trouver, se comprendre, s'aimer, se défendre, leur infinie difficulté d'être s'empêtre tendrement dans les replis d'une interminable conversation indirecte » (Claude Roy, 1965, p. 144).

---

[1] Noms de scène de Dubillard et de Philippe de Cherisey, Grégoire et Amédée étaient les auteurs et interprètes de ces dialogues radiophoniques quotidiens que Claude Roy a qualifié de « lunaires, impassibles et littéralement *inénarrables* [...] un *non-frisson* nouveau, l'humour qu'aurait pratiqué Buster Keaton s'il avait parlé » (1965, pp. 141-142).

C'est la présence de ce *sous-texte* qui fait le côté tchékhovien de Dubillard, une affinité que plusieurs commentateurs ont décelée chez l'auteur de **Naïves hirondelles** [1], encore que le non-dit dépasse ici le discours individuel pour transparaître à travers la polyphonie des voix. Polyphonie qui subsiste même dans **La Maison** et dans **Les Vaches** : le Maître et Félix ont beau occuper les devants de la scène, ce ne sont pas des porte-paroles d'auteur (au sens classique). Au sujet de **Hamlet**, Daniel Mesguich avait affirmé :

> Il n'y a pas de personnage nommé Hamlet, de prince du Danemark mélancolique ; cela, non par une volonté matérialiste un peu simple qui consisterait à dire qu'il n'y a qu'un texte sur du papier, mais parce que même si on voulait y croire on ne le pourrait pas. On s'aperçoit vite que « cet » Hamlet parle dans les répliques de Laertes, Polonius, Fortimbras.
>
> (Cité par D. Kaisergruber, 1977, p. 26)

De même, on pourrait dire qu'il y a « du Félix » et « du Maître » dans les répliques de leurs entourages. Grâce à la perméabilité de tous les personnages de ce théâtre, tous les points de vue se recoupent — monologisme du dialogue, dialogisme du monologue, la perspective surplombante ne peut être qu'une *unité plurielle*.

Le personnage en est la condition. C'est à travers lui que se réalisent *dislocation* et *assimilation*, profitant du foyer que constitue la présence massive du comédien pour l'optique du spectateur. Incontestablement, quelque chose de polymorphe et qui ressemble à un personnage survit.

Quant à l'Énonciateur — ce « grand Menteur » qui se joue des personnages de **Camille** —, sa voix s'impose à travers ces êtres disloqués comme le point de fuite des discours, le *référent unificateur*. Impliqué dans et par les discours hétérogènes qui passent par chaque personnage, l'auteur se réfléchit dans le *je* surplombant de l'œuvre-miroir, dans « l'image d'un sujet plein, conscient, inspiré, qui orchestre en toute liberté la symphonie des sens, et les assujettit à son intention signifiante » (C. Kerbrat-Orecchioni, 1980, p. 179). Que cette voix absente n'est justement pas celle d'un sujet plein mythique, c'est ce que l'unité plurielle du personnage laisse entendre à l'écoute psychanalytique.

Malgré l'absence sur scène de l'écrivain, malgré la présence éventuelle de l'acteur, quelqu'un de polymorphe et qui ressemble fort à l'auteur survit.

---

[1] Voir M. Corvin, 1963, p. 47 ; Paul-Louis Mignon, 1978, p. 169 ; R. Nataf, 1962, p. 133.

3. Temps

> Ah ! quel bonheur, hors des mensuels et de tout ce qui fait du temps cette cendre où l'on ose à peine marcher [...]
>
> [**Les Vaches**, p. 37]

Les critiques sont généralement d'accord pour reconnaître la difficulté de l'analyse du temps théâtral. Contrairement à l'espace, qui se manifeste de manière concrète dans la représentation et se laisse imaginer dans la mise en scène intérieure du lecteur, le temps est d'autant plus insaisissable dans les deux cas qu'il semble aller de soi, inscrit dans le déroulement même du spectacle comme dans la linéarité (trompeuse) du texte. Inscription plutôt discrète puisque les signifiants du temps doivent s'imposer par les biais de l'espace et du discours, voire indirectement, et sont d'ordre connotatif plus que dénotatif. En tout cas, on ne saurait prendre le texte pour une « partition » exacte car même les notations très précises d'un Jean Vauthier ne peuvent remplacer le travail de la mise en scène par une mécanique réglée d'avance. Le texte restera toujours à *interpréter*. Est-ce à dire que l'analyse du temps ne devrait s'occuper que de la représentation ? Nous pensons au contraire que les signes temporels que l'on peut saisir au niveau du texte — temps des verbes, déterminants du temps, changements dans le décor, rythme des événements, articulation des scènes et des actes, pour n'en citer que certains — sont d'une extrême richesse, qu'on peut décrire l'organisation spécifique des formes que chaque pièce attribue au temps, et que la structure temporelle du texte constitue une matrice à partir de laquelle devra se déterminer la temporalité de la mise en scène, quitte à bousculer les orientations du texte.

C'est donc la substance du plan de l'expression (articulations du texte, pauses, déictiques, etc.) qui fournira la matière de ce chapitre. Par les moyens qu'elle se donne pour mettre en forme la durée, l'œuvre se tourne déjà vers sa réception en tant que spectacle, tant il est vrai que « toute forme de rapport temporel engage l'ensemble de la signifiance théâtrale » (A. Ubersfeld, 1977a, p. 204). En effet, la temporalité est toujours un *rapport* : entre un avant et un après mais aussi entre les divers modes temporels dont l'interaction joue un rôle déterminant dans la spécificité esthétique de la pièce. Il serait utile, au préalable, de préciser la nature exacte des temps du théâtre. Premièrement, le *temps du discours* : le présent perpétuel de l'actuel scénique, le « maintenant » de l'instance d'énonciation. Deuxièmement, une *temporalité scénique* : l'articulation des séquences de la représentation, l'ordre externe de l'action telle qu'elle est présentée au spectateur. Troisièmement, le *temps référentie*l : celui, interne, de la fiction tel qu'il est reconstitué par l'intelligence du spectateur. Quatrièmement, le *temps historique* : arrière-plan référentiel de l'action, l'époque ou le moment dans l'histoire des hommes qui voit naître les personnages du drame. En dernier lieu, n'oublions pas le *temps réel* de l'événement théâtral, temps de la salle et de la durée effective du spectacle, qui peut avoir son importance dès lors que l'œuvre, par la mise en abyme, réfléchit la réception dans le miroir de sa fiction.

Si le théâtre de Dubillard met souvent en valeur ce temps réel de l'événement en cours, il fait de son mieux, en revanche, pour expulser le *temps historique* du champ de sa fiction et on aurait du mal à situer la petite histoire à une époque précise de la grande histoire. Dans **Le Jardin**, par exemple, la *divergence métonymique* des objets touche le référent temporel aussi bien que spatial. On assiste à la juxtaposition anachronique d'un « *vieux klaxon à manivelle* » (dont Camoens tire « *un son archaïque* ») et d'un « *magnétophone portatif* », des deux monocles de Camoens et de ses lunettes noires, et à la succession de moyens de transport tantôt traditionnels, tantôt futuristes. Carambolage du classique et du moderne qui place l'action dans un *no man's land* de l'histoire culturelle de l'Europe, là où le romantisme musical rejoint les microsillons du disque. Il en va de même dans **Camille** où l'archaïsme du dialogue en vers côtoie l'art de Turner, une calèche à cheval, et les automobiles de Panhard et de Levassor, tandis que les noms propres des **Vaches** situent la fiction dans un univers multi-culturel qui enjambe les siècles. Quant à **La Maison**, les relations entre le Maître et ses nombreux domestiques gardent bien les traces désuètes du **Journal des Goncourt** (1880) dont un passage aurait suggéré le sujet de la pièce [1], tout en s'en démarquant grâce à un magnétophone, au téléphone et au yo-yo. La maison s'isole à la fois de l'extérieur et de l'histoire.

L'ancrage historique de **Naïves hirondelles** semblerait correspondre à l'époque de sa création, mais on s'aperçoit que la pièce se garde bien de faire allusion au Paris des années soixante ou de situer son action par rapport à une période précise. L'univers temporel est celui *d'antan* : les beaux jours de la motocyclette et des promenades au bord de la Marne, d'« *un vieux Kodak sur pied* » et de la chapellerie, du travail artisanal et de la petite boutique. La nostalgie qu'expriment les personnages trouve un écho dans ce décalage discret entre l'univers du spectateur et celui de l'objet scénique, daté comme la chanson éponyme. Ce glissement en arrière affecte aussi le comportement des personnages : plutôt que de regarder la télévision, Fernand se plonge dans les « actualités » d'un vieux magazine de « 77 » (sic), prenant pour des événements récents le transport vers Londres d'un obélisque égyptien ou bien la guerre d'Orient [pp. 95-96]. On l'a déjà constaté à propos de l'objet et du personnage : le malentendu de **Naïves hirondelles** deviendra confusion et identification littérales dans les pièces ultérieures. Tout en piégeant le spectateur désireux de situer l'action à un moment donné de l'histoire, l'erreur de Fernand connote la fuite dans un ailleurs temporel, tandis que la résistance opposée par Bertrand à la perte de sa jeunesse, et par Fernand au vieillissement, est comme l'équivalent au niveau du personnage du refus qu'oppose la pièce à l'actualité.

---

[1] Voir la présentation de Dubillard en couverture.

Cette fuite devant la modernité se poursuivra : dans les réactions du quatuor à l'« œuvre moderne » que Guillaume propose d'inclure dans le programme [**Le Jardin**, p. 67], dans le « spectacle moderne » que Walter propose d'offrir à l'assistance en faisant sortir du piano une femme nue [**Les Vaches**, pp. 25-26] ainsi que dans l'opposition art moderne/classique qui parcourt toute la pièce. Cette opposition se déclare à la fois dans le contenu de l'œuvre et dans la divergence des indices d'époque visant à placer l'action comme en dehors du temps historique. Entreprise paradoxale dans la mesure où le refus de l'ancrage historique tend à mettre en valeur le temps présent — celui de l'action scénique, dénué de toute épaisseur réaliste comme chez d'autres écrivains de l'Absurde :

> Les marques indicielles de l'histoire peuvent en revanche ne figurer nulle part. Leur *absence* indique un degré 0 d'historicité, un cadre temporel abstrait (voir par exemple les premières pièces d'Adamov) : mais alors nous sommes ramenés au moment présent, à l'*ici-maintenant* de toute représentation. C'est le cas de toute une série d'œuvres modernes, dans lesquelles l'absence de repères historiques renvoie non pas seulement au refus de l'histoire mais plus précisément au *temps présent* : par une sorte de loi, l'absence de référent historique passé *signifie le présent* ; il en est ainsi, qu'ils le veuillent ou non, chez Genet ou chez Beckett.
>
> (A. Ubersfeld, 1977a, p. 219)

En fait, ce n'est qu'à propos des **Crabes** que nous pouvons parler d'un degré d'historicité proche de zéro ; ailleurs, et à la différence de chez Beckett, il s'agit plutôt d'un excès d'indices incompatibles. Néanmoins, c'est bien sur un fond temporel indécis, coupé des grandes manœuvres de l'Histoire, que se déroule le théâtre de Dubillard : si on parle de la guerre d'Orient, c'est celle du siècle dernier, et si on parle de culture, c'est à propos des grands Immortels. Le cadre temporel de l'action date peu. Mais, comme le suggère Anne Ubersfeld, l'absence de l'Histoire est elle-même un des facteurs qui donne à cette œuvre son *genre* et qui la situe à un moment donné de l'histoire du théâtre.

Passons à la temporalité interne de l'œuvre. Un examen rapide laisse voir des différences évidentes entre les diverses stratégies auxquelles Dubillard a eu recours pour donner forme à la durée. Il s'agit chaque fois d'un rapport spécifique entre le *temps scénique de la représentation* et le *temps (référentiel) de l'action représentée*, dialectique qui paraît comme la clef de voûte de toute esthétique temporelle. Au premier abord donc, les pièces ne se ressemblent guère : homogénéité du **Jardin**, fragmentation totale dans **La Maison**, étirement des **Naïves hirondelles**, concentration des **Crabes**, pulsion vers l'avant dans **Les Chiens** et dans **Camille**, temporalité hybride dans **Les Vaches**. Lorsque Dubillard affirme que sur le plan formel ses pièces sont très différentes, on peut penser d'abord à la dimension invisible de la forme temporelle [1]. Pour ne pas effacer les différences, on examinera chacune des

---

[1] « J'avoue que j'ai tout fait pour déconcerter les gens puisqu'entre toutes mes pièces il n'y en a pas une qui ressemble à l'autre. En effet, je ne peux pas me répéter formellement. J'écris toujours comme si chaque pièce était la première » (Dubillard, 1979, p. 44).

pièces dans son intégralité, approche d'autant plus nécessaire que la forme du temps ne s'appréhende que rétrospectivement, lorsque la mémoire du spectateur aura relié la fin au début.

L'unité de l'espace dans **Naïves hirondelles** donne l'impression d'un temps référentiel *continu*, impression qui est renforcée par la présence dans les deux premiers actes des quatre mêmes personnages et par la présence au troisième acte de deux d'entre eux. La cohérence linéaire de l'action semble garantie par cette permanence de l'espace et du personnage. De plus, chaque acte comporte un temps scénique ininterrompu car les « scènes » du texte correspondent aux configurations de personnages et non pas à des sauts temporels. Et puisque les trois actes se passent le soir, le matin et l'après-midi, l'action paraît s'inscrire dans un temps réduit de 24 heures.

Journée unique vers laquelle convergent les passés respectifs des quatre personnages. Selon les micro-récits de l'exposition : Germaine vient de perdre sa tante et arrive de Pontoise où, le matin même, elle a lu l'annonce de Mme Séverin, propriétaire d'une boutique qui tient « le chapeau pour dames depuis bientôt quinze ans » ; Bertrand et Fernand étaient dans la motocyclette « au début de l'année », se lançaient dans la quincaillerie « au mois de mars », et viennent de changer encore, alors que nous sommes en automne. Au début du deuxième acte, l'espace signale une sorte de changement dans la continuité : « *La même boutique, où il y a maintenant des chapeaux et des horloges* ». Mme Séverin souffre encore de sa chute du premier acte mais, entre-temps, l'hiver est venu et le discours laisse entendre que l'entracte correspond à un laps de temps considérable : au sujet de l'accident de Mme Séverin, « tout le monde en rigole encore dans le quartier » et Germaine aurait pu faire quelque chose avec les horloges « depuis longtemps » ; déjà à la fin du premier acte, Bertrand avait prévenu que Mme Séverin serait indisposée « pour un bout de temps ». D'un autre côté, certains signes laissent croire à la continuité des deux actes : les personnages se couchent après le dîner du premier acte et prennent le petit déjeuner au début de l'acte II ; la conversation enchaîne sur des propos antérieurs. Ainsi le trou de l'entracte se remplit-il de façons diverses, selon des signes qui indiquent tantôt la *continuité*, tantôt l'*écoulement* du temps, tantôt « hier », tantôt « autrefois ». C'est Fernand qui se lamente : « Autrefois j'avais un lit, maintenant j'ai un tas de chapeaux. » Ce rapport incertain entre les temps scénique et référentiel résulte de l'élasticité de l'entracte mais aussi d'une action qui se répète — on remet le couvert, Bertrand ramène des choses à réparer —, comme si le temps n'avançait pas. D'ailleurs, les deux « scènes d'amour » entre Bertrand et Germaine (I,13 et II,4) se ressemblent étrangement : au deuxième acte, Germaine déclare encore une fois qu'elle voudrait « faire de la photo » avec Bertrand, aveu que ce dernier accueille avec la même stupeur que la première fois. On dirait que l'action ne laisse pas de traces sur des personnages repartant toujours de zéro.

L'écart entre les actes II et III se montre tout aussi difficile à combler ; il accentue le mystère qui entoure le départ de Bertrand et Germaine, dont on ne connaît ni la date ni les circonstances. Le décor pose d'emblée la question du laps de temps : la table est mise pour un goûter de quatre personnes, on est dimanche, et les deux personnages parlent des propos récents de Germaine qui devrait être là « pas plus tard que tout à l'heure ». On se demande donc si Bertrand et Germaine sont partis pour la journée aux bords de la Marne [1], s'ils doivent passer aujourd'hui comme tous les dimanches, ou bien s'ils sont partis il y a longtemps et pour de bon. Lorsque Mme Séverin annonce « qu'il n'y a pas tellement longtemps que je peux marcher sans mes cannes », elle ne fait qu'accentuer l'incertitude puisqu'elle se réfère à une amélioration qui se serait produite pendant l'entracte.

Le *flottement temporel* oblige le spectateur à réfléchir sur le rapport entre les temps scénique et référentiel, à reconstituer une chronologie problématique. Encore une fois, le doute vient non pas d'une absence d'informations mais plutôt d'un excès d'indications divergentes. Il y a comme deux réseaux temporels qui se superposent : celui de la *continuité*, d'une action concentrée en 24 heures, et celui de l'*étirement*, d'une action enjambant plusieurs mois, voire plusieurs saisons. Mais les deux temps sont de nature *cyclique*, se rattrapant par derrière en quelque sorte, puisque l'action commence au soir pour finir au soir et le « janvier » du dernier acte revient sur le « début d'année » dont parlait Mme Séverin au premier acte. Circularité encore discrète mais qui inclut tout de même le temps de l'événement théâtral, le temps du spectateur, dans sa boucle : la soirée commence en se désignant telle et finit de la même façon. Quand Fernand fait un calcul impossible et annonce, pour faire rire Mme Séverin, qu'il est « neuf heures moins cinq », il rappelle au spectateur qu'il ne l'est pas non plus dans la salle.

Profitant d'un temps référentiel élastique, la durée se charge de valeurs affectives qui expriment la façon dont le temps est *vécu* par les personnages. Ceux des **Naïves hirondelles** sont sans cesse en train de parler du temps — de regretter l'« autrefois » des promenades aux bords de la Marne, de songer à un départ qui se fera « un jour ». Surtout, le dialogue dit l'*immobilité du temps présent*, dominé par l'ennui et par la fatigue. Les mêmes phrases reviennent, les repas se succèdent, la conversation tourne en rond. Piétinement du discours qui est mis en évidence dans ce dernier acte où les deux personnages meublent l'attente en rabâchant les histoires de la tarte au fromage, de la voisine, de la lentille à revisser. Les effets de l'usure du temps se font sentir à la fois sur les objets — les croissants rassis, les horloges qui ne marchent plus — et sur les personnages : Mme Séverin prend de plus en plus de « volume » et

---

[1] Déjà au premier acte, Bertrand avait proposé d'emmener Germaine aux bords de la Marne « demain » ; Germaine avait répondu : « Je ne sais pas, c'est pas dimanche » [p. 45].

Duchenard, « un bon gars » à l'acte II, se dégrade sensiblement : « Et puis, c'est exact, depuis quelque temps il est devenu moins drôle, Duchenard. Et puis je suis bien obligé de reconnaître que Duchenard, il ne s'en rend probablement pas compte, mais il sent de plus en plus mauvais » [p. 116].

Le personnage s'enlise dans une durée qui s'étire, d'où cette mémoire défaillante qui ressasse et transforme le passé. Ainsi la mobilité des rapports entre les personnages s'inscrit-elle dans cette temporalité variable. Le spectateur devra trouver la relation entre ce temps instable et les rapports fluctuants entre Fernand et Mme Séverin : ils se vouvoient tout au long des deux premiers actes ; à l'acte III,3, ils passent au « tu » et reviennent ensuite à « vous » ; ils changent encore dans III,4, et dans la scène suivante, Fernand se plaint : « Et puis vous voyez : on ne se tutoie même plus » ; ils se mettent donc à se tutoyer avant de reprendre le vouvoiement à la fin. On dirait que le temps scénique recouvre une durée beaucoup plus longue que le temps référentiel indiqué, que les rapports de Fernand et de Mme Séverin correspondent à des années et non pas à quelques mois. L'étirement est manifeste dans la manière dont les événements du premier acte se distancient et se transforment lorsqu'ils intègrent, par la suite, l'espace lointain du souvenir :

Mme Séverin : De l'eau de javel! ha! vous vous rappelez ?
Fernand : Oui, oui.
Mme Séverin : Ce qu'on riait! tenez, moi, j'étais là, Germaine ici, Bertrand là-bas, et vous... Où est-ce que vous étiez, déjà ?

[**Naïves hirondelles**, p. 116]

Le premier acte rejoint donc les beaux jours aux bords de la Marne. Les divers passés se télescopent dans cet espace extensible du souvenir où se confondent Bertrand enfant et adulte, ainsi que « la petite Solange », « cousine Yvette » et Germaine [pp. 109-111]. D'ailleurs, le départ de Germaine fait écho à celui, non moins mystérieux, d'Yvette, dont on parlait déjà au début de l'action. L'action scénique rejoint l'action antérieure ; les temps, comme les personnages, se confondent dans un souvenir imprécis. Il ne reste comme point de repère que le temps du discours, l'instance d'énonciation, et sitôt passé, ce présent perd de son caractère unique pour rentrer dans le schéma des répétitions, dans une sorte d'*espace-valise de la mémoire*.

Comme chez Beckett, le personnage tente vainement de se saisir dans le *je* instable de la mémoire. Si la dimension métaphysique de cette durée insaisissable est plus masquée dans **Naïves hirondelles** que dans l'œuvre de l'écrivain irlandais, on s'aperçoit néanmoins que la pièce de Dubillard donne comme une forme touffue au ralentissement que suggère Hamm, dans **Fin de partie**, lorsqu'il se réfère aux « grains de mil de ce vieux grec », allusion au philosophe Zénon. Selon les paradoxes proposés par ce dernier, l'espace-temps à parcourir n'arrive jamais à son terme puisque la partie restante se fractionne toujours plus sans pour autant s'épuiser. En prenant toujours la moitié des grains qui restent, on n'en finit pas de déplacer le tas. C'est une *décéléra-*

tion similaire que manifeste la temporalité des **Naïves hirondelles**. Au début de l'action, on assiste à une succession de scènes courtes où les quatre personnages vont et viennent d'un pas pressé, où l'attente de chacun est rapidement satisfaite — attente comblée du spectateur aussi puisque sitôt qu'on parle d'eux, les personnages rentrent sur scène. Chaque scène annonce la suivante, le discours se fait prospectif, l'action se lance en avant : on commencera la photo « demain matin », l'excursion en *side-car* serait aussi pour demain. Dynamisme que l'on retrouve dans l'activité du personnage : Bertrand est particulièrement affairé, constamment occupé à laver son chapeau, à brancher une ampoule, à installer des paravents. La cadence mouvementée du premier acte traduit un *manque de temps* car, selon le mot de Fernand, « il faut se dépêcher quand on est jeune ». Le tempo est moins soutenu au deuxième acte. Les scènes se font plus longues, le dialogue se tourne de plus en plus vers le passé, jusqu'à ce que le retour de Bertrand remette l'accent sur l'ici-maintenant de l'énonciation : Bertrand et Fernand se disputent [II,3], et puis la scène suivante entre Bertrand et Germaine met également en valeur la fonction conative, immédiate, du discours, culminant dans l'éclat de colère du jeune homme. Dans le monologue qui clôture ce deuxième acte, les divers passés convergent vers le présent du personnage parlant et le discours refait le lien avec le temps présent ; le saut temporel marque l'achèvement d'une période, celle de la jeunesse et de l'action des deux premiers actes : « Pourquoi je l'ai vendu, mon side-car! *Il lâche tout et pleure*. Qu'est-ce qu'ils ont fait de ma jeunesse! les vaches... ».

La difficulté à laquelle se heurte le metteur en scène de **Naïves hirondelles** est de soutenir l'intérêt du spectateur pendant ce long troisième acte où l'action se réduit à l'exercice à deux d'une parole qui revient sans cesse sur elle-même. L'attente des deux personnages restants est ponctuée de brèves accélérations pendant lesquelles l'instant présent se remet en valeur, séquences explosives où les répliques se font plus rapides et exclamatives, où la fonction conative domine et impose le *nunc* du discours. Cette alternance de temps forts et de creux (espaces du souvenir en général) donne son rythme saccadé au temps vide de l'attente. *Excès de temps* qui se traduit également par la symbolique des objets — par la prolifération des horloges décalées, par cette tarte au fromage qui, comme la vie (au dire de Fernand), « cuit, tout doucement, doucement ». Alors que la répétition ultime du refrain du titre sert à replier l'action sur elle-même, la fin de la pièce dévoile un autre symbole qui connote plutôt la continuité du même, le temps toujours inachevé du travail de Sisyphe qu'entreprend Fernand :

> *Fernand a ouvert les paravents derrière lesquels il a pris un vase de porcelaine énorme, informe et inachevé* : A nous deux, maintenant.
>
> [**Naïves hirondelles**, p. 120]

Il y a donc comme une superposition finale de deux temporalités — d'une part, le temps *circulaire* d'une action qui retourne à son point de départ, à son titre, et d'autre part, cette métaphore du vase qui vient signifier que le référent temporel est celui d'une action *sans fin.* Cet étirement de la durée — celle d'un dimanche monotone ou bien celle d'une vie — peut esquisser une réponse à la question que s'était posée Ionesco lors de la création de l'œuvre : « J'essaie de connaître la science par laquelle l'auteur fait éclore l'atroce de l'ennui, par lequel il l'intensifie, le densifie, le cerne, le fait éclater » [1].

Hormis le cas particulier de **La Maison**, **Naïves hirondelles** est la seule pièce de Dubillard où prévaut ce ralentissement progressif du temps, cette attente déçue qui fait son caractère tchékhovien — l'impression d'un temps immobile qui passe quand même, de façon imperceptible, à l'insu des personnages. De même que Fernand s'efforce de réparer ce vase informe, l'entreprise des **Naïves hirondelles** consiste à restructurer l'informel, à donner une *forme* au temps. Elle y arrive grâce au procédé de la *répétition*, qui fournit à l'œuvre son rythme et, du coup, suscite chez le spectateur une attente qui sera à la fois satisfaite et déçue — l'annonce répétée du retour de Bertrand et Germaine se solde toujours par la déception. Ainsi la dialectique de l'espérance et de la déception, ressort majeur de l'action, devient-elle, chez le spectateur, l'attente satisfaite (au niveau du rythme) d'une déception ressentie à travers l'identification au personnage.

Si **Les Crabes** affichent une unité de lieu aussi parfaite que celle des **Naïves hirondelles**, la pièce en un acte manifeste des intentions inverses au niveau de l'esthétique temporelle. Il s'agit cette fois de mettre en avant le temps immédiat de l'action scénique, qui se confond d'ailleurs avec le temps référentiel dans la mesure où les scènes, entités purement textuelles, se succèdent avec une continuité totale. On assiste à une dynamique croissante qui ne s'interrompt que pour les scènes 5 et 7, où la parole s'envole vers le rêve d'amour et le récit. Partout ailleurs, le discours anticipe constamment sur l'avenir, mettant en valeur la fuite des instants, le besoin d'agir au plus vite. Ce temps de la *prévision* se déclare dès les premières répliques de la pièce : « Ils arrivent, à dater d'aujourd'hui, donc — écoutez-moi! — donc, il y a urgence, Monsieur le Plombier. » Les mots du Jeune homme donnent le *la* à la suite de l'action : anticipation, urgence, suspense : le temps presse. Précipitation vers une fin proche qui est présente dès les « fanfares du cinquième acte » de la scène 1 lorsque les amoureux dégustent leurs crabes, déjà, « pour la dernière fois ». On reconnaît sans peine la temporalité (pseudo-)tragique dans laquelle l'histoire s'inscrit non comme processus graduel mais comme *fatalité irréversible.* La crise paroxystique d'une tragédie absurde (proche du Ionesco de la première période et de **Macbett**) enlève aux personnages tout devenir ; le futur est *déjà-là*, les personnages sont comme en retard sur leur avenir. Alors qu'ils sont toujours en train d'avaler leurs crabes, le Jeune homme et la Jeune fille évoquent le sort comparable que leur réservent les locataires dans un futur déjà antérieur :

---

[1] Propos cités par P.-L. Mignon, 1978, p. 169.

La jeune fille :	[...] J'ai peur des locataires.
Le jeune homme :	Ils ne vont pas nous avaler.
La jeune fille :	Tu ne crois pas qu'ils ont déjà commencé ?

[**Les Crabes**, p. 68]

L'attente tragique devient *prévisibilité* car le rythme des répétitions nous dit que dans **Les Crabes** rien ne se passe qui ne se passe pas deux fois : Monsieur écrase un premier moustique dans une « répétition à l'italienne » [sc.6] qui anticipe sur son dernier geste, le même, tandis que la fausse mort de Madame préfigure sa mort réelle. La mécanique à répétition — analogue à la symétrie des couples — fait de chaque action le début d'une fin. En effet, si la fin de l'œuvre est présente dès le début, la fin de l'action serait aussi le commencement des vacances du couple survivant, et l'arrivée du plombier — en suspens depuis les premiers mots de la pièce — le début d'un autre temps. Annulant la durée par le jeu de la répétition, l'œuvre tente d'abolir les oppositions essentielles du temps linéaire — début/fin, avant/après, première fois/dernière fois. L'*origine de la fin*, pierre angulaire de la conception du temps de l'auteur, est manifeste dans ces « douze crabes de minuit » — crabes qui tombent de la table au rythme des coups de minuit [sc.9] — qui sonnent la fin de l'action dans le premier coup. Heure fatalement présente dans le théâtre de Dubillard, minuit y connote et la mort et l'origine dans l'intervalle hors-temps de ses coups. C'est le Maître qui en donne la formulation la plus claire lorsqu'il évoque un premier jour lointain auquel il souhaiterait revenir :

> Rien n'a été fini ce jour-là. On n'a sonné que le premier coup d'un minuit qui était là, pourtant, il y avait les douze! on les sentait tout proches déjà dans le premier! Le premier coup sonnait déjà la douzaine! Tout seul! Sa douzaine s'écoutait en lui!

[**La Maison**, p. 33]

Cette concentration extrême annule la durée pour en faire comme un instant dans lequel la fin rattrape le début. Tel serait l'enjeu temporel des propos cités du Maître et celui des **Crabes** dans son ensemble. L'œuvre se boucle dans un temps *clos* et *plein*, invitant le spectateur à faire de la fin comme le début de sa lecture ; d'ailleurs, l'ancrage référentiel du temps de l'action ne peut se faire qu'à partir de la fin, puisque « minuit » constitue la seule indication chronologique.

On retrouve cette dramaturgie de la concentration dans **Camille** et dans **Les Chiens**, deux pièces d'origine radiophonique qui profitent de la souplesse du médium pour mener de front plusieurs fils de l'intrigue. Dans la pièce en vers, la chronologie invraisemblable vient d'un temps scénique (temps de l'écoute radiophonique) extrêmement dense qui escamote tout *passage* ; grâce notamment à ce tunnel qui relie le quai aux fleurs à Neuilly-sur-Seine, les personnages passent instantanément « de l'une à l'autre scène », comme si les distances spatio-temporelles n'existaient pas. D'autre part, le temps scénique étale des séquences simultanées de temps référentiel selon l'ordre linéaire de l'axe diachronique. Il en va de même dans **Les Chiens**, selon un procédé qui s'accomode aussi bien de la forme radiophonique que filmique : « Chaque événement n'assure plus dès lors son propre déroulement qu'en brisant le déroulement de quelque autre. Le récit ne peut plus avancer qu'en s'interrompant lui-même. L'alternance est ainsi une machine à fabriquer des mises en suspens » (J. Ricardou, 1973, p. 134). Ainsi, dans les huit premiers épisodes de **Camille**, il y a projection de chaque séquence tantôt sur la suivante, tantôt sur une séquence à venir, tissant des liens entre différents moments de l'action [1]. La pulsion vers l'avant joint donc les temps décalés des divers lieux et propulse l'action vers le rendez-vous de minuit. A partir de l'épisode 9, le mouvement du temps devient mouvement dans l'espace : la course qui mène les personnages du quai à la clairière [2] coïncide avec une *accélération* du temps — que l'on retrouve, par ailleurs, dans l'image inédite d'un cheval qui « loge dans une horloge ».

Dans le cadre de ce temps scénique imprévisible, les repères chronologiques partent à la dérive. Le temps réel n'a plus rien en commun avec son homologue théâtral, lequel semble plutôt en dehors du temps. Et pourtant, lorsque Léon se retrouve seul à la fin à méditer sur les événements, le temps du discours rejoint enfin celui du spectateur — celui dans la salle et celui qu'imagine la fiction :

> C'est drôle... si Camille me voyait!
> Si elle me voyait ainsi, au clair de lune,
> qu'est-ce qu'elle croirait, Camille,
> à me voir comme ça, pendant des heures,
> jouer au clair de lune avec un caillou blanc ?
>
> [**Camille**, p. 55]

Léon tient dans sa main à la fois le temps de la fiction (« pendant des heures »), Laurent transformé en caillou, et l'œuvre. La clôture de la forme temporelle imite donc celle du contenu fictif — *remotivation de la forme* tout à fait dubillardienne, faisant de la *Gestalt* comme la copie de la fiction : l'élan du rythme, l'élasticité du référent temporel, et la clôture temporelle reproduisent sur le plan de la forme des signifiés tels le bain mobile de Solange, la métamorphose du personnage, la plénitude d'un caillou. Grâce à l'esthétique du temps, l'œuvre acquiert les qualités plastiques de l'objet, alors que le

---

[1] Dans l'épisode 3, le Comte annonce son retour dans le cinquième ; Léon passe instantanément du premier au deuxième ; le « tout à l'heure » de Laurent au quatrième anticipe sur le neuvième.

[2] Course d'une folie incomparable qui montre bien l'origine radiophonique de la pièce ; outre le caractère fantastique des véhicules, on remarque que tout semble surgir de l'imagination de Denise, qui regarde partir les autres au huitième épisode... et les attend dans la clairière de l'onzième.

changement et le mouvement — propriétés constitutives du temps — s'emparent des objets eux-mêmes.

La course contre le temps reprendra dans **Les Chiens de conserve**. Il s'agit bien d'une action à suspense, d'une énigme policière à résoudre, d'une course-poursuite menée à une allure de *thriller* jusqu'à son dénouement sanglant, le double meurtre de la fin suivi de la mort de Garbeau. La lettre anonyme sur laquelle ouvre la première séquence déclenche une poussée vers la suite qui se manifeste dans la rapidité des enchaînements et dans ces personnages qui foncent comme leurs voitures. Dans son désir effréné de venger sa fille, Garbeau se précipite dans son propre passé, à Vesouille, où se trouvent son ancien château et son ancienne usine. Au-delà d'un retour vers la jeunesse, il s'agit de la confusion volontaire du vieillard et de l'enfant, car — le panneau devant son usine l'indique — Garbeau est à la fois « Père et Fils ». Cette circularité interdit au personnage tout devenir réel, de même qu'elle imprime au temps ce mouvement en *spirale* si caractéristique de l'univers de l'auteur [1], forme paradoxale s'il en est puisque la spirale avance par le recul de sa vrille. D'une part, l'action se lance en avant en prévoyant sa proche fin : « Je tire un trait dessous et je fais le total. Pas beau. Finit mal. Pour tout le monde » (sixième séquence). Et d'autre part, les derniers instants d'un *temps intérieur* s'étirent, Garbeau se meurt au fur et à mesure que son cerveau cède à l'embolie : « [...] ce doit être une artériole qui m'a pété dans le cerveau, une minute... Ça m'est arrivé trois fois déjà, le docteur Korb n'en revenait pas ; il me disait : d'habitude on meurt, dans ces cas-là, c'est l'embolie. Eh bien, pas moi. Oh, ça ne va pas durer » (onzième séquence). Telle la peau de chagrin balzacienne, l'activité cérébrale serait une dépense fatale, d'où ce temps psychique paradoxal selon lequel Garbeau s'enfonce dans son passé par cette fuite en avant. Remonter le temps grâce à l'action de l'esprit, revenir sur soi-même pour mieux avancer — dans tous les cas, annuler le temps progressif de telle sorte que l'action dramatique se replie sur elle-même. A l'instar de la mise en abyme finale de **Camille**, l'œuvre se clôt par un retour à cet hors-temps psychique de la mémoire : à l'instant où l'œuvre s'achève pour n'exister que dans le souvenir du récepteur, Garbeau sent sa tête s'envoler comme un « beau ballon », comme un caillou blanc.

Lorsqu'on arrive à la fin du **Jardin aux betteraves**, on se rend compte, après coup, de la cohérence parfaite de la temporalité de l'ensemble. Comme souvent chez Dubillard, le « dénouement » sert moins à dénouer les fils d'une intrigue qu'à marquer la plénitude de l'action qui s'y achève. L'action du **Jardin**, on l'a vu, se passe en deux actes. A l'intérieur de chacun, il semble y avoir une continuité du temps référentiel : malgré le retard de ses

[1] L'œuvre de Dubillard est truffée d'objets en spirale : escalier en colimaçon de **La Maison**, maison de la culture en forme d'escargot géant dans **Le Jardin**, tire-bouchon, vis et hachoir rotatif de **La Boîte à outils**.

collègues, Camoens est présent sur scène du début à la fin du premier acte et les cinq personnages le sont pendant tout le deuxième acte. Les temps scénique et référentiel sont donc donnés pour équivalents — et le seraient tout à fait s'il n'y avait pas l'intervalle de l'entracte. Au début de l'action, Camoens nous dit l'heure — « Il est vingt et une heures! Il est neuf heures du soir! » [I,1] —, avec une exactitude suffisante pour ancrer le temps référentiel dans le temps réel de la représentation. (En supposant que la représentation commence le soir, le comédien pourrait bien dire l'heure qu'indique sa montre). La mise en abyme de l'heure réelle dure un certain temps : à la scène 2, « Il est neuf heures un quart » et Camoens (qui est *déjà* sur scène au lever du rideau) serait là « depuis une heure et demie » ; quand Guillaume et Angélique arrivent, Milton prétend être arrivé depuis « environ trois quarts d'heure une heure ». Le temps de l'action se calque sur celui de la salle, où les spectateurs sont en avance par rapport au véritable événement puisque le quatuor prépare le concert de « demain soir ».

Retard que le référent temporel s'efforcera de rattraper au prix d'une accélération subreptice du temps. Plus loin dans le premier acte, le discours coupe ses liens avec le temps réel : « Nous savons tous, depuis longtemps, qu'il n'y a pas de fenêtre », dira Camoens, créant ainsi le sentiment que l'*incipit* s'éloigne et que le temps de la scène avance à pas de géant. Lors du démarrage (littéral) de la fin de l'acte, on passe à la vitesse supérieure car après l'entracte on annonce des changements de lieu, de temps, et même de climat : « A longtemps rouler le climat nécessairement change ». Le démarrage soudain qui s'était produit à la fin du premier acte coïncidait avec l'attaque simultanée de l'opus 132 de Beethoven par les deux quatuors, concordance faisant suite aux interruptions multiples, aux répétitions qui se répètent et aux *tempi* discordants des membres du quatuor. A la reprise d'un *tempo* musical correspond l'accélération brutale du temps théâtral, faisant de ces musiciens médiocres des voyageurs involontaires.

Au cours du deuxième acte, donc, le quatuor voyage dans l'espace mais aussi dans le temps. L'action sécrète un certain nombre de signes qui font savoir qu'il se fait de plus en plus tard : Angélique est en robe de chambre, elle bâille, Guillaume lui interdit de sortir (« A cette heure-ci! »), Tirribuyenborg offre un cachet pour dormir au chef du quatuor. Le caractère indirect des indices maintient l'entière disponibilité du référent temporel, qui — à l'image de cet espace à la fois hermétique et mobile — avance et s'arrête selon les caprices du moment. Cette liberté temporelle caractérise la majeure partie de l'acte II, pendant lequel la musique et le voyage marquent des pauses et reprennent, l'orage (signifiant spatio-temporel d'une ambivalence totale quand on sait que l'espace, l'intérieur d'un véhicule, se déplace) s'approche et s'éloigne, et l'affairement de Tirribuyenborg contraste avec la passivité des autres. A la suite d'un long moment où le tempo paraît s'enliser dans les divagations du dialogue, c'est Tirribuyenborg qui remet l'action sur les rails d'un temps progressif, voire irréversible : « Patientez un quart d'heure, vous saurez ce que c'est que d'étouffer vraiment. L'air se raréfie. Le temps presse, messieurs. » [p. 115] L'ancrage temporel se fait désormais par rapport à la *fin*, d'où l'urgence de la situation car le véhicule stationne au fond de la mer et va bientôt décoller encore pour pénétrer dans « la bulle du Jardin aux Bettroves ». Le rythme scénique reprend son élan, le discours se fait prospectif, anticipant sur la fin et rétablissant la mise en abyme temporelle du début puisque ce deuxième démarrage spatio-temporel ramène le quatuor au concert de « demain soir » devenu la fin de la représentation actuelle lorsque le quatuor (avec Angélique en robe du soir) se lance dans l'opus 133, reprenant le voyage musical en compétition avec le quatuor d'en haut.

Le caractère *performatif* du discours de clôture (Tirribuyenborg y raconte ses gestes de pilote) signale le passage à un autre temps — le concert actuel rejoint le temps du spectateur, en même temps qu'il fait retour au début de la représentation, comme s'il rattrapait par derrière l'heure du public. La course du temps brûle le référent chronologique (du soir au lendemain soir) pour revenir à son point de départ, un mouvement qui va de l'équivalence entre les temps de la fiction et de la salle vers le décalage et de nouveau vers l'équivalence.

La dialectique *même/autre* intervient sur tous les plans de l'esthétique temporelle du **Jardin**. A travers l'action de la *mise en abyme*, l'œuvre s'inscrit dans le temps de sa réception tout en marquant son altérité radicale par la circularité close de son action. Cette clôture ressemble fort à celle de **Camille** : les deux œuvres tentent de réaliser la *plénitude d'un temps objectivé*, replié sur lui-même. La concordance totale des temps du personnage et du spectateur conduirait à l'éclatement de l'illusion théâtrale ; en réfléchissant un temps *autre*, la mise en abyme joue sur le cadre formel pour souligner, au contraire, la toute-puissance de la fiction. L'ambition du temps fictif serait, à la limite, d'ingérer la durée réelle, de réunir l'*autre* dans le *même*.

Ce refus de la différence s'affirme, d'ailleurs, comme un des enjeux principaux de l'action. L'œuvre met en place un certain nombre de décalages qu'elle tentera par la suite d'abolir. D'abord, le décalage des deux quatuors, Schécézig et Parkinson : les deux actes répètent et inversent leurs jeux respectifs avant de synchroniser les deux temps lors de la fin. Le même mouvement se dessine dans les rapports entre les membres du quatuor. Ces derniers ont beau venir par le même train, ils n'arrivent pas sur la scène de la maison de la culture en même temps. En effet, leurs entrées sont décalées comme celles des instruments à cordes entamant un quatuor. Mais toute l'action ultérieure, et surtout le dénouement, tend à démontrer que tout mouvement en avant — jouer de la musique, voyager — conduit vers l'*indistinction*, vers un point de fuite où s'annule tout décalage, réconfortant ainsi cette intuition de Camoens selon laquelle « une chose et une autre chose, vous les mettez dans le même train, ça devient, peu s'en faut, la même chose ». C'est véritablement à la fin que tout revient au *même*, que le quatuor devient *un* en rejoignant le créateur à qui ils doivent leur musique.

Il y a un échange constant, dans **Le Jardin**, entre les énoncés portant sur la musique, sur le voyage — sur tout mouvement dans l'espace — et la forme temporelle de l'œuvre, instituant une sorte d'équivalence généralisée entre les signes spatiaux et temporels. Ainsi le temps perd-il de son abstraction pour se doter d'une forme tangible. Cette *spatialisation du temps* ressemble, à l'échelle plus grande de l'action dramatique, à cette remotivation de la forme que nous avons observée au niveau du signe linguistique. Elle tente de donner au temps la solidité d'un objet, d'un contenu saisissable *du dehors*. En d'autres termes, il s'agirait de soustraire à la succession infinie des instants une tranche de temps fictive et finie, de faire de l'œuvre une boîte, un espace *hors du temps*. Ou bien imiter la temporalité autonome de la musique telle qu'Antoine Roquentin, héros sartrien, l'a conçue : « il n'y a que les airs de musique pour porter fièrement leur propre mort en soi comme une nécessité interne ; seulement ils n'existent pas » (**La Nausée**). **Le Jardin** envie à la musique sa structuration parfaite, comme *nécessaire*, de la durée ; elle cherche donc à inclure cette impression de *fini* dans ce voyage où la répétition s'organise, dans une action qui boucle la boucle. L'œuvre contient ainsi le temps *plein* auquel il aspire, mais elle contient également le *vide* intérieur du hors-temps, celui de la mort que connote l'éclatement de la bulle cérébrale à la fin des **Chiens** et l'entrée fatale du quatuor dans « la bulle du Jardin aux Bettroves ». C'est par le biais de cette circularité du temps, ce parcours du pareil au même, que Dubillard se rapproche de la sensibilité absurde d'un Carroll ou d'un Roussel. La répétition et la circularité ne peuvent qu'installer la mort au centre de l'œuvre car le mouvement en avant, impulsion vitale, compose avec son contraire, la nostalgie de l'immobilité, pour cristalliser autour de la *figure (im)mobile de la spirale*. On la retrouve, associée à la mort, dans cette **Boîte à outils** dans laquelle le bouchon monte l'escalier en tire-bouchon pour finir, comme les autres bouchons, « la mort en spirale dans l'âme » [1], ainsi que dans l'image similaire employée par Camoens lorsqu'il se demande si Guillaume et Angélique ne seraient pas restés dans le train :

> *Camoens* : [...] De trains, j'en ai connu de toutes sortes. Des trains comme ça, capitonnés de rouge, pas une fenêtre. Et jusqu'à des trains en tire-bouchon, qui finissent dans leur propre vrille, bouchés dans leur bouchon, la mort dans l'âme — pas la leur, de mort, celle des passagers. Pour moi, ils ont dû oublier de descendre, tous les deux, et le train s'est enfoncé avec eux comme un tire-bouchon dans la boue parmi les betteraves.
>
> [**Le Jardin**, p. 26]

---

[1] Les objets contenus dans cette **Boîte à outils** (1985) sont bien les mots du poète qui a construit ici un poème « sur deux thèmes, celui des outils, envisagés comme un mode

Bien entendu, ce train est aussi celui qui emmènera tous les membres du quatuor à la fin du premier acte et qui les conduira, fatalement, vers leur destin commun.

A l'intérieur de ce temps circulaire, l'inertie des personnages coïncide avec la stagnation d'une action coupée du calendrier comme de l'Histoire. Campés dans le décor an-historique de cette auberge espagnole de la culture européenne, les personnages n'existent que dans la situation d'énonciation ; la référence déictique à l'antériorité et à la postériorité renvoie à un temps virtuel dénué de tout ancrage réel, se rattachant uniquement à l'*ici-maintenant* du discours. Milton ne joue plus au violon depuis « huit ans », on lui a raconté l'histoire de Charlot « hier », il n'a vue Angélique « ni hier ni avant-hier ». Télescopage du passé, mise en valeur du *nunc* : les passés des personnages côtoient « la dernière pièce de Marivaux », Louis XV, 1827, et d'autres dates de la vie de Beethoven. Tout se passe comme si l'instant présent ne débouchait que sur le hors-temps de l'éternité, sur le présent perpétuel qui règne dans le jardin des « morts immortels ».

En s'écartant de la compression temporelle du **Jardin**, la tragi-comédie des **Vaches** s'engage dans la voie d'une dramaturgie hybride, conjuguant progrès continu et discontinu, temps progressif et réversible. Les actes I et II se déroulent respectivement le jour et la nuit ; l'acte III, par contre, se passe d'abord aux crépuscules du soir et du matin, se poursuit dans la nuit, et se termine à midi. C'est dire que l'acte final prolonge et reprend les deux actes précédents, à la fois la suite et la reprise. S'il y a bien discontinuité des lieux — salon du premier acte, chambres du deuxième, campagne et square du troisième — le texte indique que l'*éclairage* assure au contraire la continuité du temps scénique, grâce aux transitions graduelles entre jour et nuit. Ainsi les failles du référent temporel sont-elles masquées par le signifiant visuel.

En vérité, le référent se révèle de plus en plus élastique au fur et à mesure que l'action avance. L'action du premier acte repose essentiellement sur ce prix que l'Académie doit remettre au poète Félix, événement de taille qui explique la présence du reporter et les entretiens successifs avec l'entourage du poète. Présent dans la presque totalité des scènes, le journaliste nous sert de guide en même temps qu'il semble garantir la progression temporelle de l'action. L'examen que passe Saül (fils de Félix) constitue un deuxième principe de cohérence : en plus de l'interrogation elle-même [I,8], on s'y réfère dans les scènes 5, 6, 7, et 9, ce qui renforce la cohésion linéaire de ces scènes. On remarque, par ailleurs, la progression constante de l'assistance scénique puisque la plupart des scènes voient l'entrée d'un personnage nouveau, ceci jusqu'à la configuration au grand complet de la scène finale. L'acte semblerait progresser de façon irréversible vers la scène de consécration.

d'expression, et d'autre part, l'histoire d'une foule de pèlerins qui se perdent dans un labyrinthe. »

Malgré les signes d'un temps homogène, proche de celui du spectateur, ce dernier doit également tenir compte d'un réseau de signes allant à l'encontre de ce temps mimétique. La lumière y est pour beaucoup, introduisant une série de coupures dans la continuité spatio-temporelle, signes d'un temps *autre*, différent de celui du spectateur. Indiquant les entrées et sorties, découpant dans l'espace du salon des aires de jeu distinctes, les changements d'éclairage brisent l'unité spatiale et font de l'action unique comme un montage de ses éléments constituants. Ce sont justement les variations de lumière antérieures qui mettent en valeur la temporalité *extérieure*, sociale, de la scène 12 (« *Le salon illuminé* »), et qui donnent à la baisse de lumière finale sa pleine valeur expressive et son sens, le passage à un temps *psychique*.

Les brusques changements dans l'aire de jeu ne manquent pas de révéler quelques fissures dans l'homogénéité du temps de l'action. La loge du portier [I,1], par exemple, est le lieu d'une scène d'exposition manifestement antérieure à l'action, d'un espace-temps proprement liminaire. De même, les scènes de l'examen [I, 8], de l'atelier de peinture [I,10], et de la rencontre entre Rose et Saül [I,11], venant interrompre l'action principale, se passent dans des lieux divers et constituent des tranches de temps à part, d'où l'impression d'un étirement de la durée puisque des épisodes simultanés (au niveau de leurs référents temporels) subissent l'ordre successif du temps scénique. Se plaçant comme en dehors du temps progressif dominant, les scènes 8, 10, et 11 paraissent d'autant plus autonomes qu'elles portent sur ce qui n'a pas lieu, la mort de Félix : l'examen biographique supposant la mort de l'auteur, « la tête hors du temps » du portrait de l'artiste, l'hypothèse, imaginée par Saül et Rose, de l'absence définitive du père et du mari. Le discours est dominé par le virtuel, par l'entrecroisement de passés et de futurs, et par ce glissement temporel qu'effectue le *futur antérieur* :

> [...] un poète, Félix Jean-Marie Aimé dit Félix Enne, émerge, plus distinct qu'aucun de ses pairs, comme celui qui, solitaire, aura sans conteste réussi la gageure de rendre le poème à sa vocation de poème-poème.
>
> [**Les Vaches**, p. 30]

L'antériorité du futur est bien le temps d'une *mort fantasmatique* [1], d'un présent posthume qui prédomine dans ces trois scènes indépendantes. La progression du premier acte se trouve donc interrompue par une temporalité discontinue, signe d'un temps imaginaire où l'action scénique s'efface au profit d'une mort virtuelle.

En dépit d'une première scène qui joue le rôle d'un *post-scriptum*, enchaînant sur la scène de la cérémonie et reliant la nuit à la journée précédente, la progression continue ne domine plus lors du deuxième acte. Une fois établi le lien chronologique *entre* les actes, la suite des événements se déroule

---

[1] Cf. C. Clément, 1975, pp. 123-124.

selon l'ordre confus d'un temps scénique qui fait fi de toute chronologie mimétique et dont les caractéristiques sont celles d'une *autre scène* : évanescence des lieux, retours en arrière, actions qui se répètent, personnages morts qui revivent, ubiquité du personnage central. En effet, la rêverie éveillée de Félix fonctionne comme une machine à annuler à la fois chronologie et causalité. Passé et futur n'ont guère de sens dans le désordre référentiel de ce temps psychique nocturne ; le temps réel semble s'arrêter alors que la durée imaginaire s'éternise grâce à la récurrence du même et la succession du simultané. Mais l'enchaînement des scènes ne doit rien au hasard. Les séquences s'organisent en avant/après, de façon quasi symétrique, par rapport à la scène-pivot de la mort d'Élodie, la mère [II, 5]. Dans la scène 4, Félix monte l'escalier qui mène à la chambre de sa mère et dans la scène 6 il descendra ce même escalier ; sur les plans de l'espace et du temps, la scène 5 représente en effet le sommet, le point culminant, de l'acte. A partir de ce temps fort, l'action tend vers cette deuxième « scène des autres » [II,10], réplique délirante, intérieure, de la scène de remise de prix du premier acte.

Soustraites à l'emprise de la causalité, les scènes nocturnes s'imprègnent de valeurs connotatives qui proviennent d'un rapport au temps éminemment *subjectif*. Le temps de la mort devient *temps mort*, la durée se vide de toute substance réelle. La scène 2 (Félix face à lui-même) rythme les répliques d'une stichomythie réflexive et les pauses pour rendre concret le temps immédiat de la conscience et du corps. Pendant toute la scène : « *Un réveil invisible fait tic tac* » ; or, comme le dit Baudrillard, l'horloge est « symbole de permanence et d'introjection du temps », un cœur mécanique qui connote un « processus d'infusion, d'assimilation de la substance temporelle » (1968, pp. 29-30). Ce temps intérieur réapparaît dans le « tic tac de pendule » de la scène 5 et se fait d'autant plus bruyant qu'il se fait entendre dans l'intimité de la chambre maternelle ; derrière ce bruit, on entend à la fois le corps de la mère et le cœur de cette maison qui n'est autre que le *corps propre*. A l'intérieur de cette nuit sans fin, le temps référentiel s'enfonce dans l'immobilité des scènes 5 à 9, passage à vide qui se caractérise par l'inertie du personnage, par la répétition médusée de « maintenant », par l'importance accordée au futur antérieur (« ç'aura été cela, ta vie »).

Si le creux temporel du deuil de la mère correspond à une régression du sujet vers l'indistinction primitive, c'est véritablement « l'œil » du père qui surgit dans le présent nocturne du fils et de la mère pour *sonner* l'heure de la séparation : œil du père, œil de Polyphème, « ce second gros œil tout seul, qui va pleurer de solitude une à une des larmes qui tomberont toutes seules — tic, tac, tic, tac, — ce gros œil marié au gros œil du réveille-matin... *Le réveil sonne.* » [II,5] Au temps *régressif*, nocturne, de la mère s'oppose donc celui du jour, *progressif*, marqué par l'ordre paternel. A partir de la scène 10, ce temps évolutif redémarre avec la mise en branle d'une activité scénique rapide, un discours prospectif qui anticipe sur la suite. La fuite de Félix, quittant cette maison en deuil, est précédée par cette fuite en avant du langage qui avale l'avenir pour l'expulser au passé : « Je m'en vais — elles vont tonner. Elles tonnent, et je m'en vais, je suis parti, c'est tonné, attention! » [II, 10]

Le vide du temps mort laisse la place à l'urgence d'un temps qui manque, à la fuite irréversible des instants. Le lever du jour qui marque le début du troisième acte figure le passage d'un temps intérieur, nocturne, à celui de l'extérieur, diurne — du temps de la mère à celui du père. La chronologie y est moins gommée que mise au premier plan sous forme d'*oxymore* : le lendemain matin du début de l'acte deviendra — sans hiatus du temps scénique — nuit, jour, et midi, alors que Félix serait parti depuis « bientôt six semaines ». Jour et nuit se conjuguent — le mouvement en avant se poursuit en s'accélérant, les passages nocturnes s'étirent : dialectique concentration/étirement qui figure un rapport au temps impossible, réunissant les valeurs connotatives (extérieur/intérieur, social/psychique, paternel/maternel) des actes précédents.

La concentration du temps référentiel est telle que l'instant présent devient synonyme de *tout temps*, à la fois début et fin, « première fois » et « dernière fois », l'instant où le présent rejoint l'éternité :

> Je parle pour la première fois [...] Depuis ce matin, les oiseaux avaient pu se croire pour toujours printaniers, tandis que je dormais comme un seul panier de sommeil, et les voici dépenaillés dans leurs nids construits en étoile à la façon des fleurs, et du fouet de son bec, un oiseau passe, un petit oiseau grand par les ailes, et, par lui-même, tout seul.
>
> [**Les Vaches**, p. 98]

Il y a comme un gonflement du présent de la scène qui en fait un temps *plein* où se concentrent, de façon surprenante, tous les temps : « C'était hier, c'était avant-hier, c'était aujourd'hui. C'était ce matin. » A l'arrière-plan de cette concentration paradoxale, la métamorphose constante du signe visuel maintient la dynamique de l'action. A partir de « midi », la pulsion en avant s'inscrit dans le compte à rebours précédant la consécration ultime, l'instant où l'attente du poète sera enfin satisfaite. L'antériorité future s'inscrit dans le présent comme *ponctuelle* et *éternelle*, la fin de l'action théâtrale et le commencement de l'infini :

> *Félix, eau et mots mêlés* : Je crache, maman! je crache!
> *Élodie* : Que toute cette eau d'un grand poète aura été bue!
> *Bavolendorf* : Gloire à lui, Félix, Jean-Marie Aimé, dit Félix Enne!
> *Élodie* : Bue! Bue! Et ne cessera plus jamais d'être bue!
>
> [**Les Vaches**, p. 113]

Le temps de l'action se réfléchit ainsi dans celui, rituel, de la cérémonie de consécration, en même temps que la fiction rejoint le hors-temps du mythe qu'illustre cette fontaine de Médicis. On constate que le *crescendo* des **Vaches** réunit tous les signifiants dubillardiens du *hors-temps* : les temps propres de la musique, du mythe, de la cérémonie, de l'amour et de la mort, voire du théâtre tel qu'en lui-même se donne forme la durée insaisissable du réel.

Comme à la fin du **Jardin**, le bouclage de l'action réfléchit l'attente enfin satisfaite de la réception. Le rythme des **Vaches** repose sur une série de *crescendo* et de chutes ; l'action tend vers un sommet d'intensité puis tombe brutalement dans la déception — attente déçue du personnage mais, par le paradoxe de cette attente en abyme, l'attente déçue de l'action devient celle à laquelle s'attend la salle. L'apothéose finale rappelle donc, et comble, tous les points culminants ratés du premier acte : la sublimation manquée de Walter/Chopin, la dernière écoute du testament enregistré par Oblofet, l'examen raté de Saül, et enfin, cette présentation d'une « fausse hache » en guise de prix. Le rythme de l'œuvre suit le cours variable de ces fluctuations extrêmes ; tantôt plein, tantôt creux, le temps ressemblerait à une boule de neige qui avance en se dilatant. A la fois clôture et mouvement, la temporalité des **Vaches** peut se résumer dans cette métaphore concrète du temps qu'est la *boîte mobile* : la caisse sur une brouette contenant la « fausse hache » [I,5], la « *baignoire montée sur roues* » [II,10], et la voiture de la mère dans laquelle Félix s'enfuit. Métaphores du hors-temps *et* du temps qui passe, toutes les voitures et autres véhicules que l'on trouve chez Dubillard (notamment dans **Le Jardin**) seraient l'expression d'un rapport paradoxal au temps, conçu comme à la fois *clos* et *mobile* ; elles réalisent en même temps le but temporel de ce théâtre : *informer*, voire verser dans la solidité de l'espace, le temps.

On retrouve cette tendance à figurer l'oxymore du temps par un néologisme visuel dès la scène I de **La Maison d'os** : « *Il se lève et va encaustiquer une grosse horloge montée sur roues qu'il fait disparaître.* » Cette première image le laisse clairement entendre : le temps chronologique ne sera pas à l'ordre du jour dans **La Maison**. L'hétérogénéité radicale entre les temps scénique et référentiel, entre l'ordre des scènes et un temps purement hypothétique de la fiction, empêche toute tentative visant à rétablir les bases d'une action continue. De plus, l'auteur stipule que l'ordre des scènes dans le texte et l'inclusion de toutes les scènes dans une mise en scène donnée n'ont aucun caractère contraignant. La carte blanche donnée au metteur en scène s'ajoute ainsi à l'ouverture sémantique qui caractérise *déjà* l'univers référentiel de la pièce, laquelle se rapproche de ces œuvres en mouvement décrites par Umberto Eco (1965, p. 35) :

> [...] les œuvres « ouvertes » *en mouvement* se caractérisent par une invitation à *faire l'œuvre* avec l'auteur. A un niveau plus vaste, nous avons signalé (en tant que *genre* de l'*espèce* « œuvre en mouvement ») un type d'œuvres qui, bien que matériellement achevées, restent ouvertes à une continuelle germination de relations internes, qu'il appartient à chacun de découvrir et de choisir au cours même de sa perception.

L'ouverture première serait celle proposée au metteur en scène de **La Maison**, alors que le spectateur serait appelé à participer à la « germination » du sens, à chercher lui-même la nature des liens qui peuvent exister entre les tranches temporelles que comportent les scènes.

En refusant les notions mêmes d'avant et d'après, conditions nécessaires d'une intrigue, la pièce fait figure de cas limite : tout devenir est interdit au personnage et à l'action, bien qu'il ne faudrait pas sous-estimer l'attachement à la progression linéaire du spectateur, ce « diachroniste impénitent » selon la formule de Christian Metz. D'ailleurs, la pièce est bien obligée de *durer* un certain temps et ce temps réel ne manquera pas de donner à l'action un semblant de mouvement. En outre, nonobstant le morcellement du référent temporel, le texte présente un certain nombre de séquences qui, grâce à la permanence du lieu ou au maintien d'un personnage, peuvent donner prise au metteur en scène soucieux de rétablir une part de progression : le Majordome paraît dans les scènes I et II, le Novice dans II et III, l'Abbé dans LIII et LIV. A défaut d'indications contradictoires, de telles scènes laissent croire à la continuité de l'action. Personnage récurrent parmi tous, le Maître ne paraît que rarement dans deux scènes consécutives, comme pour déjouer l'effet de continuité d'un personnage à ce point central, seul à bénéficier d'un interprète unique. La succession de scènes autonomes découpe son long monologue, l'intercale entre d'autres séquences, créant ainsi le sentiment de l'écoulement du temps : la scène XIX, par exemple, reprend la scène XIII, de même que les deux scènes où figurent le Maître et l'Abbé [X et LIII] laissent entendre qu'il y a *passage* du temps intermédiaire. Autre signe récurrent : la nuit qui relie les scènes XXVI à XLIII, nuit interminable si la mise en scène retient l'ordre textuel ou bien répétition cyclique de jours et de nuits si elle s'en écarte.

On voit donc que **La Maison** ne fait pas complètement échec à des tentatives de lecture horizontale, à une approche qui chercherait à rassembler les fragments d'un référent temporel éclaté ; cette discontinuité surprenante de l'action appelle, par ailleurs, un mode de lecture complémentaire : l'approche verticale, *métaphorisante*, susceptible de trouver d'autres rapprochements entre ces scènes éparses.

En effet, les scènes commencent généralement *in medias res* et se terminent de façon aussi abrupte. La temporalité de chacune est donc homogène et autonome, ne se référant qu'à elle-même ou bien au creux d'un contexte virtuel qui n'existe que par la parole. Et pourtant, les indices verbaux situant le temps interne de la scène ne manquent pas et c'est par l'intermédiaire de cette deixis abondante que les scènes, libérées des contraintes d'une action continue, parviennent à découper dans ce fond indécis leurs temps *propres*, tout en se rassemblant autour de certaines *formes* du temps, celles qui caractérisent l'univers de Dubillard.

En premier lieu : la relativité totale de tout ancrage déictique, voire la mise en relief du présent de la scène comme seul point de repère, seul point de convergence. Ainsi les distances antérieures et postérieures à ce *maintenant* sont-elles infiniment élastiques : Monsieur aurait été jeune « il n'y a pas un quart d'heure » [XLV] et Florent devra descendre dans « euh... cinq minutes, une demi-heure, trois heures » [XIV]. Ce flottement par rapport au référent externe et au cotexte renforce l'autonomie de la séquence brève, rattachant l'instance de discours non pas à un arrière-plan temporel mais au présent perpétuel de la conscience.

Il serait donc inutile de demander au Maître ce qu'il voudra manger demain [VIII] car l'autonomie de la séquence fait que le présent se prolonge indéfiniment en avant. Les présents se succèdent selon un mouvement de répétition tout à fait monotone dont témoignent cette routine constamment répétée du Valet du bois [XXI] et cette date qui ne change pas tant que le veilleur de nuit veille [XVIII]. Temps de la répétition qui recommence à chaque moment, tout comme chaque scène signale non pas une suite mais le début d'un temps nouveau, un départ toujours à refaire pour la première fois.

La temporalité répétitive n'est pas celle de l'accélération (telle qu'elle se manifeste dans **Le Jardin** et dans le dernier acte des **Vaches**) ; elle ressemble plutôt à celle, en décélération, de l'acte III des **Naïves hirondelles.** La discontinuité du référent allonge la durée, et de façon de plus en plus marquée au fur et à mesure qu'on s'éloigne du début de l'action. A la différence des **Naïves hirondelles**, les signes de l'étirement sont présents dès le début, dans toutes les scènes où il est question de la mort du Maître, une fin toujours à venir : Monsieur « dure » comme la maison qu'il habite, « monsieur continue », « Monsieur meurt, meurt, meurt », alors que la maison elle-même se fend et tombe à la même vitesse ralentissante.

La fin n'arrive donc jamais, et lorsqu'arrive le dernier moment de la scène LXXXI, Monsieur *attend.* L'autre bout de la chaîne temporelle est également insaisissable car on peut dire que **La Maison**, comme les œuvres de Beckett, ne commence à la première scène que parce qu'il faut bien commencer quelque part. D'ailleurs, l'Appariteur doute du sens même de la notion de *début* :

> *L'Appariteur* : N'importe quel endroit est le bon si c'est par lui qu'on est entré. Une fois à l'intérieur, l'envie de trouver la meilleure entrée a perdu non seulement son urgence mais son sens.
> Un peu après, même, par où j'étais entré, je ne m'en souvenais plus ; je n'ai jamais cherché à m'en souvenir.
>
> [**La Maison**, p. 82]

C'est peu dire que la pièce commence *in medias res* — le début de l'action référentielle se perd dans un passé lointain puisque tout ce qui se rapporte à une quelconque *origine* est de l'ordre des « choses qu'on raconte », équivalent dans le temps de ces « trous » que l'homme habitait autrefois [XLVI]. Ceci est vrai pour l'origine du Maître lui-même dont la naissance (« ce jour-là ») serait contemporaine du commencement impensable du temps. D'où le paradoxe d'un temps circulaire grâce auquel on pourrait retrouver l'indistinction du début en passant par celle de la fin, redevenir petit en vieillissant : « Quand il n'existera plus de moi qu'un objet minuscule [...] Moi, ce qu'on appelle moi, tout le reste, ne sera plus là » [XIX].

Cette coupure entre l'homme et son origine, entre le *nunc* du discours et le début de l'action, provient à la fois d'une nostalgie de l'état primitif et de la carence du témoin, du regard de l'autre. Il s'agit d'une part de l'absence du parent, ressentie par le Maître, et d'autre part, de l'absence déconcertante du Maître telle qu'elle est ressentie par les domestiques de la maison. Le désordre temporel que nous avons relevé dans le deuxième acte des **Vaches** (et qui coïncide avec la mort de la mère) s'impose à l'ensemble de **La Maison** ; il se manifeste dans la « déconstruction » de sa forme dramatique comme dans l'affairement de ces domestiques qui tiennent à la présence du Maître puisque c'est lui qui garantit le temps, par lui que l'horaire se fixe : « Vu qu'il dure, on a le temps » [XXXVII]. Ce temps désordonné, celui de **La Maison** et du deuxième acte des **Vaches**, correspond à une esthétique *dysphorique*, à l'opposé de l'effet sécurisant d'un référent chronologique dont le rapport au réel irait de soi. A la limite de l'incohérence, le morcellement radical de **La Maison** refuse l'*ordre*, qu'il soit linéaire ou cyclique, progressif ou répétitif, et propose une représentation chaotique du temps.

Néanmoins, l'œuvre a beau s'interdire les effets rassurants de la chronologie, il n'empêche qu'elle donne au spectateur les moyens de *penser* le temps, d'en concevoir la forme. La saisie du tout résulte d'une projection du temps sur l'espace, ce qui permet de penser le temps dans sa finitude, démarche théâtrale que nous pouvons rapprocher d'une spatialité fondamentale de la pensée moderne telle que Michel Foucault l'a retracée :

> Dans la pensée moderne, ce qui se révèle au fondement de l'histoire des choses et de l'historicité propre à l'homme, c'est la distance creusant le Même, c'est l'écart qui le disperse et le rassemble aux deux bouts de lui-même. C'est cette profonde spatialité qui permet à la pensée moderne de penser toujours le temps, de le connaître comme succession, de se le promettre comme achèvement, origine ou retour.
>
> (1966, p. 351)

En effet, **La Maison** traduit le temps en espace. Indiquée clairement dans la préface de l'auteur, l'analogie temps/espace parcourt toute la pièce : la maison elle-même serait comme les « engagements antérieurs » du Maître [XIII], elle serait l'image de sa vie [XIX et XXXIII], ou bien celle du temps théâtral lui-même : selon le Valet de plume, à qui on demande le « plan de cette comédie », les séquences d'action de l'œuvre seraient aussi difficiles à saisir que la disposition des chambres dans la maison [LVI]. A la fragmentation de l'espace intérieur de la maison correspondrait celle du référent temporel. Comme pour guider le spectateur dans l'appréhension de cette dramaturgie de l'informel, le langage se dote d'un *dispositif d'auto-critique* qui assure une remotivation de la forme temporelle. Ce discours *sur* le temps livre, en quelque sorte, la clé de la forme dans ce parallélisme systématique entre espace/maison/géographie et temps/corps/ histoire :

Je peux parler de cette maison, oui, mais sans ordre, comme ça me vient, comme on raconte sa vie, selon l'ordre de la mémoire plutôt que selon l'ordre de la matière, je veux dire : du sujet, la vie, la maison. Selon comme ça me saute à la mémoire, non selon l'ordre spatial (pour la maison), ou temporel (pour ma vie). L'Histoire et la Géographie, je n'y suis pas fort.

[**La Maison**, XLIII]

Le but de l'espace serait de *domestiquer* le temps, de lui donner *corps* — comme si l'œuvre, tel un miroir, pouvait saisir et renvoyer l'image visible d'un condensé du temps. Lorsqu'il soutient que « l'horloge est l'équivalent dans le temps du miroir dans l'espace », J. Baudrillard (1968, p. 29) indique que la relation à l'image spéculaire ne se limite pas à la définition d'un corps ; elle doit aussi découper la durée, la substantifier, par des moyens chronométriques ou symboliques. Si la maison réelle accorde depuis longtemps une place aussi centrale que symbolique à l'horloge, **La Maison d'os** en fait de même sur le plan théâtral : troublé par son incapacité de dominer le temps, le Valet du bois se contemple dans une pendule devenue miroir (« ce rond de cuivre où je m'absorbe » [XXI]). Par le biais de l'espace, les signifiants du temps renvoient constamment à ce temps intérieur du corps, à ces « heures de battement » du Valet du bois, marques d'un temps répétitif que l'on retrouve dans la succession des repas, des jours et des nuits. Chargé de remplir toutes les deux heures le panier à bois, le Valet du bois effectue sa tâche selon le rythme monotone de la pendule elle-même : « panier plein, panier vide, nier plein, nier vide ». Rythme mécanique qui connote la périodicité régulière des battements du cœur, temps vide de l'inconscience et du sommeil qui se traduit également par l'*inactivité* physique qui prévaut dans les scènes de la séquence nocturne [XXVI à XXXVIII]. Comme le suggère le Maître des lieux, le sommeil serait à l'insomnie ce qu'est la mort à la vie [LXXVI] ; en dormant, la maison — le corps — se soustrairait à la marche du temps.

A l'instar du Valet du bois, l'œuvre tente de remplir ce temps mort. Afin de donner comme la mesure du temps, l'action de bon nombre de scènes se rattache à une activité qui matérialise la durée : monter ou descendre l'escalier en colimaçon, cirer des chaussures, écrire une lettre, ou bien jouer au billard : autant d'activités qui fondent l'unité de la scène en découpant une tranche dans le temps référentiel. Mais, du moment que l'on reste à l'intérieur du temps, celui de la vie comme celui de **La Maison**, on ne saurait le saisir comme finitude, comme *objet*. S'il se faisait confier l'entretien des horloges, le Valet du bois estime qu'il pourrait *avoir* le temps, et *son* temps serait donc « plein comme un œuf, fort comme un bœuf ». C'est l'objectif que se fixe **La Maison**, objectif qu'elle ne peut atteindre qu'en rejoignant le temps du spectateur qui est justement le hors-temps de l'œuvre. Puisque la pièce se condamne à finir sur l'inachèvement de son référent temporel, sur une attente, elle trouve le moyen de s'achever dans son méta-discours sur la forme de *son* temps ; se plaçant comme en dehors de la fiction, le Maître [XVI], l'Appariteur [XLIII], le Valet de plume [LVI] et le Valet du bois [XXI] s'adressent au public pour lui fournir les clés de la forme temporelle de **La Maison**, feignant de passer à travers la cloison mince mais solide qui sépare le temps de l'œuvre de celui de la salle.

Toutes les pièces de Dubillard jouent sur ce décalage à la fois infime et fondateur. Elles prennent soin de modeler le temps, condition de leur théâtralité, pour en faire un objet *consommable*, tout en voulant se dérober à cette forme fictive pour trouver un rapport au temps *pleinement* euphorique. Devenir « contemporain de son soleil d'origine », selon la formule que Foucault destinait à l'œuvre de Roussel (1963, p. 205). Le théâtre de Dubillard est aussi recherche d'une origine, recherche qu'il mène en conjuguant progression et régression, imitant ainsi le parcours paradoxal de la spirale — tire-bouchon, escalier en colimaçon, ou hachoir rotatif —, mouvement circulaire vers l'avant et, en même temps, mouvement en arrière ; la vrille avance, la spirale recule, et la torsade tourne autour du vide. Cette *neutralisation* du temps n'est pas autrement paradoxale que la mise hors du temps du jeu de mots ; à l'échelle de l'action dramatique ou à l'échelle de l'énoncé, il s'agit toujours de substituer au temps successif l'impression d'un temps *rassemblé*, un temps-objet dans lequel l'avant et l'après se résument dans la simultanéité [1]. On peut penser à la phrase de Flaubert (au sujet du manuscrit de **Madame Bovary**) : « Je voudrais d'un seul coup lire ces cent cinquante-huit pages et les saisir avec tous leurs détails dans une seule pensée. »

Dans l'œuvre de Dubillard, le temps est, par-dessus tout, un rapport à la mort conçue comme *futur antérieur* : « ç'aura été cela, ta vie », déclare le fils au père dans **«...Où boivent les vaches »** [II,10]. Avant-futur que l'espace dubillardien localise aux intersections d' « ici » et de « là-bas », d' «ici-bas » et de « là-haut », points d'écartèlement de l'unité plurielle du personnage. On pourrait voir le dos d'Orphée dans cette image d'un temps qui ne peut être appréhendé que lorsqu'il se fige : « Saisir, c'est regarder en arrière ; le temps, d'abord progressif dans son apprentissage, est en réalité rétrospectif [...] » (C. Clément, 1975, p. 33). Saisir le temps, le pourvoir d'une forme et d'une substance adéquates. Il s'agit encore une fois d'une tentative de *remotivation*, consistant ici à faire fusionner le référent temporel avec ses signifiants, comme si le temps pouvait devenir une réalité concrète. Nous revenons donc à la remotivation du signe verbal dont la récurrence et la malléabilité visaient à imiter le référent du signe. Cette soif de la réalité concrète débouche sur un échange insolite entre les plans signifiants de l'œuvre : les formes de la langue et du temps aspirent à la substance de l'objet et de l'espace ; quant à cette « réalité concrète », elle subit, nous l'avons vu, la mobilité foncière du mot et du temps.

---

[1] Pour les rapports entre temps et jeux de mots, voir Groupe *mu*, 1977, pp. 150-160.

CHAPITRE III

ARTICULATION DES ISOTOPIES

> Quoi! quand je dis : « Nicole, apportez-moi mes pantoufles », la récurrence de mes deux unités de pantoufles chaque soir, fait que je m'exprime par isotopies ? Eh bien voilà quarante ans que je fais des isotopies sans le savoir.[1]

Le concept d'isotopie, proposé par A.J. Greimas dans le cadre de l'analyse sémantique, peut s'appliquer soit au plan de l'expression, soit au plan du contenu. Il se définit par la récurrence d'unités de forme ou de sens et, en tant que facteur d'organisation du texte, l'isotopie joue un rôle analogue à celui qu'elle assure dans la communication, où elle « rend possible la lecture uniforme du discours, telle qu'elle résulte des lectures partielles des énoncés qui le constituent, et de la résolution de leurs ambiguïtés qui est guidée par la recherche d'une lecture unique » (Greimas et Courtés, 1979, p. 197). En ce qui concerne l'isotopie d'expression, nous avons déjà remarqué la façon dont la *primauté du signifiant* — du mot, du nom propre, de l'objet lui-même — entraîne de multiples rapprochements sémantiques. La fonction rhétorique consiste ici à introduire redondance et coïncidence là où se trouvent, normalement, différence et aléatoire. Les relations d'isotopie (de contenu) s'établissent donc à partir de procédés connecteurs variés (rime, paronomase, jeux de mots, métaphores, noms propres, iconicité suspecte, objet-valise), tissant des rapports obliques entre mot, objet, et personnage. Au théâtre, en effet, les mécanismes d'embrayage des isotopies sont nombreux et complexes — à la mesure de la pluralité des systèmes signifiants à l'œuvre, entre lesquels la redondance surcodée du signifiant isotope se charge de nouer des liens. Les ruptures de l'unité spatiale, de l'unité temporelle, de l'unité du personnage, sont à l'origine d'un entrelacement de réseaux sémantiques, d'isotopies, dont les déictiques, chez Dubillard, sont les supports privilégiés.

En abordant la question de l'isotopie de contenu, il faut préciser d'ores et déjà que le concept d'isotopie n'échappe pas à un certain empirisme — en sémiologie de théâtre mais aussi en sémantique —, « soit qu'il apparaisse comme un déguisement d'une lecture encore intuitive, soit au contraire qu'il conduise à la comptabilisation mécanique de faits évidents et sans intérêt » (A. Hénault, 1979, p. 92). La question du choix de telle ou telle isotopie se pose tout de suite. Puisque le seuil minimum d'un contexte isotope n'est théoriquement que de deux occurrences, il est évident que tout texte comporte

---

[1] Lettre de R. Dubillard à l'auteur (12/7/79), publiée dans Wilkinson, 1980, pp. 89-91.

une profusion d'isotopies virtuelles et que toute lecture devra y mettre de l'ordre, proposer des isotopies « centrales » ou « premières », en écarter d'autres, définir une hiérarchie. De tels choix ne peuvent être innocents car l'isotopie, précisons-le, ne correspond pas à une propriété structurale de l'œuvre, une « donnée » ; il s'agit plutôt d'un phénomène socio-culturel issu d'une collaboration (réussie) entre l'idiolecte du récepteur et le message lui-même. S'agissant de l'ambivalence particulière du signe iconique [1], l'auteur (ou le metteur en scène) est obligé soit de souligner par le langage le signe à reconnaître, soit de recourir à des catégories déjà fortement codées (sexe, religion, etc.).

La constitution d'une isotopie dépend donc à la fois de la référence interne et de ses rapports avec l'univers d'expérience du récepteur. Cela ne veut pas dire que la cohérence isotope débouche forcément sur le réalisme théâtral car la délimitation de l'isotopie dépend du type particulier de *véridiction* qui prévaut dans l'œuvre ; comme le démontre le genre du fantastique dans son ensemble — ainsi que l'exemple du **Jardin aux betteraves** —, l'élaboration d'une isotopie se fait à partir de l'univers fictif en question :

> Étant donné que les catégories de *vrai*, de *faux*, de *secret* et de *mensonge* ne constituent qu'un système de rapports, les « valeurs de vérité » sont relatives à l'univers qu'elles modalisent [...] : on rejoint ici la « logique des mondes possibles » (un même texte pouvant être lu sur des isotopies différentes), comme le problème du « fantastique » ou des « utopies », avec toute la question de l'indécidabilité entre deux ou plusieurs lectures possibles.
>
> (Greimas & Courtés, 1979, p. 199)

Afin de produire une *impression référentielle*, la pièce se servira notamment des isotopies *figuratives* [2], isotopies qui « syntagmatisent des sémèmes appartenant à une même classe sémantique, socialement délimitée comme une région de "l'univers" » (Rastier, 1987, p. 127). Dénotée plutôt que connotée, l'isotopie figurative suscite donc l'effet de réel d'une action perçue comme cohérente. Et lorsque l'univers de référence de ce « monde possible » semble en porte-à-faux par rapport au réel, la recherche des ruptures d'isotopie apparaît comme un moyen de cerner la transformation du « monde possible », de mesurer le décalage avec le réel. Devant le refus de l'intrigue et de sa cohérence « évidente » pratiqué par bon nombre d'auteurs modernes, le concept d'isotopie devient utile pour parer à l'insuffisance de notions telles « action », « thème », « conflit ». Il permet de mieux saisir le caractère poly-

---

[1] Cf. M. Corvin, 1985, p. 254.

[2] Greimas distingue entre les isotopies *figurative* et *thématique*, cette dernière se situant à un niveau plus « profond » et se manifestant par des oppositions binaires. Rastier récuse cette distinction pour ne retenir que l'isotopie figurative (qu'il appelle *générique*) (1987, pp. 117-119).

sémique, foisonnant, de certaines œuvres, et de distinguer, peut-être, entre le sens pluriel et une hypothétique « infinité de lectures possibles », voire le refus de toute cohérence, l'*allotopie* parfaite.

Faisant la critique des termes mêmes de la définition greimassienne de l'isotopie, M. Corvin a souligné les réserves qu'on peut avoir quant à l'utilisation du concept en sémiologie de la représentation (1985, pp. 252-255) : si la spécificité théâtrale réside dans la variété hétérogène des systèmes signifiants (lumière, gestuelle, etc.), la redondance nécessaire à fonder l'isotopie ne peut paraître qu'au détriment du signifiant. En réduisant les signes au sémantisme de l'isotopie, on évacue la théâtralité. Ce chapitre n'a pas la prétention de retracer le parcours interprétatif du spectateur, prisonnier de la durée du spectacle et de sa mémoire, ni de décider de la hiérarchie proprement théâtrale des isotopies, laquelle devrait certainement tenir compte de la force relative des systèmes signifiants. Notre analyse de la structure des isotopies s'appuiera plutôt sur la cohérence et l'extensivité de l'isotopie, telle qu'on peut l'appréhender au niveau du texte théâtral. Si toute mise en scène peut bien modifier les données de cette cohérence textuelle, elle ne pourrait que s'enrichir de cette mise à jour des réseaux de sens, recherche du *lisible* qui cherche moins à énoncer l'isotopie dominante d'une « lecture uniforme » qu'à « décrire l'interrelation des isotopies, car le sens du texte, et les interprétations qu'on peut en proposer, dépendent pour une part importante du réseau de ces interrelations » (F. Rastier, 1987, p. 212). L'univers théâtral de Dubillard constitue, à ce propos, un terrain favorable : difficile à analyser en termes d'intrigue, de sujet, de conflit, c'est un théâtre qui joue avec le sens, qui le fait circuler *à travers* les sujets dont on parle et *entre* les systèmes signifiants. En faisant abstraction du personnage et du matériau signifiant, on sera mieux à même d'en suivre les parcours.

1. Stratégies d'enchaînement

La succession d'isotopies différentes est un procédé d'enchaînement normal dans tout développement discursif et diégétique. Il en va de même dans l'action théâtrale : les isotopies du discours et de la fable se succèdent, se chevauchent (une séquence anticipe sur la suite), avancent, et forment ainsi le fil conducteur de la pièce. Dans une esthétique dramatique qui se plie au principe de l'unité d'action, la succession vraisemblable des isotopies se confond avec la causalité propre de l'action représentée. Ce procédé banal est à l'œuvre dans toutes les pièces de Dubillard, même si dans **La Maison** il ne dépasse guère les limites de chaque scène. Au cours de la scène 1 des **Crabes**, par exemple, le jeune couple mange leurs crabes tout en parlant de l'arrivée des locataires qui doivent prendre leur place dans la maison et qui arriveront à la scène 2. La coexistence pacifique d'isotopies différentes (| repas | + isotopies du discours), ainsi que leur enchaînement successif, n'ont donc rien d'original.

Et pourtant, ce mode d'articulation parvient à se distinguer dans **Naïves hirondelles**, la pièce la plus réaliste dans l'œuvre de Dubillard. Le caractère isotope des premières scènes est troublé par un certain nombre de signes insolites, insuffisamment récurrents pour fonder une isotopie propre et dont les contextes isotopes ne seront perçus que plus tard. Il s'agit, nous l'avons vu, de la divergence métonymique de l'objet : le signe se réserve en vue d'une exploitation ultérieure. L'isotopie qui fonde l'impression référentielle, celle qu'on peut appeler | *commerce* |, est à la fois perçue et nommée ; c'est elle qui *tient*, alors que les signes hors-isotopes (pneu, eau de Javel, ficelle, cover-girl, porcelaine à raccomoder) ne sont intégrables qu'à la scène 5, lorsqu'il est question des commerces variés auxquels s'essaient Bertrand et Fernand : quincaillerie, photographie, etc.

Les isotopies se rattachant à ces divers commerces relèvent d'un plan de la dénotation tout à fait cohérent et ne se confondent que par l'effet des quiproquo ou bien par les valeurs partagées de la connotation. En effet, la surdétermination du signe reste dans les limites du plausible grâce à la *hiérarchie* rigoureuse de la dénotation et de la connotation. Tout au long de la pièce, l'isotopie | chapeaux | connote la permanence alors que les autres commerces connotent globalement l'instabilité — permanence envahissante puisque les chapeaux conquièrent progressivement la boutique, remplaçant les horloges déréglées qui seront rangées dans le hamac à Bertrand. Rejoignant la connotation négative de 'désordre', le sème récurrent 'cassé' relie | porcelaine |, | horloges |, | side-car |, | noix |, ainsi que les accidents et chutes diverses qui ponctuent le premier acte, et marque la valeur dysphorique de l'univers de Bertrand. En fait, les oppositions sémiques s'associant d'une part à | chapeaux |, d'autre part à | porcelaine |, | moto |, | photo |, etc., se partagent selon des valeurs et euphoriques et dysphoriques : | chapeaux | connote à la fois permanence et ennui ; les activités variées des deux amis connotent l'instabilité mais aussi les valeurs positives de sexualité (| photo |), de l'évasion (| moto |), de la réparation (| porcelaine |, | noix |, | horloges |). Derrière les isotopies figuratives se dessine donc une structure thématique pleinement lisible. Les signes insolites ne le sont que provisoirement puisqu'ils finissent par se résorber dans des isotopies tout à fait compatibles, relevant toutes de celle, intégrante, de | commerce |.

L'isotopie | commerce | s'articule avec l'isotopie majeure | *sexualité* | dont le caractère hautement codé diminue le taux de redondance qu'exige généralement la perception d'une isotopie. S'il est vrai qu'on ne parle jamais *directement* de sexe dans **Naïves hirondelles**, l'organisation culturelle des connotations sexuelles est telle que l'auteur n'a guère besoin d'insister. Profitant des jeux de mots et des quiproquo, l'isotopie | sexualité | devient le non-dit flagrant de la pièce. Elle surgit dès l'acte I, scène 3, lorsque Bertrand prend Germaine pour une « cover-girl » et se poursuit dans les scènes suivantes, notamment au cours de ce dîner à quatre où elle suscite des sous-entendus en chaîne : une bouteille qu'on débouche, un couteau qui se plie, répétition de « Mettez-le », et ainsi de suite. Dans les deux scènes d'amour entre Bertrand et Germaine, la comparaison explicite entre | photographie | et | amour | (« C'est comme pour l'amour ») se développe en filigrane dans une métaphore filée qui indexe tout sémème de l'isotopie | photo | sur celle, toujours connotée, de | sexualité | :

Germaine : Si je vous disais que je veux bien en faire avec vous de la photo, vous ne diriez pas ça...
Bertrand : Vous ?
Germaine : Mais je veux bien, moi ! Je veux bien faire de la photo avec vous !
Bertrand : Ce n'est pas vrai.
Germaine : Si ! oh si ! Alors !
Bertrand : Je ne sais plus où j'en suis, moi !

[**Naïves hirondelles**, p. 49]

Le dynamisme proliférant des connotations sexuelles affecte également le « sandwich au saucisson sec » et la « bûche dans le fourneau », et le simple fait d'appeler une fille par son nom [II,4]. Inutile d'insister sur la « prise » en photo de Mme Séverin au troisième acte, sur « la mouche qui me grimpe », sur « la tarte au four ». Grâce à la liaison | moto/sexualité |, établie clairement dans l'histoire de Solange [III,4], le sémème 'sexualité' s'étend même au bruit que fait la machine électrique de la voisine, bruit que l'on prend pour celui de la moto. L'isotopie fait ainsi la part entre l'impuissance de Fernand, mauvais photographe, l'inaptitude de Mme Séverin à faire de la photo ou de la moto, et l'autre couple, Bertrand et Germaine, voire Solange, Ursule, la voisine, sosies de celle qui veut bien faire de la photo et de la moto.

Malgré son statut généralement connotatif, c'est bien l'isotopie | sexualité | qui sert de pivot aux isotopies figuratives de la pièce, surgissant dans ces dialogues où les personnages semblent s'exciter pour un rien, tranchant par les rimes ludiques de Bertrand entre les métiers « sains », porcelaine et hygiène, et les métiers « malsains » de la photo et de la moto. Elle découvre aussi les deux faces de Germaine qui, comme ses sosies, oscille entre les sèmes contraires de 'pur' et 'impur'. Profitant de ce que la connotation peut à la fois dire *et* taire, l'effet de contagion de l'isotopie est tel qu'on ne parle quasiment que de « ça ».

Mais la structure des isotopies ne se contente pas de proposer deux isotopies distinctes, | commerce | et | sexualité |, s'imposant sur les plans respectifs de la dénotaton et de la connotation. Elles se rejoignent à travers le contexte commun de | *argent* |, autre isotopie à caractère obsessif de la pièce : « se faire photographier pour de l'argent » ne serait pas un travail pour Germaine [I,8], et si Bertrand voudrait photographier Germaine, il faudrait qu'il « demande de l'argent à Tantine pour la pellicule » [I,14]. Ainsi le manque d'argent fait-il doublement obstacle : vu la liaison | photo/sexualité |, l'argent qui manque est à la fois ce qui permettrait à Bertrand de se lancer dans le commerce et ce qui lui permettrait d'aimer Germaine. Le « fonds » de Mme Séverin instaure des rapports de dépendance et de culpabilité : subventionner devient synonyme de nourrir car Mme Séverin est à la fois celle qui apporte le panier du repas et celle qui donnait au petit Bertrand sa « panade », celle qui lui prépare la tarte au fromage au troisième acte et celle qui refuse l'argent pour la pellicule, celle qui l'oblige donc à vendre son « side-car » et qui l'aurait mis à la porte pour tomber « dans la panade ». Ainsi la dépendance physique du petit se superpose-t-elle à la dépendance financière du neveu, connotant dans les deux cas une *dette affective*. Il y a donc équivalence entre les isotopies | commerce | et | amour |, reliées par les sémèmes conjoints d'| argent | et | nourriture | : comme le dit Fernand pendant le repas, « Il y a rond et rond » — le rond du rosbif apporté par Mme Séverin et celui de son « fonds ». Redondance du signifiant et connotation remotivante construisent de la sorte un contexte isotope sous-jacent, où se recoupent | commerce | et | amour |, | argent | et | nourriture |. Le commerce de l'amour est *dû* à Mme Séverin, voire à la figure de la mère. Le désir se plie donc aux lois de l'offre et de la demande : Germaine déclare qu'elle ne voudrait pas faire des chapeaux sans aussi les vendre (« Il y a la peine, et il n'y a pas le plaisir » [I,4]), mais les échecs commerciaux des tenants de la boutique montrent que l'offre et la demande ne coïncident jamais, de même que la « scène d'amour » de l'acte II illustre l'incompatibilité de deux désirs : Germaine entend autre chose que Bertrand, elle demande tantôt « rien du tout », tantôt à « faire de la photographie ». Entre les deux amoureux, il s'agit moins d'une absence de communication que de l'impossible concordance de deux demandes ; la demande d'amour, comme tous les commerces sans acheteurs dans la pièce, serait *intransitive*. Lorsque Germaine accepte enfin de « faire de la photographie » avec Bertrand, il est significatif que ce dernier rejette ce *commerce d'amour* et renvoie Germaine à la cuisine ; l'allusion à Hamlet nous rappelle la colère semblable du prince, renvoyant

Ophélie, la « putain », dans un couvent. On pourrait dire que ce couvent d'antan s'opposait au mariage comme la cuisine, dans une symbolique moderne, s'oppose au lit.

Les lois du marché corrompent celles du désir et l'aliénation dans le travail se rapproche de l'aliénation du désir dans la demande d'amour. En dehors de quelques passages poly-isotopes où se confondent des isotopies de même niveau, l'enchaînement des isotopies relève de la seule cohérence dénotative et d'un système d'embrayage qui maintient le statut latent de l'isotopie connotative principale. Tout se passe comme si la codification sociale des connotations sexuelles permettait une articulation vraisemblable des isotopies figuratives tout en fournissant la possibilité d'une surdétermination de l'action. Menaçant sans cesse de déborder le cadre d'isotopies figuratives dont la seule fonction est de servir de support à d'autres sens (| porcelaine |, | chapeaux |, etc.), la prégnance de l'isotopie | sexualité | illustre une qualité première des **Naïves hirondelles** : l'écart entre la banalité apparente de l'action et la richesse du contenu, sa capacité de s'exprimer indirectement.

La succession des isotopies du commerce devient dans les autres pièces un mode d'articulation nouveau, se basant sur les ruptures d'isotopies et leur enchevêtrement pour faire basculer le vraisemblable dans l'univers non moins cohérent du fantastique. La stabilité du dénotatum se brise pour faire place à un traitement ludique des sens alors que la *succession* des isotopies fait place à la *transformation*. Encore une fois, la comparaison des *incipit* des **Naïves hirondelles** et du **Jardin aux betteraves** montre toute la différence.

Comme nous l'avons montré à propos de l'espace scénique, les signes divers de la première scène du **Jardin** se refusent à toute lecture intégrante. Ceci malgré le discours de Camoens qui détaille clairement la nature du lieu et les circonstances de son arrivée : membre d'un quatuor à cordes convoqué par M. Schwartz, Camoens répète une musique de Beethoven dans la salle d'une maison de la culture. Tous ces éléments s'appuient sur les signes perçus et joués (la musique elle-même) pour former une première isotopie, support d'une impression référentielle, que l'on peut qualifier de | *répétition musicale* |. La redondance des signifiés constitue un contexte isotope complexe mais dont l'homogénéité référentielle correspond, *grosso modo*, à l'univers culturel du spectateur. Et pourtant, un certain nombre de signes ne manque pas de poser le problème des limites de l'isotopie. Contrairement à la consommation immédiate des signes intégrables, les autres signes sont comme déposés dans la conscience du spectateur en vue d'une exploitation ultérieure : le « klaxon à manivelle » sera rattaché à l'isotopie | voyage | ; les blasons, les portraits de femmes, le fauteuil seront rattachés au salon de Schwartz ; la porte à tambour sera perçue, à la scène suivante, comme synecdoque d'un casino. La hiérarchie des informations s'établit grâce à la redondance des signifiés de l'isotopie principale, à la divergence des signes insolites, et au fait que les signes de | répétition musicale | sont nommés et perçus, tandis que les signes flottants sont uniquement perçus. De nature équivoque (« *on entend un chien (ou un cheval) parcourir l'étage supérieur* »), le signe perçu échappe à la description partielle du lieu faite par Camoens, d'où un décalage entre les référents perçu et dit. Curieusement, l'isotopie dominante est plus contestée par les signes incongrus auxquels Camoens reste insensible que par ceux qu'il remarque : l'absence d'ampoule et les coups frappés au plafond indiquent, d'après les réactions du personnage, une maison de la culture quelque peu étrange, tandis que le bruit d'un chien/cheval, le klaxon à manivelle, l'ubiquité du rouge, le « monumental fauteuil » — éléments *aberrants* — ne provoquent aucun commentaire. C'est bien l'absence d'étonnement devant l'étonnant qui est comique ! Il en résulte un parasitage de l'isotopie musicale dont les termes se trouvent liés à des signes étrangers par le biais d'un signifiant récurrent : rouge de l'étui à violon, des betteraves, de l'intérieur du corps ; coïncidences entre des « coups de tonnerre » et des « coups de balai » au plafond, entre Camoens qui ferme les yeux et une « panne de lumière ».

En laissant provisoirement de côté les autres isotopies figuratives, on peut tracer le cheminement de celle | répétition musicale | bien au-delà de la première scène. Quoique menacée par les signes hors-isotopes, elle se maintient jusqu'à la fin du premier acte, assurant la cohérence référentielle grâce à l'arrivée des autres membres du quatuor, aux tentatives de répéter, aux propos sur le concert de « demain soir » et sur la situation financière du quatuor. Mais au fur et à mesure que l'acte progresse, le poids des éléments an-isotopes se fait de plus en plus lourd, jusqu'à provoquer l'éclatement de la cohérence dénotative de l'isotopie première. Rupture de l'isotopie | répétition | ainsi que de l'ordre congruent du paraître vrai, elle coïncide avec la transformation spatiale de la fin du premier acte : lorsque la salle de musique devient subitement l'intérieur d'un train en marche, le vraisemblable bascule dans le fantastique. En dépit de l'étonnement du quatuor (encore une fois, le comique provient de ce simple étonnement devant l'inconcevable), il s'agit moins d'une transformation brutale que d'un changement graduel car l'isotopie | *voyage* |, désormais dénotée, détenait jusqu'alors le statut d'isotopie connotée dont les signifiés s'étaient greffés sur le support de l'isotopie dominante. On peut donc retracer son parcours jusqu'à la mise en équivalence | musique/voyage | qu'établit Camoens : « Voyager ! Donnez-moi donce le *la*, qu'on voyage. Et qu'on joue juste ! » [I,2], et la suivre dans la confusion entre violon et voiture du même personnage : « [...] votre second violon [...], il est chez Ford en train de se faire vidanger, graisser, recharger les accus, je ne sais quoi » [I,2]. La connexion des deux isotopies se fait encore plus nette lors de ce discours *bi-isotope* de Camoens dans lequel la comparaison explicite (« Comparons ! ») mène à la fusion des isotopies et à la mise en équivalence généralisée de leurs sémèmes :

> Le quatuor à cordes aussi, sans doute. Il se déplace — et sans doute le ferry-boat, moins vite et certainement plus rarement que nous, et monotone en plus, que fait-il ? Il fait l'Angleterre et il fait le retour d'Angleterre, à la façon de nos archets,

messieurs, du talon à la pointe et de la pointe au talon. Monotone sans doute, et si j'ai quitté la marine, c'est qu'avec mon violoncelle je savais que j'irais plus vite, de-ci de-là surtout plus touristique. Et du fric à la clé ! Je savais que j'irais un peu partout, sitôt casé dans la renommée mondiale d'un quartette un peu dans le vent [...]

[**Le Jardin**, pp. 56-57]

La connexion est volontairement humoristique car les référents n'ont pas du tout le même ordre de grandeur. Pour autant que l'essai en question porte sur le peintre Arcimboldo, Roland Barthes n'en dégage pas moins la mécanique de cette manipulation verbale et, chez Dubillard, théâtrale, de la dénotation :

Le procédé opère en deux temps : au moment de la comparaison, il reste de pur bon sens, posant la chose la plus banale du monde, une analogie ; mais dans un second temps, l'analogie devient folle, parce qu'elle est exploitée radicalement, poussée jusqu'à se détruire elle-même comme analogie : la comparaison devient métaphore : le casque n'est plus *comme* un plat, il *est* un plat.

(R. Barthes, 1982, p. 123)

Ainsi la fusion d'isotopies de même statut prépare-t-elle la *métamorphose du référent* de la fin de l'acte, un procédé qui se répètera au deuxième acte lors des transformations successives du lieu scénique. Le rapprochement avec Arcimboldo n'est pas fortuit : le peintre donne à l'image comme une *double articulation*, voisine de celle que nous avons remarquée dans l'espace du **Jardin** et que l'on retrouve dans le dernier acte des **Vaches**, où les effets ludiques de la rhétorique verbale finissent par créer un *référent hybride*, un groupe sculptural tenant à la fois de la fontaine de Médicis et de l'arbre généalogique de Félix. Dubillard met en scène ce que peint Arcimboldo : « [...] pas tellement des choses, mais plutôt la description parlée qu'un conteur merveilleux en donnerait : il illustre ce qui est au fond, déjà, la copie langagière d'une histoire surprenante » (R. Barthes, 1982, p. 186).

La manifestation progressive de l'isotopie I voyage I passe par plusieurs étapes : éléments insolites déposés dans la conscience du spectateur, signifiés de connotation, enchevêtrement d'isotopies de même niveau, actualisation autonome de l'isotopie. Il y a comme un temps de friction dans cet « évincement discursif » [1] que réalise l'inversion progressive des isotopies dénotée et connotée — une transformation qui ressemble aux métamorphoses de M.C. Escher, avec leurs renversements symétriques des rapports entre figure et plan.

---

[1] L'expression est de C. Kerbrat-Orecchioni (1979, p. 221) qui analyse ici les mécanismes de l'image en les comparant avec ceux de l'« image » verbale, et en arrive à constater l'existence de certains procédés rhétoriques trans-sémiotiques », rapprochant la musique sérielle de certains textes de Perec et de l'*Oulipo*, les techniques d'Escher de celles de Borges. Par sa manipulation ludique de l'objet et du verbe (le théâtre étant de nature trans-sémiotique), Dubillard a aussi sa place dans cette compagnie.

L'équivalence métaphorique de deux isotopies n'a pas seulement une valeur ponctuelle ; elle suscite tout un processus de lectures *rétrospectives* et *prospectives*. L'affirmation de l'isotopie | voyage | oblige le spectateur à revoir les signes ambivalents antérieurs, fait travailler sa mémoire du signe, d'où le sentiment d'une transformation du référent à la fois fantastique et surveillée. C'est le cas des signes ayant trait à la fonction de pilote qu'assure Tirribuyenborg dans le contexte de l'isotopie | voyage | : il est d'abord question d'une boîte à outils et ensuite d'un casque d'écoute, bien avant qu'il ne paraisse « *à moitié déguisé en pilote* » [p. 71] ; plus tard, l'isotopie viendra intégrer le piano, devenu tableau de bord, le « vieux klaxon à manivelle » et la cloison derrière laquelle sont cachées les turbines du véhicule. Si elle se maintient jusqu'à la fin de la pièce, l'isotopie | voyage | subit la métamorphose constante du référent 'véhicule', lequel sera train, sous-marin, « bidouille », et ainsi de suite, isotopies tantôt connotées, tantôt dénotées, qui font de l'œuvre une véritable mise en action des opérations symboliques. L'équivalence | musique/voyage | dépassera enfin le cadre du discours pour se porter, à la fin de la pièce, dans le référent perçu : l'isotopie | musique | se superpose à celle de | voyage | dans le contexte double d'une course de vitesse/concours de musique. Le discours de clôture du pilote/pianiste constitue un *énoncé bi-isotope* où se mêlent deux champs normalement distincts tandis que les gestes de Tirribuyenborg servent à piloter le véhicule en appuyant sur les touches d'un clavier. On assiste alors à la création d'une sorte d'archi-isotopie dénotative, d'un référent hybride et arcimboldesque, copie « réelle » d'une construction verbale ludique. L'équilibre enfin réalisé de ces deux isotopies majeures se heurte, dans les derniers instants de la pièce, à un *deus ex machina*, au géant Schwartz, dont l'approche prépare un retournement de situation alarmant :

> *Le plafond s'ouvre avec un craquement, puis le décor tourne d'un quart de tour sur son axe horizontal.*
>
> [**Le Jardin**, p. 119]

Ainsi la fin livre-telle un élément nouveau et irréductible dont l'aberrance apparente ne peut se résorber que par la révision des signes antérieurs, une *resémantisation* que l'œuvre confie à la rumination du spectateur.

La succession des isotopies du commerce des **Naïves hirondelles** est devenue un mode d'articulation original : dans **Le Jardin**, c'est le référent même qui se transforme. Là où les signes insolites de la première pièce s'indexent de façon métonymique sur des isotopies cohérentes et autonomes, les signes divergents du **Jardin** provoquent le renversement de la hiérarchie dénotation/connotation, la polysémie verbale étant à l'origine d'une *rhétorique visible*, pleinement théâtrale. La mobilité du signifié pousse le spectateur à revoir sans cesse l'évidence première du signe. Le rôle générateur des procédés rhétoriques — primauté du signifiant, connexions en chaîne des sémèmes, redondance accentuée des isotopies thématiques — se développe à partir des

Naïves hirondelles pour marquer fortement les autres pièces de Dubillard.

Parmi les isotopies figuratives, l'isotopie I *sexualité* I semble revêtir une importance particulière. S'associant à l'ensemble plus vaste de I corps I, elle fait figure d'isotopie charnière dans **Naïves hirondelles** mais aussi dans les pièces ultérieures. Dans la pièce du voyage musical, elle est rattachée aux deux isotopies de surface principales. Le déroulement du **Jardin** montre même que les rapports entre ces trois isotopies s'établissent par un travail en chaine des termes connecteurs, de telle sorte que l'embrayage par étapes joue un rôle dans la dynamique de l'action. Comme nous l'avons constaté, l'équivalence I musique/voyage I se met en place dès le premier acte à travers le métasème 'progression'. Quant aux connotations sexuelles de la musique, elles sont très nettes dans plusieurs discours portant sur la grossesse d'Angélique, enceinte d'un des membres du quatuor. On s'attend donc à l'imbrication des isotopies I voyage I et I sexualité I, rapport qui se manifeste dans ce discours où Camoens imagine l'entrée d'un « astronef », « forme torpille » comme le leur, dans le sein de « Beethoven-l'Espace » [p. 101]. Peu après, Milton se charge de traduire l'érotisme du voyage en termes plus explicites :

> [...] les frères Zeppelin attendaient gravement l'heure des choses sérieuses en se frictionnant l'un l'autre les petites maquettes gonflables dont ils caressaient jalousement l'avenir militaire à l'intérieur de leurs deux culottes secrètes, sans bouton, à pont, comme dans la marine, à l'instar de celles de leur oncle Bittenpaff, grand-père fameux de la petite Bertha, petite Bertha qui devenait grosse à l'occasion des bombardements [...]
>
> [**Le Jardin**, p. 103]

Voyage d'imprégnation qui confirme la relation entre I voyage I et I sexualité I en ajoutant aux métasèmes déjà identifiés celui d''expansivité' (du phallus et de la grossesse). Grâce aux rapports solidaires entre les trois isotopies, l'entrée finale du quatuor dans l'enceinte du « Jardin aux Bettroves » acquiert une valeur sexuelle, bien qu'il ne s'agit ouvertement que de la biisotopie I voyage musical I. La connotation sexuelle s'impose dans la mesure où cette *pénétration* déborde de toute évidence le cadre patent du voyage musical et ne tire tout son sens que de l'isotopie sexuelle, de la dimension corporelle de l'opposition entre contenu et contenant.

L'isotopie sexuelle est d'autant plus présente dans cette scène que — comme dans **Naïves hirondelles** — elle s'associe en permanence à l'isotopie I *argent* I : Angélique se plie à « L'Offre et la Demande », cocufie les autres membres du quatuor en se faisant « des suppléments », rattache son indépendance sexuelle à « un petit magot de fric » qu'elle se serait fait ; par ailleurs, le manque d'argent et la faillite du quatuor seraient imputables à l'absence de Schwartz et à l'impuissance musicale/sexuelle du chef, Guillaume. Or, l'enjeu du concours final sera « une grosse boîte pleine de fric immortel » : la rançon de la gloire exige la prostitution du quatuor. Ainsi se confondent les enjeux divers du voyage : l'argent, le désir, et la quête de cette

« véritable tête de Beethoven » qui serait cachée dans un de ses bustes — autrement dit, le *contenu vivant*, voire immortel, auquel aspirent les membres du quatuor.

Si **Le Jardin** parvient à atteindre une telle densité de sens, c'est que le travail en chaîne des connecteurs finit par *superposer* des isotopies qui sont tantôt dénotées, tantôt connotées, ou bien imbriquées l'une dans l'autre ; les *contextes équatifs* [1] parviennent ainsi à balayer toute l'œuvre, de telle sorte que l'on parle toujours de plusieurs choses à la fois. C'est Camoens qui demande : « On parle de musique, de fric, ou de paternité ? » [p. 95] — comme si l'écriture de Dubillard devait choisir.

L'exemple du **Jardin** montre que des procédés rhétoriques de ce genre peuvent s'exprimer non seulement dans la poésie, mais aussi dans les arts du concret, à commencer par le théâtre, d'où cet agencement des isotopies selon des modes d'articulation originaux — *superposition*, *fusion*, ou *métamorphose*. L'organisation des isotopies dans ces deux pièces courtes, **Camille** et **Les Crabes**, obéit à ces mêmes principes, créant des univers à la fois ludiques et angoissants.

On assiste dans **Camille** à une véritable fête de la métamorphose spectaculaire, s'agissant des rapports proprement mobiles des isotopies | *amour* |, | *transport* |, et | *toilette* |. Le premier épisode en fait déjà la fusion ; on y apprend que Laurent est amoureux à la fois de Solange et de sa « calèche » :

> Cette baignoire à roues, cette calèche aqueuse,
> qu'est-ce qui peut en elle altérer ton repos ?
> Est-ce le bain mobile, ou plutôt sa baigneuse ?
> Est-ce la promeneuse, ou sa berline à eau ?
>
> [**Camille**, p. 17]

Partant de la passion qu'éprouve Laurent pour Solange, l'action de **Camille** mêle l'amour au transport, l'hygiène à la vitesse, et interprète de manière tout à fait littérale la rhétorique érotique du *désir*. L'accouplement des mots provoque un mouvement corollaire dans le réel, le mot-valise devient objet hybride, alors que l'insatisfaction permanente du désir se porte dans la mobilité de son objet, tel ce « bain mobile » où se réunissent 'propreté' et 'mouvement', 'liquidité' et ' sexualité'. Au-delà des fonctions habituelles d'une scène d'exposition, l'épisode 1 sert à mettre en place cette structure de base *tri-isotope* ; dorénavant, le spectateur pourra rattacher tout élément nouveau à la charpente solide de ce *désir mobile*. Ainsi s'engage la poursuite amoureuse des transports amoureux, emportant en son mouvement tous les personnages : le cheval (phallique) du fiacre de Laurent de Vitpertuise, le train qui va du « coffre à pipes » de Denise à « l'autre scène », l'auto-érotisme de Denise s'enrobant de « l'antique lait de maman », et la voiture ambivalente de Solange, se

---

[1] La structure d'équivalence peut s'établir par parallélismes syntaxiques, phonétiques, etc.

dressant « presque verticale » lorsque sa passagère se métamorphose en lune (« Solune ») pour accueillir son amant Laurent, devenu petit comme un caillou, en son sein [1].

A la prééminence sur le plan dénoté de l'isotopie I amour I — tous les personnages sont adjuvants ou opposants du désir de Laurent pour Solange — correspond celle, au niveau connoté, de l'isotopie I sexualité I. Elle est sous-jacente aux isotopies I transport I et I toilette I, et se laisse souvent deviner derrière la satire du langage galant, qu'il s'agisse du langage des fleurs de l'épisode 4 ou bien des rendez-vous amoureux : celui de **Camille** a lieu « au sein d'un bois profond » qu'on nomme « le Trou de la Rose en Bouton » [p. 34].

La fusion et la métamorphose des objets et des êtres donnent à la fable les ressorts que les autres pièces de l'auteur réservent à la *forme* du sens. L'œuvre *thématise* les modes d'articulation des isotopies, de telle sorte que les trois isotopies figuratives principales (I amour I, I transport I, I toilette I) se rejoignent dans celle, surplombante, de I *métamorphose* I, isotopie à la fois sexuelle et ontologique, liée au désir et à la mort. Les transferts métaphoriques entre sémèmes divers font ressortir un certain nombre d'oppositions sémiques — vertical/horizontal, contenant/contenu, solide/liquide —, oppositions fortement redondantes qui parcourent toutes les isotopies de l'œuvre pour signifier l'*érotisation de tout*, l'étendue complète du désir. Le sujet du désir en serait aussi la victime ; les personnages s'éteignent dans une série de transformations où se confondent la jouissance et la mort : le Comte se « disloque », Denise se fait manger par sa jument, Solange devient le « miroir de votre œil », simple reflet dans l'œil de son amant, alors que ce dernier se fige dans la satisfaction de son désir. En tant que plaisir imaginé, le désir ne peut être qu'*imaginaire*, toujours en mouvement.

Si **Camille** représente, selon les mots de Claude Roy, « les vacances farceuses d'un grand écrivain de théâtre moderne », on aurait tort de croire qu'il s'agit d'un simple divertissement. Grâce à l'achèvement de la forme et à l'organisation très dense du sens, l'œuvre parvient à cerner l'ambivalence radicale du *désir créatif*, ceci dans une forme brève, euphorique, où le classique fait les frais du comique.

A travers la thématisation de sa structure isotopique, **Camille** livre aux spectateurs une sorte de mode d'emploi que ces derniers auraient plus de mal à découvrir dans **Les Crabes**. L'allotopie qui prévaut dans bon nombre de scènes ne peut que brouiller ces pistes de lecture que sont les isotopies figuratives ;

---

[1] La machinerie de la Comédie-Française a effectivement *montré* cette mobilité du référent : « Déjà dans **Si Camille me voyait** tout passait par le texte, et j'avais accumulé pour le théâtre des difficultés incroyables : une fleuriste qui se métamorphose en jument, et une comtese en premier quartier de lune. Quand Piat a monté la pièce à la Comédie-Française, il a fait donner toute la machinerie, et on voyait la comtesse lune se promener dans le ciel » (Dubillard, 1979, p. 44). Il n'est pas certain que ces effets spéciaux puissent rivaliser avec ceux déployés par l'imaginaire de l'auditeur à l'écoute de la version radiophonique.

l'enchevêtrement des isotopies — voisin de la séquence onirique de l'acte II, scène 10, des **Vaches** — coupe sans cesse le fil du discours auquel le spectateur voudrait se rattacher. L'écart considérable entre la simplicité de la fable (un couple horrible arrive chez deux jeunes amoureux pour louer leur villa et finit par les assassiner) et la complexité du dialogue, qui risque de noyer le récepteur sous le flot d'informations, oblige à joindre des isotopies sans pouvoir parachever la forme globale du sens. La première scène expose quatre isotopies qui sont toutes nommées par la parole et confirmées par l'action scénique : | location de la villa |, | fuite de la baignoire |, | repas de crabes |, | amour du couple |. Ces isotopies sont reliées d'abord selon les procédés normaux d'enchaînement, liaisons plausibles qui fondent une impression référentielle : les coups de téléphone des locataires et du plombier interviennent pendant le repas de crabes que s'offrent les deux amoureux. Mais on constate que les isotopies se chevauchent constamment, s'associant par le biais d'une polysémie verbale souvent délirante, suscitant l'entrelacement d'isotopies diverses et une équation déroutante entre leurs éléments. Prenons le cas-limite de ce signe passe-partout qu'est le « crabe » : rien que dans la scène 1, il est relié, de façon plus ou moins arbitraire, à la villa (qui s'appelle « Le Crabe »), aux locataires, au nez du jeune homme, au ventre, aux époux, à une guêpe, à un chien, à une tortue, à la jeune fille — ainsi qu'aux crabes qu'avalent les deux personnages. On se rend compte que toute la scène tourne autour d'une comparaison tantôt implicite, tantôt explicite — « comme un crabe » ; à la limite, « crabe » veut *tout* dire. Un *tout* qui est voisin de *rien* car la redondance étonnante de ce signe illustre le phénomène sémantique que le Groupe *mu* appelle *hyperisotopie* :

> Mais cette limite doit attirer notre attention sur les discours à forte redondance, ou hyperisotopiques. C'est le cas de certains textes médiévaux ou renaissants, par exemple ; le taux élevé de redondance phonétique et sémantique finit paradoxalement par y abolir le message, la redondance devenant bruit elle-même (« Omnia clocha clochabilis in clocherio clochando, clochans clochativo clochare facit clochabiliter clochantes », Rabelais, I, 19)
>
> (1977, p. 43)

La redondance de « crabe » finit aussi par noyer son référent, ce qui produit, à l'échelle de l'œuvre, l'effet d'une structure *autotélique* dont le sens ne dépend que d'elle-même. D'autres signes récurrents — « chien », « moustique », « hôte », « nez » — relèvent du même processus.

Mais les bruits parasites d'un plan de la dénotation pathologique, l'abondance des transferts métaphoriques, n'obnubilent le référent que pour accentuer les métasèmes connotatifs. Le *comme* généralisé suspend les incompatibilités de la dénotation et permet l'actualisation des traits identiques que possèdent les sémèmes ainsi connectés. Ce que proclame déjà le sous-titre de la pièce (**Les hôtes et les hôtes**), c'est la répétition de la *réversibilité sémantique* : louer/être loué, tuer/être tué, aimer/être aimé, manger/être mangé. L'action toujours réversible des isotopies figuratives débouche sur l'oscillation constante des oppositions sémiques (plein/vide, mort/vivant, contenant/contenu) dans lesquelles la barre séparatrice devient signe d'équivalence. Encore une fois, c'est la scène 1 qui nous prévient de l'importance capitale de la réversibilité sémantique :

Le jeune homme : C'est-à-dire, le tordre ; le tourner à l'envers, son ventre à l'air, son dedans dehors. Comme un crabe.
La jeune fille : Ton nez comme un crabe ?
Le jeune homme : Et toi comme un crabe. Comme un époux l'épouse et inversement. On ne sait plus qui mange et qui est mangé. Le crabe, c'est une bouche. Quand la bouche mange la bouche, on ne sait quelle bouche mange l'autre ni quelle est l'autre qui est mangée. Une bouche, avec un peu de bonne volonté, pourrait se manger toute seule.

[**Les Crabes**, pp. 62-63]

Toutes les catégories sémiques se branchent sur l'isotopie de la | sexualité |, du désir dans ses rapports avec le corps-objet. L'entrelacement des isotopies mène à une sorte d'empilement des sèmes identiques, lesquels s'accumulent tout au long de la pièce par le jeu de la *polysémie syntagmatique* pour informer le discours poly-isotope de la scène 9 : les crabes revenus à la vie tombent, ou se font sucer, par un « trou du carrelage » et retournent ainsi à la « mer » (ou 'mère'). Et dans la scène finale, on assiste à l'actualisation d'un cumul sémantique tout aussi dense lorsque le Monsieur écrase un moustique/chien/bébé — enfant que les personnages n'ont cessé de créer, de tuer, de perdre et de chercher, au cours des scènes antérieures. Liaisons en chaîne des sémèmes, confusion des sèmes, cumul du sens : **Les Crabes** lancent un véritable défi à une « lecture uniforme » des isotopies de surface ; la cohérence se situe au seul plan de l'*isotopie thématique*, champ réflexif d'un sujet-objet du désir.

La pièce va plus loin que les autres pièces de l'auteur dans l'enchevêtrement systématique de ses isotopies figuratives, de même qu'elle pousse à l'extrême la mobilité du personnage. Il en résulte une œuvre faisant appel à une lecture *tabulaire*, puisque le récepteur, « faute de redondances proprement classématiques assurant les enchaînements, [...] est contraint à un travail d'interprétation qui le conduit ainsi à reconstituer les paradigmes propres au texte, et à déduire de ces collections d'éléments identiques, les enchaînements sémiques nécessairement sous-jacents, ceci sous peine d'absurdité totale et de non-lecture du texte » (A. Hénault, 1979, p. 90). D'ailleurs, le spectateur de **La Maison** ne peut guère faire autrement car l'autonomie des scènes refuse dès l'abord les médiations isotopiques d'une action homogène. Théoriquement, l'articulation des isotopies ne vaut que pour la scène en question, mais on s'aperçoit que le contenu s'organise à travers un certain nombre de contextes isotopes bien définis : les activités des habitants, ainsi que leurs sujets de conversation, se montrent de plus en plus redondants au fur et à mesure que se déroule la pièce.

A l'instar de tous les titres de Dubillard, « **La Maison d'os** » indique déjà des pistes de lecture : l'équation métaphorique entre les isotopies I *maison* I et I *corps* I, en rajoutant par une métonymie que plusieurs scènes prennent à la lettre, l'isotopie méta-théâtrale de I *l'œuvre* I. L'importance de cette structure de base fournit à **La Maison** un principe d'organisation du sens apte à combler les lacunes d'une simple juxtaposition de scènes, de même que l'équivalence entre I maison/corps/œuvre I, faisant de tout sémème pertinent un connecteur d'isotopies, donne à la pièce une *charpente/ossature* sémantique extrêmement solide. Comme nous l'avons remarqué en parlant du temps dans **La Maison**, l'équation systématique de ces trois isotopies va jusqu'à renvoyer dos à dos espace et temps pour indexer presque toutes les scènes sur la problématique des dimensions spatio-temporelles du corps de l'homme.

La hiérarchie des isotopies étant tributaire de chaque scène, chacune de ces trois isotopies y est tantôt dénotée, tantôt connotée, ou bien il y a fusion ponctuelle des isotopies dans un énoncé poly-isotope. Voici les lieux privilégiés de cette structure :

Scène	*Iso. dén.*	*Iso. conn.*	*Fusion*
VII	maison	corps	
XIII	maison	vie	
XVI	corps	maison, œuvre	
XVII	maison	corps	
XIX			maison-corps
XXXI	maison	corps	
XLIII, pp. 82-83	maison	corps	
p. 84	maison	œuvre	
p. 85		œuvre	maison-vie
XLVI			maison-corps
LVI	œuvre	maison, corps	
LXXIV	maison	corps, œuvre	
LXXV	maison	corps, œuvre	
LXXVIII			maison-corps
LXXX, pp. 166-168			maison-corps

Ces séquences ne sont que les lieux manifestes où s'articulent les isotopies principales, là où la connotation s'impose, où la fusion d'isotopies de même niveau porte une équivalence explicite. Forte de ces connexions, **La Maison** ne manque pas de faire apparaître l'isotopie connotée dans bien d'autres scènes où il n'est question, au premier abord, que d'une seule des trois isotopies, ceci grâce à la (ré)-vision pro- et rétrospective que déclenchent la métaphore filée et le discours poly-isotope. Si l'isotopie I maison I, se chargeant de l'impression référentielle, domine le plus souvent le plan de la dénotation, c'est bien l'isotopie anthropomorphe (I vie I et/ou I corps I) qui sert de relais entre | maison | et | œuvre |. Mise en valeur par le jeu et par les références au corps-objet du comédien, l'isotopie | corps | en vient à parasiter tout sémème de | maison |. Par ailleurs, à cause du paradoxe de l'illusion théâtrale qui empêche le spectateur de voir la forêt 'pièce' derrière les arbres de l'action, l'isotopie | œuvre | a besoin de cette isotopie-pivot — œuvre du corps, corps de l'œuvre — pour revenir au premier plan et imposer la métonymie implicite du titre. On peut dire, en quelque sorte, que la maison ne connote l'œuvre elle-même qu'à partir du moment où elle *prend corps*, d'où le rôle prééminent que joue cette isotopie dans l'organisation globale du sens. Nous l'avons déjà constaté dans les orientations déictiques de l'espace théâtral : le parallélisme | maison/corps | réduit tout l'espace aux confins du corps propre, étend les limites du corps à l'espace environnant. Or, le psychanalyste Sami-Ali a décelé un phénomène voisin dans l'espace imaginaire de l'angoisse :

> Là, invariablement, le corps imprime à l'espace environnant ses propres dimensions. Et c'est comme si, à la suite de la reviviscence de quelques images archaïques du corps, s'effectuait une expansion démesurée de l'espace corporel qui finit par coïncider avec *tout* l'espace. Les limites corporelles reculent et les correspondances imaginaires s'établissent sans retard. Le « haut » et le « bas », le « devant » et le « derrière », le « dedans » et le « dehors » cessent d'être de simples repères objectifs définissant le sens d'une action qui se déroule dans le monde extérieur pour se charger d'une valeur corporelle primordiale : ils renvoient dorénavant à des parties du corps et à des fonctions corporelles.
>
> (1974, p. 16)

C'est la même valeur primordiale dont se charge le corps chez Dubillard.

Si l'isotopie | corps | se rattache de prime abord à | maison |, on s'aperçoit qu'elle est connotée non seulement dans toutes les maisons de ce théâtre (de la maison de la culture du **Jardin** à celle du poète dans **Les Vaches**) mais aussi dans tous les *contenants*. Prenons l'exemple de l'isotopie figurative | hygiène | dans **La Maison** ; on verra qu'elle finit par rejoindre à la fois l'isotopie figurative | corps | et celle, thématique, du dedans et du dehors. Les domestiques de **La Maison** sont sans cesse en train de nettoyer les objets de la maison — à encaustiquer une horloge ou la rampe d'escalier, à cirer des chaussures, à passer l'aspirateur, à ramasser et à jeter, à chasser « L'Odeur », et à se plaindre de la grève du « service sanitaire ». Tout ceci témoigne d'une véritable obsession de la *propreté* : celle de la maison et celle, morale, de la chef lingère [LXXVII] ; celle, toute physique, des bains de Monsieur, alors qu'on fait état parmi son entourage du « commencement de putréfaction » de son corps [LXVI]. Les oppositions sale/propre et ordre/désordre se calquent donc sur l'opposition majeure de la vie et de la mort ; mort qui touche à la fois l'intérieur et l'extérieur : dans la scène LXXVIII le Maître parle de sa maison comme d'un cadavre « qui survit à son mort », alors que la maison vivante expulse les morts : « Et puis quoi ? on l'éjecte. On le refile aux pompes de l'extérieur » [LXXVII]. L'opposition sale/propre apparaît généralement dans le contexte plus large d'une opposition entre le dedans et le dehors de cette maison-corps ; la *saleté* en vient à signifier tantôt la décomposition interne, tantôt les menaces qui viennent du dehors :

> L'excrément et ses équivalents (pourriture, infection, maladie, cadavre, etc.) représentent le danger venu de l'extérieur de l'identité : le moi menacé par du non-moi, la société menacée par son dehors, la vie par la mort.
>
> (J. Kristeva, 1980, p. 86)

Par l'intermédiaire de l'opposition *contenant/contenu*, primordiale chez Dubillard, les thématiques vie/mort et propre/sale imprègnent les isotopies sexuelle et scatologique pour graviter toujours autour du corps. Dans cette pièce comme dans les autres, l'humour de Dubillard travaille abondamment les sujets tabous du corps, la sexualité et la scatologie. *Rire corporel* qui affronte l'interdit par l'enchevêtrement d'isotopies que le discours social prend soin de séparer, rattachant | religion | à | scatologie |, | famille | et | sexualité |. Comme chez certains peintres qui figurent une sorte d'intérieur imaginaire, il y a à la fois fascination et répulsion dans cette représentation d'un dedans corporel qui se révèle à l'extérieur, dans cette nausée qui se défoule dans le rire.

Étant tout à la fois métaphore de l'ensemble et isotopie-pivot dans l'organisation sémantique, l'isotopie | corps | dispose d'un pouvoir d'attraction considérable, susceptible de s'unir à d'autres isotopies de même statut et de rassembler des catégories sémiques générales. Puisque de très nombreuses scènes comportent des connexions (par fusion ou par connotation) entre isotopies diverses et une mise en relief des traits identiques, la structure des isotopies relève d'abord des choix du metteur en scène (retenir quelles scènes ? dans quel ordre ?), ensuite de la lecture globale du spectateur. D'ailleurs, les traits communs aux isotopies figuratives sont eux-mêmes posés comme la thématique *patente* de bon nombre de scènes : dedans/dehors dans XIII et XLIII, plein/vide dans XXI, haut/bas dans LXXV. Les *oppositions thématiques* fournissent donc un principe d'organisation autre que l'articulation des isotopies figuratives. Il y a comme un jeu d'attraction et de répulsion entre les scènes : *les* dedans, par exemple, se rejoignent pour s'opposer *aux* dehors. Les séquences sont donc à assembler (à la mise en scène comme à la réception) selon le principe d'une partie de dominos dont les plaques seraient les catégories sémiques fortement redondantes.

Les rapports isotopiques de **La Maison** sont surtout donnés à *entendre* : le référent visuel reste intact alors que le discours se charge de fixer la polysémie du signe iconique tout en la surdéterminant. Dans **« ...Où boivent les vaches »**, par contre, la rhétorique verbale débouche sur une transformation visible du référent. On y retrouve les mécanismes d'articulation décelés dans **Le Jardin**, mais l'éclatement de l'action — fils divers du premier acte, discontinuité onirique du deuxième, fantastique du troisième — en fait une pièce hybride dans l'œuvre de Dubillard, où la possibilité d'une lecture totalisante fait les frais d'un foisonnement de sens. L'isotopie, hypothèse de cette lecture homogène, doit donc faire preuve d'une souplesse égale au merveilleux de l'univers représenté, de même que le spectateur se voit contraint à réviser les critères de congruence du « sens commun » dès lors que l'univers de la scène s'écarte des chemins de son expérience.

Avant d'envisager la hiérarchie des isotopies de l'ensemble, il faudrait cerner celle qui règne dans chacun des actes car ceux-ci se caractérisent par des modes d'articulation spécifiques. Au premier acte, l'action est dominée par l'attribution d'un prix qui doit récompenser l'œuvre créatrice de Félix. Néanmoins, l'isotopie | *consécration* | ne prévaut pas forcément dans toutes les scènes et on peut également relever, pour ne citer que les isotopies figuratives : | maison | (scène1), | enfance de Félix | [sc. 2], | création musicale | [sc. 7], | examen scolaire | [sc. 8], | testament d'Oblofet | [sc. 9], | portrait de Félix | [sc. 10] ; on relève aussi plusieurs petites séquences qui illustrent les rapports de | famille | entre Félix, son fils Saül, sa seconde femme (Rose), et sa mère (Élodie). Chacune de ces isotopies assure la cohérence de la séquence en question, ce qui donne à l'acte son caractère décousu. Les isotopies s'articulent entre elles selon les procédés normaux d'enchaînement ou d'enchâssement (| enfance | fait partie de | famille |, plusieurs isotopies pourraient se résumer dans | culture |). Elles se rejoignent aussi par des procédés plus subtils, soit par la connotation, soit par la poly-isotopie : la façon dont la maison s'était construite connote la croissance du corps humain, voire l'enfance de Félix (ce qui anticipe sur l'équation | maison/corps | du deuxième acte), alors que l'examen sur la « vie du poète » déclenche un dialogue insolite où s'entrecroisent | examen scolaire | et | famille |, auteur et père absent (« Chapitre poésie, paragraphe : papa ! »). Encore une fois, c'est l'isotopie | corps | qui se trouve au point de recoupement des autres isotopies ; si l'on ne parle jamais *que* du corps, on en parle tout de même lorsqu'on parle d'autre chose. L'opposition entre la vie et la mort, présente dans cet examen sur la vie d'un poète qu'on croirait mort, réapparaît dans le « message posthume » d'Oblofet, un mort qui parle et qui préfère les plaisirs du corps à « la gloire ». De même, les isotopies | création musicale | et | portrait de Félix | convergent aussi vers | corps |, puisqu'elles connotent toutes deux cette *vie dans la mort* que contient la gloire posthume — complément inversé de cette mort d'un vivant que connote l'examen biographique. On s'aperçoit d'ailleurs que l'isotopie | corps |, rattachée au *désir*, s'introduit presque fatalement dans tout discours portant sur | création |. La scène 7, où l'on trouve l'imposture de Walter se prenant pour Chopin, fournit l'exemple parfait de cet *érotisme créateur* :

> C'est comme si j'avais ouvert ma braguette — tenez ! — Moi qui ne suis pas Chopin, je vais vous le faire. —Tenez ! — c'était pareil, ma bitte toute blanche en plein nocturne ! Pareil ! C'était pareil ! — Sauf que c'était plus beau. Beau. Mesdemoiselles, ce sera pour une autre fois. On ne remplace pas la sublimation. Les larmes, c'est pareil aux étoiles, ça gicle ! la beauté tout à coup gicle et on est des milliards à trouver ça beau : là-haut ! le ciel ! c'est pas du sperme ! C'est des étoiles ! Tout un nocturne d'étoiles !
>
> [**Les Vaches**, p. 25]

A l'instar du **Jardin**, le discours poly-isotope de Walter met en valeur les connotations sexuelles du désir créateur, lequel s'apparente ici à un mouvement vers le haut, un mouvement de sublimation vers un « nocturne d'étoiles ».

De ces recoupements d'isotopies, il en ressort une structure triangulaire où s'affirment les isotopies majeures I *famille* I, I *création (artistique)* I et I *corps* I. C'est à la fin de l'acte que la scène 12 se charge de réunir ces trois isotopies, ceci grâce à des enchaînements normaux car l'œuvre de Félix se fête « en famille » et ne manque pas de provoquer des réactions toutes physiques, dignes de cette *tragi-comédie* : rire et larmes du poète. D'autres éléments de I corps I surgissent grâce au travail de la connotation : la soif de Félix et son « envie de pisser » renvoient toutes les deux au désir créateur (soif/désir, créativité/liquidité), une envie encouragée par Rose, voire Eros (« Laisse-toi aller »), et découragée par la mère (« Reprends-toi »). La surdétermination connotative de la scène 12 anticipe ainsi sur la *fusion* isotopique de la scène finale de la pièce. Si la connotation met en avant bon nombre d'oppositions clés de l'univers de Dubillard — lourdeur de la hache, légèreté de la lyre, liquidité des larmes, solidité du marbre —, l'isotopie sémique nouvelle et capitale est celle *vrai/faux* dont les valeurs superposées se rattachent, dans une dénégation sans fin, à cette hache/lyre décernée à Félix en guise de prix. Dans son discours de cérémonie, Bavolendorf cherche à dissimuler la *vraie* nature de l'objet (référent visible : lyre), tout en parlant du *faux* dénoté (hache) comme si c'était le *vrai* — ceci en dépit de la vérité mythologique, puisque la lyre inventée par Hermès est bien le symbole du poète ! Mensonge du vrai, vérité du faux : le prix de la création n'est guère en mesure de satisfaire la soif de créer. Le jeu de miroirs de la dénégation se répète dans la commande du gouvernement : re-créer une fausse Fontaine de Médicis à l'endroit même où se trouve la vraie, produire un ersatz de la création (modèle, en plus, du genre académique) où l'inspiration liquide se fige dans une *clôture pétrifiée* :

> *Félix* : [...] C'est comme cette musique que j'ai faite, mes mains étaient ouvertes comme deux robinets et l'eau coulait, la musique coulait, je n'y étais pour rien. Mais là mes mains ouvertes, pour une fontaine fermée.
>
> [**Les Vaches**, p. 48]

La scène 12 réunit ainsi les isotopies majeures des scènes précédentes, ce qui aboutit à la triptyque I famille I, I corps I, I création I, laquelle participe d'un univers somme toute plausible. Cette structure de base se heurte, à la fin de l'acte, à un élément aberrant qui vient perturber la cohérence isotope du plan référentiel. Il s'agit bien sûr d'Olga, cette vache invisible dont les meuglements répondent aux appels de Félix. S'il s'indexera plus tard sur l'isotopie I campagne I, ce signe insolite ne peut se résorber dans le contexte actuel que par les ruses du signifiant (vache/hache) et par la redondance de sèmes de connotation : malléable comme « l'argile », cette vache participe à la fois du solide et du liquide. Son silence s'oppose aux mensonges du langage humain. Il est évident, de surcroît, qu'une vache, même au théâtre, ne *joue* pas. Mais cette silhouette de vache n'est que l'icône d'une vache dont la présence — à travers une silhouette ou bien réellement présente sur scène, comme dans la mise en scène de Planchon — reste pour l'instant mystérieuse : vision mentale ou non, elle pose une question qui ne sera résolue qu'à l'acte III.

La discontinuité radicale de l'acte II propose une série de scènes autrement plus hétéroclites, où la lecture globale doit passer par la reconnaissance préalable des isotopies ponctuelles :

scène 1 : | consécration | + | création | [1]
scène 2 : | création | + | mort | + | mariage |
scène 3 : | cocuage | + | maison/famille| + | amour | [pp. 63-67]
| création/amour | [à partir de l'entrée de Félix, pp.68-69]
scène 4 : | hache |
scène 5 : | création/famille | [pp. 72-74]
| mort d'Élodie | [pp. 75-76]
scène 6 : | mort d'Élodie |
scène 7 : | vache/fille |
scène 8 : | maison/mère |
scène 9 : | créateurs/pères |
scène 10 : | maison/tête/lyre | [pp. 81-82]
| mort d'Élodie | + | fuite | + | sexualité | [p. 83]
| fuite/consécration/chasse/sexualité/religion/religion/sport/ cocuage/famille/mort | [pp. 84-87]
| maison/mère/tête | [p. 88]
| mère | + | fuite | + | sexualité | [pp. 88-90]
scène 11 : | retour/fuite |

Face à *l'éclatement de l'action*, les difficultés du sémiologue rejoignent celles de tout spectateur : la fragilité des isotopies ainsi que leur mobilité extrême vont à l'encontre d'une lecture immédiate. L'organisation du sens s'écarte radicalement des voies de la communication normale pour se rapprocher, notamment dans la scène 10, des voix qui émanent de l'*autre scène*.

Partant de l'isotopie | création |, on constate qu'elle se lie de nouveau à l'isotopie | amour |, qu'il s'agisse de l'amour platonique ou de l'amour sexualisé, de l'*idole* (Élodie) ou de l'*eros* (Rose), les deux muses de Félix. C'est justement l'objet ambivalent, la hache/lyre, qui s'impose comme le signifiant

[1] Le signe + désigne un rapport de co-existence normale, alors que la barre séparatrice désigne l'entrelacement ou la fusion des isotopies.

privilégié du désir, signifiant qui connote le *phallus* dès son attribution (« Entre mes genoux je la garde »). En tant que symbole de la puissance créative, elle ressemble à « l'épée des académiciens » dont parle Marchecru : *fausse* comme la hache puisqu'elle ne coupe pas, *vraie* tant qu'on y croit [II, 1]. Cette hache/lyre que Félix gardera avec lui tout au long du deuxième acte, ce « petit objet minable », parvient à représenter en même temps la légèreté et la lourdeur, le mensonge et la vérité :

> (*A sa lyre :*) Viens. (*Il la reprend.*) Mensonge ! Fausse hache. Fausse. Illusion. Toi. Tu as assez parlé. Ta gueule [...] Mais, crénom! qu'elle est lourde. C'est pas du bidon, c'est pas du creux, c'est une farce mais pesante. C'est une fausse hache et même une fausse lyre, mais c'est du vrai marbre. Après toutes mes illusions, voilà un vrai marbre.
>
> [**Les Vaches**, pp. 70-71]

A ce titre, la hache/lyre correspond tout à fait aux deux faces de l'artiste, qui — dans **Les Vaches** comme dans **Le Jardin** — est tantôt *créateur*, tantôt *imposteur*. Etant donné l'équation constante de | création | et | amour |, cela se traduit par l'impuissance/virilité de Félix en tant que mari. En effet, Félix est cocufié par Walter, ce « faux » Chopin, qui prend la place du mari auprès de Rose pour être, lui aussi, remplacé par d'autres amants et pour se faire chasser par Félix lorsque celui-ci revient dans la chambre de sa femme [II,3]. Parallèlement, Félix occupe cette même place, celle de l'amant imposteur, vis-à-vis de sa mère : prenant la place du père absent dans le lit d'Élodie, Félix subit le regard culpabilisant du « second seul œil » du père, le même père/créateur absent qu'accuse Saül dans la scène 10. Le discours biisotope de Saül met en valeur cette *carence de la figure paternelle*, une absence qui prend tout son sens en confondant créateur et père, | création | et | famille |, ainsi que père *et* fils :

> Dans le petit livre où petit déjà tu dormais, bordé par ta maman, mon père. (Que mon père a été bordé par sa maman dans son petit livre d'enfant, c'est déjà, pour un fils, mon père, quelque chose de dur à penser.)
>
> [**Les Vaches**, p. 80]

Ainsi le « père écrasé par les petits livres de tant d'autres pères », ce père est en même temps le fils. S'appuyant sur les oppositions lourd/léger et vrai/faux, l'équation | création/famille | donne lieu à deux schémas complémentaires :

- Référent *vrai* (lyre) : légèreté impuissante sous le poids écrasant d'un père/créateur présent.
- Référent *faux* (hache) : solidité virile permettant au fils de remplacer/cocufier le créateur/père absent.

D'une part, la puissance virile et créatrice dépendrait d'une illusion ; d'autre part, le vrai référent n'est que la *représentation* d'une lyre et la lyre est seulement *symbole* de créativité. L'ambivalence radicale de la hache/lyre cristallise donc la position intenable de l'artiste et du fils, une situation paradoxale comme cette « commande » d'une vraie/fausse Fontaine de Médicis. On reconnait ici la structure logique de l'*injonction paradoxale*, un type d'énoncé réflexif qui enferme le sujet dans un cadre dont il ne peut « s'en sortir » sans se nier lui-même. D'où l'effet paralysant du *double bind* (double contrainte) [1], puisqu'on ne peut trouver de réponse que dans le truquage verbal ou logique, voire dans un nouveau paradoxe. Il faudrait donc sortir du cadre tout en restant à l'intérieur. Ce type de communication paradoxale ressemble à cette transgression particulière de l'opposition *intérieur/extérieur* qui parcourt toute l'œuvre de Dubillard — le contenu qui englobe le contenant, le dehors qui est en même temps dedans.

L'opposition dedans/dehors se retrouve d'ailleurs dans ce deuxième acte des **Vaches** où, comme dans **La Maison**, elle sert à connecter les isotopies figuratives majeures. Support des connotations symétriques du plein et du vide, l'opposition dedans/dehors rattache la maison vide à la mère morte [scène 8] et suscite une série de glissements métaphoriques entre maison/mère/tête/lyre à la scène 10. En attendant les « Voix » de la scène 10, Félix évoque le vide intérieur laissé par la mère morte et l'envahissement de ces Voix de femmes qui font *revenir* la mère :

> Maintenant, cette maison toute noire autour de moi. Est-ce que on me l'a donnée, Saül ? Tout ce qu'il y a dedans, moi, maintenant, je l'attends. Maintenant ça va se mettre à exister de nouveau ; ça ; eux ; tout le reste. Tout ce qui vient d'ailleurs, maman. Oui, de l'intérieur, mais d'ailleurs. Tout ce qui n'existait plus. Toi, tu existais, tu étais là, dans cette grande maison vide. Tu n'es plus là. Nous les avions chassés, ils vont revenir. Ils vont venir.
>
> [**Les Vaches**, p.81]

Ce sont justement les Voix venues de l'extérieur qui accusent Félix d'avoir souhaité cette mort, elles dont le discours associe | sexualité | à | mort de la mère |. Ainsi Félix, ce « gros cochon », devient-il la proie des tirs de Hachemoche, sosie caricatural du père qui mène la poursuite. Au sentiment de vide ressenti par le fils abandonné succède donc cette *culpabilité envahissante* qui accuse le fils d'avoir abandonné la mère, ce qui prépare la scène 11 et la fin de l'acte : surpris dans la cuisine par sa mère, Félix, qui n'est guère surpris par « *la résurrection de sa mère* », s'en va alors que sa mère commence à

[1] Comme le précisent les auteurs d'**Une logique de la communication** (P. Watzlawick et *al.*, 1972, p. 218), la double contrainte ne laisse au sujet aucune issue : « [...] face à une injonction contradictoire, on choisit l'une des solutions possibles, quitte à renoncer à l'autre, ou à la subir. Le résultat n'est pas des plus heureux ; comme nous l'avons dit, on ne peut à la fois manger son gâteau et le garder, et un moindre mal est toujours un mal. Mais malgré tout, face à une injonction contradictoire, le choix est logiquement possible. Par contre, l'injonction paradoxale *barre la possibilité même du choix*, rien n'est possible, et une suite alternée infinie est alors déclenchée. »

organiser les recherches. Coupable d'avoir abandonné sa mère, Félix s'enfuit et la mère revenante se lance à ses trousses.

La séquence délirante de la scène 10 brise et confond tous ces éléments de l'isotopie | famille |. Il ne s'agit pas d'une fusion d'isotopies telle que nous l'avons remarquée ailleurs, mais d'une juxtaposition résolument an-isotope d'éléments aberrants liés par la récurrence du signifiant, une sorte de *collage* qui réunit des bribes d'isotopies antérieures (| consécration |, | cocuage |) et postérieures (l'accident de voiture, par exemple, qui n'est signalé qu'au début de l'acte suivant). En fait, l'ensemble de l'acte II refuse l'articulation par synthèse du premier acte, livrant au spectateur les éléments disloqués d'une cohérence qui reste à construire. Rendue *explicite* pour la première fois dans le théâtre de Dubillard, l'isotopie | famille | se révèle au prix de ce morcellement du sens que le dernier acte s'efforcera de raccomoder. La forme et le contenu du rêve d'angoisse, livré avec la spontanéité crue d'un Weingarten ou d'un Copi, se chargent des connotations dysphoriques de l'immobilité, du noir, et du vide. Là où l'isotopie | création | paraît, elle se caractérise par les valeurs tout aussi négatives de l'écrasement [sc. 9], de la solitude aliénante [sc. 2], ou de l'anéantissement nocturne :

> *Rose* : Va ! Écris ! Entre dans ton encrier plein d'encre. Cette encre noire, c'est aussi la mienne. Encre de mon silence. Encre de ma réponse [...] Mon mari. Mon globe funéraire.
>
> [**Les Vaches**, p. 69]

C'est de ce fossé profond que ressort Félix au début de l'acte III. On revient alors aux procédés d'articulation déjà mis en valeur dans **Le Jardin**, à la différence près que c'est ici la métamorphose du référent qui prépare la fusion poly-isotope de la fin, et non l'inverse. De plus, l'empilement des isotopies inclut non seulement celles du dernier acte mais aussi toutes celles qui se sont manifestées au cours des deux actes précédents. Surdétermination exceptionnelle, dépassant même la densité sémantique du mot de la fin du **Jardin**.

Décor et discours font tout de suite apparaître l'isotopie nouvelle | *campagne* |, sur laquelle s'indexe l'élément aberrant des actes précédents, Olga la vache (même si celle-ci ne reviendra sur scène qu'à l'aube du retour en force de l'isotopie | ville | !). L'isotopie nouvelle s'oppose donc à | *Paris* |, ainsi qu'à | société | (« Personnages du Tout-Paris ») et à | famille |, puisque les figures de la société (Président, Abbé, Reporter) continuent à jouer des rôles sur l'échiquier réduit de la famille de Félix. Au niveau des connotations, il y a donc contraste entre d'une part, la nature, l'ouverture, l'horizon et l'horizontalité, et d'autre part, l'artifice, le faux, la clôture et la verticalité (de la maison et du corps, de la hiérarchie sociale et familiale).

Faisant le parcours inverse de celui d'Olga, le buste d'Oblofet, dressé sur un socle au bord du chemin, devient l'objet aberrant dans le cadre de l'isotopie nouvelle. Métonymie de la maison des actes I et II, le signe incongru présage déjà un renversement dans la hiérarchie des isotopies. Néanmoins, à la suite de l'onirisme de l'acte II, l'isotopie relative de ce début d'acte semble marquer un retour vers la clarté diurne d'un univers plus homogène.

En effet, la situation de départ de ce troisième acte semble relativement cohérente : fuyant Paris et sa famille, Félix se retrouve dans un fossé en pleine campagne, victime d'un accident de voiture. L'incertitude provient moins de l'enchaînement des signifiés que de la *nature* du signifiant : selon les didascalies d'ouverture, « *le décor doit rester vague, sans réalisme* ». Il s'agit donc d'une isotopie référentielle à la fois cohérente et irréelle, qui va tourner au *fantastique* au fur et à mesure qu'on s'approche de la fin. Suivant l'exemple du buste d'Oblofet et de la tête en cire que porte Félix, ce sont toutes les têtes qui vont attirer l'attention du spectateur : isolées par la lumière, portées comme des lampes, accrochées dans le feuillage selon une disposition qui ressemble à la hiérarchie de la famille, les têtes parlantes s'accumulent pour se fondre dans le référent *arcimboldesque* de l'arbre généalogique [p. 106], consacrant le retour en force de la dimension *verticale*, celle de la famille et celle de la société. La société se réduit d'ailleurs à ces figures mondaines qui se confondent avec les rôles familiaux. La jeune Zerbine, cette inconnue de la campagne dont le chemin croise celui de Félix, va rejoindre elle aussi l'isotopie | famille | lorsque paraîtra la Tête du Père. C'est Zerbine, en tant que fille idéalisée, qui occupe désormais la place de la femme : Rose s'efface à la fin du deuxième acte alors que Félix porte sur son épaule cette « Alsacienne » [1] légère. En portant la fille, Félix doit de nouveau supporter le poids du père dont le retour instaure toujours la faute. Félix a beau fuir le désir coupable pour la mère, il la retrouve chez Zerbine, car la jeune fille de la première rencontre devient la « putain en pierre » qui suscite l'orgasme fatal de Félix à l'instant où la fontaine, à travers son corps, se met en marche. Il fallait s'y attendre, la fusion des isotopies | *création/sexualité/famille* | étant nécessairement incestueuse.

De même, on pouvait s'attendre au renversement des isotopies | *campagne* | et | *ville* | car, comme dans **Le Jardin**, le discours anticipe sur la métamorphose du référent scénique : « [...] toutes ces herbes et feuilles mortes que je n'ai pas bien vues et ce faux accident dans cette espèce de square, square La Nature » [p. 102]. Peu après, en effet, un changement d'éclairage signale la transformation du lieu : « *On est dans un square. Une fontaine de pierre a remplacé le feuillage. Il y a un bassin devant. La tête de la vache semble y boire. Les autres têtes sont restées à leur place, quelques-unes sur des corps.* » [p. 108] La nature devient un square, la rase campagne devient le cœur de Paris. Au référent hybride de l'isotopie | *campagne* |, '*arbre généalogique*', succède celui de l'isotopie | ville |, cette '*fontaine familiale*' qui n'est autre que la

---

[1] L'« Alsacienne » est à la fois un ange et l'emblème de la marque de biscuits : « Savez-vous de quoi vous avez l'air, ainsi, sur fond de ciel ? Vous avez l'air d'une Alsacienne, sur une boîte de biscuits, parmi des anges, vous savez ? » [**Les Vaches**, p. 97]

Fontaine de Médicis du Jardin du Luxembourg. Il y a donc une fusion étonnante des isotopies conjointes des actes I et II — | création artistique/famille/corps |, lesquelles se retrouvent à la fois dans le référent visible et grotesque de l'arbre/fontaine, objet *doublement* arcimboldesque, et dans le dialogue poly-isotope de la dernière séquence. Dans la clôture à la fois solide et liquide de cet *artefact* pesant et vertical, l'ouverture de cet « O » qu'énonce Félix, ainsi que l'ouverture cérémoniale de Félix-la fontaine, consacrent la réalisation du désir : la soif de Félix lui passe au travers du corps et le créateur créé donne enfin à boire — à son fils, à Olga la vache, à la famille et à la société. La jouissance sexuelle et l'excrétion, le rire et les larmes, tout cela est présent dans l'isotopie | corps |. Félix n'*a* plus besoin ; il *est* un besoin. Échappant à la double contrainte qu'imposent les figures parentales, le fils/père devient « utile » aux autres à l'instant où il retourne à l'être-là de la pétrification. C'est dire que la fin est à la fois euphorique et dysphorique, puisque la construction de ce faux objet d'art n'est que re-création et que cette création se solde par la destruction : le « *vacarme des oiseaux* » se transforme en « *bruit des foreuses* », le rideau tombe sur la démolition et sur la mort.

La richesse de sens de ce point culminant est telle qu'il faut bien faire état d'une multitude d'isotopies thématiques se rattachant à la fusion homogène des isotopies figuratives majeures de la pièce : | création/corps/famille |, auxquelles on pourrait ajouter les isotopies centrales de l'œuvre de Dubillard, assorties selon les habitudes particulières de l'auteur : | corps | et œuvre |, | musique | et | sexualité | [1], | commerce | et | famille |, le tout étant chapeauté par la majuscule d'une isotopie surplombante, celle de | Création |.

La fin d'« **...Où boivent les vaches** » montre, de façon éclatante, que la mobilité du référent verbal et scénique ne nous entraîne par forcément dans l'univers irréel d'un théâtre qu'on appelle, un peu rapidement, « absurde ». Cette instabilité serait plutôt un principe d'organisation du sens ; d'ailleurs, ce qui est proprement invraisemblable, c'est la *cohérence* sémantique de cet univers hallucinatoire. Les modes d'articulation isotopique que sont la *fusion* et la *métamorphose* donnent à cette cohérence son caractère original et spécifique, pleinement théâtral.

Dans son livre de synthèse ambitieux, **Le Cri d'Archimède**, Arthur Koestler (1966) a tenté de définir « l'art de la Découverte et la découverte de l'Art » en cherchant le ressort commun du rire, de la découverte scientifique, et de l'esthétique, voire de la *création*. Si Koestler n'utilise pas le terme même d'isotopie, ses termes à lui — « contexte associatif », « cadre de référence », « matrice » — se rapprochent tout de même du concept de Greimas, de même

---

[1] La fusion des isotopies | musique | et | sexualité | (avec, en plus, | examen médical |) se fait de façon très claire dans **Les Chiens de conserve**. Dans la troisième séquence, Le Docteur embrasse Melle Couffin sur le clavier du piano : « Musique ! Musique pour la bien-aimée ! Oh, Véronique ! Véronique ! »

que le ressort créatif identifié par l'auteur, l'interférence des matrices, recouvre un phénomène analogue à la fusion inédite d'isotopies figuratives. Pour revenir dans le champ plus restreint de l'analyse théâtrale, on peut avancer que l'articulation des isotopies par fusion et la circulation ludique du sens qui en découle, constituent la découverte majeure d'un théâtre foncièrement *comique*. Sur la scène contemporaine, cela mérite bien un cri d'Archimède.

2. Mise en abyme intra-textuelle

> A côté de la tempête dans l'Atlantique, la tempête dans le verre d'eau.
>
> (V. Hugo) [1]

> J'aime assez qu'en une œuvre d'art on retrouve ainsi transposé, à l'échelle des personnages, le sujet même de cette œuvre. Rien ne l'éclaire mieux et n'établit plus sûrement toutes les proportions de l'ensemble. Ainsi, dans tels tableaux de Memling ou de Quentin Metzys, un petit miroir convexe et sombre reflète, à son tour, l'intérieur de la pièce où se joue la scène peinte. [...] c'est la comparaison avec ce procédé du blason qui consiste, dans le premier, à en mettre un second « en abyme ».
>
> (A. Gide) [2]

Si Hugo a vu dans la « double action » une clef structurale du théâtre de Shakespeare, les spécialistes actuels de la mise en abyme — Jean Ricardou et Lucien Dällenbach, notamment — se sont penchés plutôt sur ses manifestations romanesques. Grâce à leurs recherches, nous pouvons réintroduire ce terme dans le champ du théâtre car celui de Dubillard révèle une prédilection particulière pour la mise en abyme. On parlera d'abord de la mise en abyme *intra-textuelle* et ensuite de la mise en abyme *hyper-textuelle*, qui réfléchit l'œuvre dans l'image d'autres « textes », étant bien entendu que toutes deux relèvent de l'organisation *immanente* du sens.

Comme l'articulation par enchaînement, l'*enchâssement* est tout d'abord un type d'embrayage normal qui permet de passer d'une isotopie restreinte à une autre, plus large. Ainsi, les commerces divers des **Naïves hirondelles** font partie de l'isotopie englobante | commerce | ; les différentes formes d'art dans **Les Vaches** s'intègrent à l'isotopie | création |, comme les moyens de transport du **Jardin** à | voyage |. Que l'on considère la partie et le tout sous l'angle d'une seule isotopie ou bien comme un rapport de synecdoque entre isotopies différentes, il y a toujours un élargissement du sens, le contexte immédiat s'étendant vers un contexte plus général. Même si la métonymie, de par sa nature même, ne peut fonctionner comme connecteur d'isotopies « pour

---

[1] Phrase tirée d'un passage du **William Shakespeare** de Hugo, citée par Ricardou, 1973, p. 49. Selon Hugo, trente-quatre pièces sur trente-six mettent en jeu « un drame moindre copiant et coudoyant le drame principal, l'action traînant sa lune [...] » ; et, selon Ricardou, les remarques de Hugo auraient inspiré la réflexion de Gide.

[2] Passage du **Journal 1889-1939**, cité par L. Dällenbach, 1977, p. 15.

la bonne raison que deux objets référentiellement contigus participent de la même isotopie, ou du moins qu'aucun ne produit par rapport à l'autre cet effet de rupture d'isotopie dont s'induit la lecture figurale » (C. Kerbrat-Orecchioni, 1979, p. 217), il apparaît néanmoins que le synecdoque actualise un signifié absent en incluant le tout dans la partie. L'objet théâtral ne fonctionne pas autrement : lorsque Milton paraît, une betterave à la main, celle-ci vaut pour *tout* le champ qui entoure la maison de la culture du **Jardin**. L'effet de sens s'amplifie donc à travers les ondes concentriques de l'isotopie, de telle sorte que les signes de | musique | ou de | photo | suscitent les résonances hyperstasiées de la Création et du Désir.

Mais l'enchâssement dispose d'un autre procédé d'articulation des isotopies, ceci grâce aux divers types de mise en abyme qu'offre ce théâtre spéculaire. Pour Lucien Dällenbach (1977, p. 74), les modes de réflexion sont au nombre de trois : mise en abyme de l'*énoncé* (double de la fiction), celle de l'*énonciation* (réflexion des processus de production et/ou de réception), et celle du *code* (réflexion de l'œuvre en tant que telle). En fait, ces distinctions sont parfois un peu artificielles car — L. Dällenbach le reconnaît (*ibid.*, p. 142) — le premier type de réflexion est aussi la condition des deux autres ; la mise en abyme de la fiction est toujours présente, et la mise en abyme énonciative atteint généralement le code aussi. Entre les trois modes de réflexion il y a une différence de tendance plus qu'une différence de nature.

A la manière d'un miroir interne, le double inséré a pour effet de réfléchir le référent de la fiction qui le contient. Il s'agit d'un facteur de cohérence propre à rassembler dans l'esprit du spectateur des séquences, voire des isotopies, diverses, entre lesquelles s'établit un rapport métaphorique. Analysant la mise en abyme dans le **Dom Juan** de Planchon, Michel Corvin insiste sur son caractère *spatial* :

> Elle ne se contente pas de réduire à quia les conventions d'organisation temporelle de la fable et du même coup le procès d'assimilation progressive par le personnage des événements de la diégèse ; elle exalte l'espace comme forme, puisqu'elle ramène sans cesse l'attention sur la notion d'encadrement, d'emboîtement comme facteur d'intelligibilité et de sursignification.
>
> (Corvin, 1985, p. 144)

A l'examen des **Naïves hirondelles**, on constate que le miroir interne ne réfléchit pas forcément l'ensemble de la fiction qui le contient : cette tarte qui « cuit, tout doucement, doucement » tout au long de l'acte III (« C'est la vie », ajoute Fernand) réfléchit l'attente des deux personnages restants, voire l'étirement temporel du dernier acte. Ainsi, la micro-séquence informe le contenu d'une séquence moyenne, mettant en valeur son autonomie par rapport aux autres séquences. A la fin du deuxième acte, par exemple, le discours de Bertrand sur les noix qu'il faut casser sans abîmer l'intérieur (« L'intérieur, ça ressemble à un petit cerveau, alors doucement ! ») fait signe vers l'action qui le précède, rappelant du même coup cette série d'objets cassés. Comme toujours chez Dubillard, forme et contenu se renvoient la balle car l'opposition sémique *multiple/un* se répercute sur la forme de l'œuvre, sur la réception théâtrale : il appartient aussi au spectateur de *réparer*, de raccomoder, de rajuster les signes dans sa lecture de l'ensemble. En tant que miroir de l'œuvre elle-même, le signe capital n'est autre que ce « *vase de porcelaine énorme, informe et inachevé* » qui reste caché derrière les paravents jusqu'aux tout derniers moments de la pièce. Ce travail de Sisyphe, déjà évoqué à l'acte II, scène 2 [1], s'accompagne d'une reprise en coda de la chanson éponyme :

Mme Séverin : Et il va monter jusqu'où, comme ça, votre vase ?
Fernand : Je sais pas (*Il commence son travail de collage en sifflant :*) « Naïves hirondelles. »

[**Naïves hirondelles**, p. 120]

Comme tout *symbole* qui se déclare dans le cadre d'une mise en abyme terminale, le vase sert à « terminer sans conclure : existant sur le mode vertical, il possède la concentration dont le récit est en quête ; faisant signe vers une profondeur insondable, il lui offre un point d'orgue ; motivé et non arbitraire, il en couvre la faible motivation narrative » (L. Dällenbach, 1977, p. 88). Le rideau tombe sur l'*inachèvement*. Réfléchissant fiction et code [2], le symbole final de **Naïves hirondelles** n'explique pas le sens, il le densifie, et fait appel à une lecture tabulaire.

Dans un certain sens, la mise en abyme est toujours répétitive, une reprise sous forme condensée d'éléments tantôt passés, tantôt à venir. Mais, qui dit répétition ne dit pas nécessairement ennui. Si redondance et information sont, selon la théorie de l'information, en proportion inverse, la *réitération* au théâtre est non seulement indispensable à l'intelligibilité du message, comme dans toute communication, mais elle peut aussi concourir à un cumul de sens. D'abord, l'effet n'est pas le même puisqu'il joue sur la première occurrence du signe ; ensuite, le contexte dans lequel le signe s'inscrit est à chaque reprise différent (cf. Corvin, 1985, pp. 20-21). Par conséquent, nous trouvons sévères les critiques de Dubillard lui-même, portant sur l'utilisation de la répétition dans **Le Jardin aux betteraves** :

> Je reviens d'une naïveté que j'avais il y a dix ans : je voulais écrire des dialogues comme on écrit de la musique. Plusieurs thèmes proposés, suivis ou précédés de variations. Je dis « précédés » à cause de la variation « Charlot, casque, mort » dont

---

1 *Fernand* : [...] 58 morceaux ! ce n'est pas rien, 58 morceaux. Eh bien hier, avec 58 morceaux, j'ai fait un vase [...]. Alors, quand il a été fini, pour qu'il sèche plus vite, pas ? Je l'ai mis à l'air. C'était pas bête, hein ? Eh bien il est tombé par la fenêtre. Pof ! Si vous voulez ramasser les morceaux, ils sont toujours sur le trottoir. Et je vous garantis qu'il y en a plus de 58.

[**Naïves hirondelles**, p. 66]

2 Grâce à la remotivation du code qu'effectue la mise en abyme, il devient facile de « filer des métaphores » de la pièce en guise de critique : « Le langage de Dubillard est à la ressem-

le thème est exposé bien après : le « Karl neveu suicidaire de Beethoven ». Le spectateur peut-il établir une relation entre le thème et la variation, à une heure d'intervalle, et surtout : que peut-il comprendre à la variation, puisque le thème ne lui est pas connu ? Que peut-il y voir qu'une scène inexplicable, absurde et gratuite ? Et même : à supposer que le thème lui rappelle en la lui justifiant la variation précédemment incomprise ; s'il reconnaît la variation dans le thème, ce ne sera pas en tant que variation, mais comme une répétition inutile. Je ne crois plus que la répétition, si courante et si aimable en musique, puisse être au théâtre autre chose qu'une occasion d'ennui.

(Lettre de Dubillard à l'auteur) [1]

Nous préfèrerions parler d'un *cumul de sens*, en faisant une distinction entre la répétition et la simple reproduction du signifié. En effet, le récit de Guillaume à l'acte II ne se contente pas de re-dire l'histoire de Charlot telle qu'elle ressort du dialogue confus de Milton et de Camoens à l'acte I, scène 2, de même que l'apparition finale du vase n'est pas que l'actualisation scénique d'un signifié antérieur. Le fait même que le signe revient à la fin ajoute considérablement à l'effet de sens, à l'impact du signe. Il en va de même de la reprise dans **Les Vaches** de la scène de consécration de l'artiste, laquelle intervient à la fin de l'acte I comme à la fin de la pièce. En rappelant la première scène, la consécration finale rassemble les isotopies des deux contextes.

En dépit des variations contextuelles, la duplication interne peut avoir un effet de clôture du sens dans les cas où le modèle réduit se contente d'imiter l'ensemble. Chez Dubillard, au contraire, la diversité des avatars signifiants que se donne cette mobilité du signe ne manque pas de donner à l'œuvre une surcharge sémantique considérable. Le cas du **Jardin** est exemplaire : l'ouverture du plafond à l'instant où la « bidouille » entre dans la « bulle du Jardin aux Bettroves » sert à replier l'action sur elle-même, à balayer dans son mouvement terminal *toutes* les manifestations antérieures des oppositions entrer/sortir, pénétrer/se faire pénétrer. Le dénouement est, certes, l'actualisation scénique de la prédiction de Tirribuyenborg, puisque ce dernier avait indiqué qu'ils allaient décoller d'une rampe de lancement pour aller « là où Schwartz ouvrira, comme je fais, cet étui, crac ! la bidouille, son plafond, son couvercle » [p. 116]. Au-delà même de ce référent fantastique, la fin du **Jardin** fait ressortir toute une série de signifiés de connotation :

- « L'eau pour un têtard, bouche ouverte, partout, voilà ce que c'est, prête à l'avaler » [p. 24]
- un cachet qui « s'expansionne dans la mare intérioure de toué-ton-bidon » [p. 84]

---

blance de ce que voudraient faire Bertrand et Fernand, les deux héros de **Naïves hirondelles**. Porcelaine brisée des mots, pendules du vocabulaire qui ne sont jamais à la même heure, douches écossaises de discours qui ne peuvent pas s'attendre ou s'entendre [...] » (***Lyon-Poche***, 29/12/78). Certes, les images de Dubillard sont contagieuses.

[1] Lettre publiée dans Wilkinson, 1980, pp. 89-90.

- l'entrée « comme un suppositoire » de Charlot dans les « cosmonautes » [p. 29]
- l'entrée du quatuor dans « Beethoven-l'espace » [p. 101]

S'agissant de ces exemples ou bien de l'entrée finale, le commentaire de Tirribuyenborg reste valable : « L'interne dans l'interne s'externe » [p. 84]. La variété des équivalents métaphoriques, qui s'enrichissent mutuellement, dote l'isotopie thématique *contenant/contenu* d'une profusion de formes et en fait come la matrice de l'œuvre. S'il y a forcément ressemblance entre ces formes plus ou moins *équivalentes*, elles sont loin d'être de simples répliques. D'ailleurs, en vertu de leurs effets de *condensation* et de *déplacement*, L. Dällenbach rapproche ces réflexions des processus primaires de l'inconscient freudien et souligne la pluralité de sens qui en découle :

> Résultat d'un transcodage qui la rend originale, la mise en abyme se préoccupe moins cette fois de porter un coup décisif à l'illusion référentielle que de se muer en *embrayeur d'isotopie* et de réaliser ainsi une pluralisation du sens. Grâce à elle, la redondance s'atténue ; le récit devient informant et ouvert — et surtout il accepte, après lui avoir imposé sa version, que son *analogon*, en retour, lui surimpose la sienne.
>
> (1977, p. 79)

La mise en abyme assure donc la cohérence de la structure isotopique du **Jardin**, axée sur la redondance des sèmes contenant/contenu, en même temps qu'elle augmente les virtualités sémantiques des isotopies figuratives. Ainsi, à la fin de la pièce, la bi-isotopie I musique/voyage I n'épuise guère le sens de l'action. Plutôt que de lui offrir une solution, le mot de la fin renvoie le spectateur aux équivalents métaphoriques antérieurs, dont les propriétés spéculaires proposent autant de versions différentes du trajet du quatuor et de ce que la valeur prospective de ces miroirs présage comme son destin. Annulant la durée dans la lecture tabulaire qu'ils provoquent, les doubles métaphoriques n'atteignent leur but qu'au moment de la fin, à l'instant où commence, chez le spectateur, « la rumination nécessaire à la digestion » [1]. Dubillard exploite rarement la mise en abyme *liminaire* [2], laquelle consiste à faire éclater d'avance l'illusion de la fiction. Que ce soit dans **Le Jardin** ou dans **Camille**, dans **Les Vaches** ou dans **Naïves hirondelles**, les variantes ne trouvent leurs points de mire que dans les séquences proches de la fin. A ce propos, le cas de **La Maison** n'est pas si exceptionnel, puisque la scène LXXXI, la dernière du texte, de par le ressaisissement sémantique qu'elle opère, permet au temps de se clore dans un moment de rétrospection ultime, de même que **Les Diablogues** proposent, en guise de *post scriptum*, une « Coda pour conclure et récapituler »

---

[1] Formule utilisée par Dubillard dans la lettre citée ci-dessus.

[2] Seule exception, la scène du portier dans « **...Où boivent les vaches** » [I, 1], que Planchon a fait jouer devant un rideau encore baissé pour bien indiquer son caractère liminaire.

qui entremêle les fils de toutes les scènes du spectacle. Le cumul des variantes provoque un effet comparable à celui relevé dans le Nouveau Roman par Jean Ricardou : « la mise en abyme tend à briser l'unité métonymique du récit selon une stratification de récits métaphoriques » (1973, p. 73). En d'autres termes, la dimension *littérale*, mise en valeur par les variantes, s'affirme progressivement au cours de la pièce, et ceci au détriment de la transparence référentielle.

Si l'auteur souhaite que le transfert sémique entre les séquences plus ou moins grandes de la fiction se répercute aussi sur la forme même de l'œuvre, il lui faut l'apport d'une *thématisation*. La présence d'isotopies telles I œuvre I et I création I peut donner un coup de pouce aux effets méta-théâtraux de la mise en abyme. Ainsi, les pièces qui traitent directement de la création artistique sont aussi celles qui exploitent de manière flagrante la mise en abyme du *code* : l'isotopie I œuvre I s'impose au premier plan de **La Maison** ; l'opposition vrai/faux ne peut que réfléchir l'illusion théâtrale des **Vaches** ; quant au **Jardin**, l'opposition sémique majeure, contenant/contenu, se retourne sur l'œuvre pour signifier à la fois l'espace scénique et la spatialité foncière de cette écriture théâtrale.

Lorsqu'on compare **Le Jardin** et **La Maison**, il est frappant de constater l'écart formel qui existe entre ces deux pièces qui dérivent d'une même isotopie thématique dominante, contenant/contenu. L'équivalence I œuvre/corps I de **La Maison**, de par sa nature spatiale et figée, débouche comme naturellement sur l'inertie temporelle de l'action, ce qui tend à conforter une thèse de L. Dällenbach, selon laquelle « l'emblème du texte-corps ne paraît guère utilisable par la mise en abyme textuelle car, à ce niveau, il paraît difficile — voire impossible jusqu'à preuve du contraire — de la rendre diégétique » (1977, p. 126). Si **La Maison** démontre que l'équivalence I œuvre/corps I peut être *théâtrale*, elle démontre également que la figure du *texte/corps* est, dans un sens, profondément anti-dramatique. Mais, pour rendre la figure du corps diégétique, il suffit d'en faire un *corps mobile* : en rajoutant à I corps/œuvre I l'isotopie foncièrement mobile du I voyage I, **Le Jardin** rend à l'œuvre sa dynamique. Grâce à l'isotopie I voyage I, **Le Jardin** offre au spectateur la métaphore d'une composition en mouvement. L'œuvre du quatuor se fait mobile, celle du Maître stationne. En simplifiant quelque peu l'enjeu, on dira que si les deux pièces mettent en abyme le code, le code mis en jeu n'est pas le même : **La Maison** se fait le miroir régressif de l'*écriture*, tandis que **Le Jardin** réfléchit la traversée immédiate de la *représentation*.

S'appuyant sur la redondance des variantes et sur la thématisation, la mise en abyme détermine donc la forme spécifique de l'œuvre, forme qui s'avère comme inséparable des propriétés référentielles de l'action. Les métamorphoses véritablement lunaires de **Camille** s'accumulent tout au long de l'action — métamorphose du mot, de l'objet, du personnage — pour se rassembler dans la double transformation de la fin, celle de « Solune », épuration sublimée de la femme, et celle de Laurent, retombé dans la petitesse d'un caillou. Ce destin conjoint est déjà contenu dans les variantes antérieures de l'isotopie | métamorphose | où se manifestent tantôt la *pétrification*, tantôt la *gazéification* :

> On y voit le soleil, éclaté dans sa chute, se vaporiser sur la mer.
> Je sens mon cœur en moi vaporisé de même. [p. 12]
>
> Je tourne à oui, je tourne à non,
> je tourne un peu, je tourne à fond,
> je tourne en rond sur le perron. [p. 25]
>
> Ma tête fracassée rejoint les nébuleuses !
> Je suis réduit en poudre
> par cette succession de pétarades creuses
> plus fortes que la foudre. [p. 39]
>
> Je sens dans la nuit mon crâne
> lentement se diluer. [p. 45]

Pour reprendre la phrase de Hugo, l'action entraîne moins sa lune que la métamorphose de la lune n'entraîne l'action vers sa conclusion fatale. Gazéification, pétrification, sublimation, chute : la dynamique des éléments imprime son mouvement à la forme. La mise en abyme dépasse donc l'échelle des personnages pour réfléchir dans chacun des doubles métaphoriques le sens de la forme théâtrale, à tel point que la pièce ne cesse de tendre au spectateur la (ou les) clef(s) de sa forme. Dispositif d'*auto-interprétation* vertigineux puisque les métamorphoses terminales ne se réduisent à aucune des variantes tout en rappelant chacune. Les figures de la métamorphose ne s'arrêtent que dans l'immobilité d'une lecture poly-isotope globale. La séquence « abymée » ne se contente pas dans **Camille** de fournir un modèle réduit d'une isotopie globale ; jouant sur l'identité et la différence des variantes, la mise en abyme intra-textuelle garantit à la fois l'ouverture et la cohérence du sens.

Il en va de même de toutes les pièces où la mise en abyme terminale tend son miroir aux reflets épars des similitudes précédentes. Il s'agit d'orienter le regard du public, de racheter la complexité des isotopies figuratives enchevêtrées par un principe de cohérence qui clôt l'œuvre sur l'actualisation *simultanée* de ses doubles variés. Derrière cette synthèse finale se dessine le rêve d'une *écriture totale* dont la simultanéité prodigieuse permettrait à l'auteur de focaliser le tout dans une partie, de tout dire en même temps.

Vue de la salle, la mise en abyme répond à un besoin, à l'envie de *com*prendre du spectateur. Il est certain que les pièces de Dubillard font preuve d'une très forte densité signifiante ; la primauté du signifiant, l'instabilité des déictiques, la mobilité du personnage, tout cela serait de nature à noyer les capacités de compréhension du spectateur, s'il n'y avait le rôle structurant de la mise en abyme. Les doubles variables se rassemblent en un trait invariant, qui correspond, dans le domaine de l'esthétique théâtrale, à ce qu'en d'autres domaines A. Moles nomme un « supersigne » :

> Mais la méthode la plus usitée par l'esprit est celle des *supersignes*, généralisation importante de la notion de Gestalt, qui consiste pour l'esprit à grouper des éléments (ou réciproquement, à décomposer les ensembles) en y cherchant des super-unités appréhensibles directement en tant que « tout ».
>
> Nous avons défini les *supersignes* comme un *assemblage normé de signes plus élémentaires qui est accepté dans la mémoire perceptive comme un tout* et susceptible d'être désigné par un signe mémorisant.
>
> (1972, pp. 104-105)

La méthode d'appréhension vaut pour le théâtre comme pour la musique : dans les deux domaines, le récepteur cherche à transformer les bruits en informations, les informations en Gestalt ou en supersigne. Le besoin du récepteur est d'autant plus pressant que le message se révèle riche en informations.

Comme l'a indiqué Dubillard lui-même, ses pièces se basent sur une technique quasi-musicale du *leitmotiv*, faisant appel au rôle structurant de la redondance — au niveau de la phrase (« Naïves hirondelles »), au niveau des doubles métaphoriques, au niveau des catégories sémiques. Dans **Le Jardin**, par exemple, les variations inépuisables sur le thème de la *boîte* sont telles que le sème 'contenant' recoupe toutes les isotopies figuratives : | musique | (« On nous conserve bien dans un étui à violon en bois »), | alimentaire | (« Boîte de sole extra-plate »), | voyage | et ainsi de suite. Milton le précise, tout fait figure de contenant : « Des boîtes, rien que des boîtes, et nous-mêmes en boîtes » [p. 72]. Et comme le suggère un titre récent de Dubillard, **La Boîte à outils**, l'œuvre elle-même serait une boîte contenant les mots du poète-artisan. La thématique de l'emboîtement recouvre les trois types de réflexion identifiés par L. Dällenbach (1977, p. 51) : réduplication simple, réduplication à l'infini, et réduplication aporistique. Évidemment, la coïncidence n'est pas fortuite car, chez Dubillard, le signifié colle toujours au signifiant, le contenu à l'expression. Pour revenir au **Jardin**, le thème de la boîte s'articule avec les catégories sémiques majeures, vide/plein, inerte/vivant : vide dans le cas d'un œuf chinois qui « s'est vidé de soi-sème », inerte dans le cas des piles à l'intérieur du magnétophone que contient le « violon vivant » de Milton. Dans la même séquence [pp. 26-33], c'est le sémème 'bébé mort' qui se dégage des confusions multiples du récit de Charlot, rattachant le contenu vide à la mort intérieure, ce qui serait aussi le sort du quatuor puisque, selon Milton, la présence de Camoens et de lui-même égale « nous moins deux ».

Auto-emboîtement ou réduplication, il y va donc d'une mise en *abyme*, voire d'une entorse au principe d'identité dans la mesure où le rapport impossible entre dedans et dehors efface la ligne entre le même et l'autre. C'est le personnage qui en est la première victime : « [...] les protagonistes, exténués par cette multiple imposition du sens, se révèlent à la fin pures figures : êtres de papier dont la seule justification est d'avoir servi d'exposants aux variations isotopiques que la mise en abyme a déclenchées par vagues » (L. Dällenbach, 1977, p. 81). Tel est l'effet de la multiplication des doubles internes, corollaire au niveau de la forme théâtrale de la thématique omniprésente de l'emboîtement.

Deuxième victime : le spectateur, puisque la mise en abyme théâtrale est proprement *inconcevable*. Si elle sert d'une part de principe de cohésion, de *supersigne*, elle sert également à placer le spectateur au centre d'un jeu de miroirs. La composition en abyme du **Jardin** a le mérite, par le jeu des doubles internes, de faire subir au personnage ce que la mise en abyme comme forme destine au spectateur : l'éclatement de la cohérence de l'un correspond au vertige que suscite l'inconcevable chez l'autre. (A cette différence près : le spectateur de théâtre, au contraire d'Olga la vache, est l'homme qui rit). Si les prévisions au niveau de l'action du « Spectateur Modèle » [1] sont souvent déterminées par les situations d'attente du personnage (espoir, crainte, etc.), le principe reste valable pour l'univers fantastique du **Jardin**. Le malaise manifeste du quatuor, leur embarras, offre un miroir à l'embarras interprétatif du spectateur. Ainsi, l'intervention troublante de Schwartz à l'instant où le quatuor atteint son but est à l'image de l'impossibilité de tout saisir, résultat de la mise en abyme terminale sur laquelle bute le parcours du spectateur. C'est en cela que nous suivons U. Eco lorsqu'il déclare : « *de te fabula narratur* », et en cela que la fin du **Jardin** est à la fois un jugement dernier pour le pari du quatuor et une évaluation de la compétence herméneutique du spectateur :

> Les états de la fabula confirment ou infirment (*vérifient* ou *falsifient*) la portion de fabula anticipée par le lecteur. Le dénouement de l'histoire — tel qu'il est établi par le texte — vérifie la dernière anticipation du lecteur, mais aussi certaines de ses anticipations passées, et il représente en général une évaluation implicite sur les capacités prévisionnelles dont le lecteur a fait preuve au cours de la lecture tout entière.
>
> (Eco, 1985, p. 148)

Partageant avec **Le Jardin** cette même isotopie majeure contenant/contenu, **La Maison** elle-même fait figure de « boîte », d'un contenant que le Maître voudrait saisir du dehors (cf. scènes XIII et XIX). L'œuvre serait un contenant où s'emboîtent tous les espaces gigognes — qu'ils soient matériels (gants, poches, boîtes qu'on manipule) ou bien formels tels les doubles métaphoriques. La mise en abyme révèle donc le *code*, le mode d'emploi de cette vie intérieure où les séquences sont autant de « contenus », tandis que le contenu de l'œuvre n'est autre que le méta-discours abondant *sur* la pièce, la réflexion aporistique de son cadre théâtral. On ne reviendra ni sur les effets sur le personnage, ni sur l'équivalence | maison/corps/œuvre | car, que l'on considère la mise en abyme sous l'angle du personnage ou bien sous celui de

[1] C'est U. Eco qui emploie le terme de « Lecteur Modèle » pour définir une sorte de lecteur implicite, produit d'une stratégie textuelle (1985, p. 71).

l'isotopie figurative, il s'agit toujours d'une abolition de la différence, d'une coïncidence impossible entre dedans et dehors, même et autre — que la pièce parvient tout de même à réaliser grâce aux astuces de la théâtralité. Ainsi toute activité à l'intérieur de la maison en vient-elle à réfléchir la construction du corps de l'œuvre, de telle sorte que les capacités de ce « Valet nouveau » de la dernière scène [LXXXI] rappellent bon nombre de scènes où le travail des domestiques consiste à *entretenir* la maison, le corps, voire la pièce elle-même :

Le Maître : Qu'savez faire ?
Le Valet : N'importe quoi. Cirer Monsieur. Le laver. Le graisser. Faire un plan. Cuisiner, repasser, graver sur cuivre.

Or, les scènes antérieures nous ont démontré que « cirer » connote « écrire », que le nettoyage du corps/maison fait *durer* l'œuvre, que cette œuvre est, on l'a dit, sans plan, et qu'il faudrait, selon l'Appariteur, « du papier à plusieurs étages pour... » [XLIII], sans doute pour rendre compte de la structure en abyme de sa construction.

On voit bien que le cumul des doubles insérés constitue une Gestalt indispensable au spectateur et pourtant truquée. Pour emprunter deux expressions à Jean Ricardou, « l'étoile des similitudes » déclenche « la guerre des variantes » : les doubles ne reviennent au *même* que par le biais de l'*autre*. Les mises en abyme ponctuelles, même rassemblées comme à la fin du **Jardin**, réfléchissent fiction et code dans des miroirs qui sont à la fois *formants* et *déformants*. Si les *crescendo* finals de **Camille**, du **Jardin**, des **Crabes** et des **Vaches** servent bel et bien à marquer l'invariant, à rendre l'action lisible, transformant le faux en vrai, les effets de parole en actes, la métaphore en référent premier, tous se refusent à une lecture uniforme. Dans **Les Crabes**, par exemple, la surabondance des similitudes dans lesquelles figurent les avatars divers de l'opposition contenant/contenu confèrent à la conclusion une surcharge sémantique à la fois cohérente et insaisissable. D'ailleurs, les deux dernières scènes ne réalisent pas une figure de synthèse unique (cas du **Jardin** et des **Vaches**) puisqu'il y a comme plusieurs « supersignes » : la séquence poly-isotope des crabes qui disparaissent par un trou dans le sol, et la dernière séquence de l'écrasement d'un moustique suivi de l'arrivée du plombier. De plus, ces deux séquences intégrantes sont décalées par rapport aux trois meurtres successifs. Tout se passe come si l'impossibilité d'arrêter le sens, d'en faire une synthèse, correspondait à la difficulté d'« en finir » du personnage. Contrairement à **Camille** ou bien au **Jardin**, le décalage s'affirme aux dépens de la synthèse, l'autre aux dépens du même. Les doubles se réfractent dans un mouvement de *dissociation* qui affirme non pas le plaisir de joindre mais plutôt la dysphorie de la division. Il suffira, en quelque sorte, d'un étirement diégétique des meurtres décalés et d'une problématique manifeste de l'identité et de l'assassinat pour que le schéma des **Crabes** devienne le scénario à *thriller* des **Chiens de conserve**.

La mise en abyme que constitue la chute des crabes réalise, sur le plan théâtral, la même indistinction entre fond et forme que les mises en abyme terminales de **Camille**, du **Jardin**, et des **Vaches**, miroirs de la fiction qui réfléchissent aussi la forme de l'œuvre. L'emboîtement comme thème sert à *remotiver* l'enchâssement comme procédé théâtral, d'où il apparaît que le but de la mise en abyme est d'abord de modeler signifiant et signifié selon l'opposition contenant/contenu, et ensuite de transformer la barre séparatrice en signe d'égalité. Le fragment inclut l'ensemble, le contenu est *en même temps* contenant, et vice versa. Nous savons, grâce aux travaux de Sami-Ali, que cet « espace d'inclusions réciproques » est non seulement la donnée spatiale majeure du rêve mais aussi celle qui définit le rapport primitif entre l'enfant et son environnement :

> [...] ce qui frappe dans le phénomène Isakower, c'est la structuration visuelle des impressions non visuelles, cependant que la vision, du fait de la coïncidence du sujet et de l'objet, s'enferme dans un espace strictement sans profondeur. Aussi bien, la relation « ici-là-bas » se trouve-t-elle remplacée par celle, plus primitive, de « dedans-dehors », de même qu'à la multiplicité des objets réels est substituée l'image du corps propre se dédoublant à l'infini.
>
> (1974, pp. 129-130)

La thèse de Sami-Ali est d'un intérêt tout particulier pour l'étude de la mise en abyme. Le théâtre de Dubillard traite de l'espace mais aussi du mot, du personnage, du temps, en termes de dedans/dehors, ce qui revient à faire de l'*irréversibilité* de l'espace (comme nous l'avons vu, « ici » et « là-bas » se résorbent dans l'espace dubillardien) le corollaire de la *réversibilité* du temps [1]. De même, les objets subissent la dichotomie primitive du vécu corporel et finissent par devenir *et* dedans *et* dehors, d'où la coïncidence du sujet et de l'objet, du même et de l'autre, dans un *espace sans profondeur*. La mise en abyme relève d'un espace sémantique identique : à la profondeur référentielle (le signe orienté vers l'univers réel) se substituent la réduplication interne et le paradoxe d'une œuvre qui se mord la queue.

La mise en abyme étant de nature spatiale, l'usage qu'en fait le théâtre de Dubillard trouve des affinités naturelles moins du côté de la musique que dans le domaine pictural. Reprenant l'analyse faite par Foucault des **Ménines** de Velasquez, Catherine Clément en vient à demander : « Toute l'énigme des **Ménines** vient du fait que le peintre est en même temps spectateur — de sa propre toile ; peintre — de lui-même — et personnage représenté — par lui-même. D'où l'aporie de l'inévitable question : que peint le peintre ? »

---

[1] Cf. Sami-Ali, 1974, p. 60 : « Que le temps cesse d'être irréversible ou l'espace réversible et nous voilà au seuil d'un monde irréel que Lewis Carroll a poétiquement exploré dans **Alice au pays des merveilles** comme dans **De l'autre côté du miroir** ». Une fois franchi le seuil des **Naïves hirondelles**, le théâtre de Dubillard se passe de ce côté-là du miroir.

(1975, p. 246). Et l'auteur répond : « [...] ce tableau a comme sujet d'*être lui-même*. Le sujet, c'est aussi bien Velasquez auteur de la composition que le spectateur qui se tient à sa place, où il est barré d'*être à distance du tableau* » (*ibid.*, p. 249). La mise en abyme *énonciative* du théâtre de Dubillard ne fonctionne pas autrement : si la pièce a comme sujet d'être elle-même, cette mise en abyme du *code* débouche toujours, chez Dubillard, sur celle qui rétablit dans l'œuvre les traces de sa genèse et de sa réception, l'auteur implicite et son vis-à-vis dans la salle. En effet, qui dit *je* dit *tu* : la présence de l'Énonciateur implique celle du Récepteur. Ainsi, la pièce n'est pas la représentation de quelque chose ; par une sorte de contemplation narcissique, l'œuvre réfléchit les conditions d'existence du message théâtral.

Lors de la représentation, la présence de l'auteur n'exige donc pas celle, physique, de Dubillard l'interprète. Au-delà même de ce qu'on appelle le style de l'auteur, son univers particulier, l'auteur s'impose, à travers les personnages disloqués, comme l'instance d'énonciation fondamentale de ce théâtre. D'une part, les marques internes de l'énonciation créative font partie de l'isotopie figurative | (méta-)théâtralité |, et d'autre part, les clins d'œil ludiques attirent l'attention sur la signature personnelle de l'auteur : un Valet de **La Maison** déclare que « Ça s'appelle pas du billard », tandis que Saül indique, au sujet de son père : « Le poète vit toujours, monsieur. A Paris, dans le septième » [I, 8]. Quant au « grand Menteur » de **Camille**, ce dernier pousse la métamorphose comique jusqu'à transformer la chanson éponyme d'une autre pièce, « Naïves hirondelles, portez mes vœux vers elle » :

> Mourrez et renaissez, naïves étincelles !
> Graves pistons du cœur conduisez-moi vers celle
> sans qui vous ne seriez
> qu'une marche funèbre en un soulier sans pied.
>
> [**Camille**, p. 42]

Le comique de la mise en abyme trouve dans cette signature ludique l'écho d'une mise en scène plus large de la genèse, tout comme l'inscription sur le mur du fameux Portrait des Arnolfini, « Johaines v eyck fuit hic », ne fait que parachever le jeu de miroirs qui atteste *déjà* de la présence de Van Eyck. On a beau marquer « hic » dans le tableau ou bien le faire dire par un personnage, sitôt bouclée la mise en abyme terminale, le *hic* théâtral se clôture en *illic*, le dedans se mue en dehors, le *je* en *il*.

S'agissant du **Jardin**, la réflexion du code et des processus de production et de réception est encore plus frappante lorsqu'on se rappelle les origines *radiophoniques* de cette œuvre. Le statut de l'espace radiophonique est plus proche de celui du *hors-scène* théâtral (espace contigu et invisible) que celui de la scène proprement dite. Le parallèle est évident dans **Le Jardin** car la salle de répétition devient, une fois arrivés les musiciens, un lieu clos, d'où on entend (le personnage comme l'auditeur) les bruitages contradictoires émanant du hors-scène. Si les protagonistes peuvent contempler les murs qui les entourent, ils se trouvent pris dans un espace non-voyant, comparable à la situation aveugle de l'auditeur. Le trajet de ces musiciens embarqués dans un voyage d'identification réfléchit celui du specatateur et, surtout, celui de l'auditeur : solitaire et solidaire, ce dernier suivra le même parcours d'une identification aveugle se déroulant dans son propre imaginaire. Quant au travail de sa fabrication, **Le Jardin** l'inclut aussi et on peut remarquer que le spectacle de théâtre fait ainsi *voir* son origine radiophonique. Convoqués dans ce lieu clos, hermétique, avoisinant d'autres espaces du même genre, les interprètes de Beethoven sont aussi ceux du **Jardin**, comédiens dans un studio contigu à d'autres studios d'enregistrement tout aussi mal insonorisés ! L'absence de fenêtres, la présence d'objets hétéroclites, la cloison qui les sépare des turbines (du matériel technique), l'isolement claustrophobe du lieu, tout indique un studio de la Maison de la Radio, 116 avenue du Président Kennedy. D'ailleurs, le cinquième personnage, Tirribuyenborg — envoyé par Schwartz, le « type qui paie » — arrive avec un magnétophone portatif et, en tant que réalisateur/pilote, se charge de diffuser les efforts du quatuor. C'est aussi Tirribuyenborg qui réconcilie les objectifs artistique et commercial du quatuor, puisqu'il le conduit jusqu'à Beethoven et jusqu'à Schwartz, jusqu'à « une grosse boîte pleine de fric immortel ». Emmenés par cet intermédiaire qui, au théâtre, ressemble fort à un metteur en scène, les artistes se lancent dans une *performance* où mouvement en avant, linéarité d'action, rivalité entre quatuors et vitesse d'exécution sont synonymes de rentabilité et de profit. On ne saurait mieux décrire la situation particulière de l'interprète, pris entre l'auteur (Beethoven) et le mécène (Schwartz), ni le sort de l'auteur lui-même, dépossédé de son œuvre par ceux précisément qui entendent lui être fidèles.

L'univers réel revient donc dans la pièce en passant par la porte cachée de la mise en abyme ; la pièce réfléchit jusqu'aux conditions socio-économiques qui influent sur son existence, conditions qui font de l'auteur un « producteur », contraint non pas de « créer » mais de « fabriquer » des objets, tel le père de Milton : « Mon père, lui, fabriquait des poêles à charbon, en fonte, par petites séries de huit ou six, près de Bar-le-Duc, dans une petite usine qu'il dirigeait tout seul. Mort en faillite » [p. 91]. L'objet/œuvre qui en résulte ressemble soit au violon de Milton, « aliéné, mais vivant », soit à tous les objets lourds, inertes, en pierre et en bronze, qui pèsent tant dans les pièces de Dubillard. Objets finis, achevés, fabriqués pour leur valeur d'échange par un « créateur » travaillant la matière concrète : plombiers des **Crabes** et des **Vaches**, fabriquants de voitures dans **Camille**, et tous ces artisans œuvrant dans **La Boîte à outils**. L'œuvre achevée, devenue *autre*, ressemblerait à ce robinet fermé, coupé de sa source, qui conseille au « Plombier ridicule » :

> Sans tuyaux je ne puis qu'en robinet posthume
> Te conseiller sans moi de regagner la terre !
>
> [**La Boîte**, p. 26]

C'est la fontaine de pierre des **Vaches** qui incarne le plus concrètement l'altérité absolue de l'œuvre d'art : passant dans la pierre, la vitalité du processus créateur se fige dans un objet *parfait*, inerte. En faisant passer dans l'œuvre achevée des métaphores aptes à réfléchir sa genèse, l'auteur tente de maintenir l'ouverture — la « liquidité » — du processus de création, de se maintenir lui-même en vie à travers une œuvre ouverte, capable de concevoir sa propre genèse.

Dans son étude pénétrante de l'œuvre de Pirandello, Jean Spizzo souligne, chez l'auteur italien, une « méfiance phobique [...] envers toute forme destinée à prendre une consistance définitive » (1986, p. 273), qu'il interprète ainsi : « Sa grande hantise a été de parvenir à détacher ce cordon ombilical qui reliait la scène à sa plume » (*ibid.*, p. 332). L'écriture théâtrale de Dubillard bute sur cette même difficulté à quitter les étapes narcissiques de la gestation créative, à affronter la linéarité d'une action évolutive. Confrontées à ce même dilemme, les pièces trouvent des issues diverses : **La Maison** réfléchit plutôt l'indétermination de l'écriture, alors que **Le Jardin** s'arrache, *in extremis*, aux incertitudes de la phase de composition (« répétition ») pour réfléchir le *nunc* de la représentation. Quant aux **Vaches**, l'œuvre de Félix parvient à mettre en abyme toutes les étapes de la création théâtrale, y compris le passage délicat de l'*écriture* à la *scène*, le moment où la propriété absolue de l'auteur-sujet devient une propriété relative, où la gratuité totale de la création se vend pour rentrer dans un circuit commercial. C'est le Portier qui, dans la scène liminaire du premier acte, présente au journaliste et aux spectateurs cet édifice dramatique qui se dévoile sur scène :

> Toutes ces pierres que nous avions tous les quarante-huit collées l'une sur l'autre, comme vous pouvez les voir [...] — eh bien, tout un temps, ça n'a fait qu'un gros tas de pierres entre ses mains, à Oblofet. Bien que, ces pierres entre ses mains, il y logeait à l'intérieur. Voyez ce que je veux dire : propriétaire il était, Oblofet, enfermé dans ce tas de pierres que, d'autre part, il tenait dans ses mains lui et sa môme la comtesse d'Artsin, à tes souhaits, dans notre tas de pierres, dans notre travail à nous, quarante huit.
>
> [I, 1]

Le travail de gestation des « quarante-huit » donne naissance à l'œuvre de l'auteur-propriétaire, celui qui restera « dedans », comme la tête de Beethoven dans son buste (**Le Jardin**), lorsque l'œuvre passera entre les mains d'un metteur en scène, d'un public, d'un critique...

Par cette mise en abyme du code et de l'énonciation, l'œuvre désigne à la fois l'origine et le but du *fiat* créateur, se donnant les moyens de contenir, voire de contrôler, sa conception et sa réception. La tentative est déjà manifeste dans le voyage d'identification du quatuor qui fait de Beethoven et de Schwartz les destinateurs et destinataires conjoints du trajet : en tant qu'auteur, Beethoven connote l'antériorité du Texte, tandis que Schwartz, celui auquel la création est *due*, représente l'aliénation inévitable du travail créateur. Quant au public du **Jardin**, la mise en abyme fait du spectateur un figurant, le faisant jouer son propre rôle.

Mais c'est sans doute dans **Les Vaches** que la *mise en abyme énonciative*, actualisée dans les diverses pratiques de l'isotopie | création |, se détache avec le plus de netteté, ramenant le destinateur et le destinataire de la communication théâtrale sur le scène de la fiction. Il y a dans cette pièce complexe comme un cumul par vagues successives des doubles métaphoriques ; la mise en abyme terminale du troisième acte en est la somme, ramassant dans un supersigne majeur les isotopies figuratives et thématiques déjà présentes dans les séquences intégrantes que sont la première scène de consécration [I, 12] et la scène onirique du deuxième acte [II, 10] — d'une part, la célébration publique d'une œuvre achevée, et d'autre part, la scène de régression nocturne qui se confond avec l'imaginaire de l'écrivain lorsque celui-ci en est encore à entrevoir les formes potentielles de son œuvre. D'où la surdétermination extraordinaire de la mise en abyme terminale, ensemble dans lequel s'enchâssent les mises en abyme des actes I et II, lesquelles font déjà la synthèse des isotopies majeures des deux actes. Si on résume les jalons principaux des doubles de la fin, on constate que ce qui est réfléchi dans l'action scénique, c'est l'*instance de l'énonciation* même, l'acte créatif se ramenant à une prise de parole, origine du dire dont les personnages sont à la fois énonciateur et public, créateur et spectateur :

- l'enfant Félix, appelé à dire sa fable « parmi les docteurs » [I, 2]
- Walter jouant Chopin devant l'assistance [I, 7]
- Saül récitant l'œuvre de son père pour l'examinateur [I, 8]
- enregistrement d'« Oblofet, message posthume » repassé pour la dernière fois [I, 9]
- discours de Félix lors de la consécration [I, 12]
- Olga va dire « ces trois mots vaches » [I, 12]
- Félix et son double, se parlant et s'écoutant [II, 2]
- Félix se mettant à écrire [II, 3]
- Élodie, morte, ne répond plus (« Dis, maman ») [II,5]
- Félix, dans l'impossibilité de répondre à son fils [II,9] [1]
- les voix qui « vont venir » à Félix [II,10]
- Félix, spectateur muet de la séquence du rêve [II, 10]
- la voix de Bavolendorf prenant l'antenne [III]
- Portant Zerbine, Félix s'adresse « Au soleil qui s'éteint »
- Félix à Zerbine : « Je parle pour la première fois »
- la tête du Père à Félix, qui « ne demande rien »
- Félix « *parle pour Zerbine absente* »
- Félix au caillou : « Chante, caillou, comme une vache »
- le Reporter à tous (« Mesdames, messieurs... ») et à sa tête
- le Reporter « *tend son micro à Félix* : Un mot [...] pour radio-radio »
- « Allez, Olga, fais pas ta vache, papa a besoin que tu lui parles ! »
- les têtes de la fontaine en pierre parlent pour la radio
- Félix prend la parole : « Aïe ! », « C'est moi », « O ! », et donne à boire

---

[1] Dans sa mise en scène au TNP, Planchon, dans le rôle de Félix, s'est fait mettre un bâillon afin de souligner le mutisme involontaire du personnage.

Injonctions des autres, enregistrements, récitations, discours de cérémonie, microphones, têtes privées de corps et voix désincarnées, tout ce qui peut attirer l'attention sur l'*acte de parole*, sur le caractère *performatif* de l'énonciation. La prise de parole, tout comme le refus de parler, pose sans cesse la question : *pour qui* parle le sujet ? S'adressant tantôt à lui-même, tantôt au cercle familial, tantôt aux médias et à la société, tantôt à l'autre silencieux, l'énonciation du personnage réfléchit la communication théâtrale elle-même, mettant en abyme et l'auteur absent et le spectateur réel. Les derniers mots de Félix fournissent une mise en abyme intégrante où se retrouvent toutes les situations de parole antérieures. Il ne s'agit pas de convoquer dans la fiction les fantômes univoques de l'Émetteur et du Destinataire ; à l'instar de l'auteur absent, le spectateur se mire dans les multiples reflets d'une image complexe.

Scandale ou gloire, refus ou acceptation, la parole du créateur s'adresse à l'autre et au moi, elle est à la fois désir (soif) et une demande qui répond à celle de l'autre. C'est là que réside le double impératif de Félix l'artiste : créer, voire énoncer, relève d'une *commande*, et ne satisfait jamais le désir dont il découle. Le spectateur se trouve donc à la place de l'autre silencieux qui, comme Schwartz, instaure la demande, de même qu'il se retrouve à l'intérieur du processus créateur, dans l'espace ouvert par la division du sujet. Ainsi Félix devient-il spectateur de l'acte II, scène 10, de la création du rêve comme du rêve de la création. La scène déplace la thématique obéissance/refus (vis-à-vis de toute commande, qu'elle émane de la société, de la famille, ou du « Surmoi ») pour la porter dans la forme morcelée que se donne le sens pour pouvoir se dire. Le rêve dans lequel sont plongés Félix et le spectateur constitue une mise en abyme pivot dont la fonction pro- et rétro-spective rassemble les extrémités de la fiction dans l'espace informel de la genèse de l'œuvre, une origine de la création qui fait retour dans le produit fini, rapprochant au maximum l'expérience de la création et celle de sa représentation publique.

Genèse de la forme théâtrale, forme théâtrale de la genèse : l'œuvre de Dubillard se prête à de telles inversions car la mise en abyme donne au temps la réversibilité de l'espace, faisant de l'œuvre une bande de Moebius où se conjoignent les deux extrémités de la communication théâtrale. Nœud de la communication intérieure, réflexive, et nœud qui rattache l'auteur au spectateur au sein même de l'œuvre. Les fantômes de l'auteur et du lecteur se retrouvent de la même façon dans **La Boîte à outils**, un long poème « composé sur deux thèmes, celui des outils, envisagés comme un mode d'expression, et d'autre part, l'histoire d'une foule de pèlerins qui se perdent dans un labyrinthe ». Le récit des pèlerins n'est rien d'autre que la quête constitutive d'un *work in progress* — travail poétique que visitent les « Touristes », voire les lecteurs —, alors que les outils de l'artisan retournent au sens grec du mot « poète » pour faire des mots l'outil de la *fabrication*.

Dans sa lecture du **Coin plaisant** de Henry James, D. Anzieu décèle chez l'auteur américain le désir plus ou moins conscient de décrire le travail de la création littéraire, ce qui l'amène à raconter dans le roman les phases diverses de sa composition, et en particulier : « le retournement de l'attitude passive (l'écrivain saisi par son sujet au point d'en être paralysé) en une attitude active (il se saisit de son sujet en retournant l'œuvre comme l'envers d'une expérience imaginaire) » (Anzieu, 1981, p. 241). Ce *retournement créatif* se manifeste à travers la réflexion aporistique des **Vaches** : à partir du dédoublement de Félix et de la scène de rêve, à partir de la nuit régressive du deuxième acte et de la double contrainte qui pèse sur l'artiste, s'opère en abyme, dans l'œuvre, ce renversement par lequel Félix se saisit de son *opus*, de cette fontaine déjà-là que le poète se fabrique, en même temps qu'il en est littéralement saisi. La forme figée de la fontaine consacre à la fois la disparition de l'artiste et sa pérennité dans la mort [1]. Dans cette « tragi-comédie » du rire et des larmes, les réactions du spectateur se retrouvent à l'état naissant dans le désir et dans l'angoisse de l'énonciation créative. L'auteur ne conçoit que dans la mort, produit que le spectateur reçoit dans le plaisir de la distance que creuse le *comique* et dans l'angoisse de l'*identification tragique*. Spectateur des *effets de l'œuvre*, le spectateur subit les conséquences de l'Éros et du Thanatos, telles qu'elles s'expriment sur le visage de Félix, transfiguré par le rire et ensuite par les larmes, figé dans les masques du théâtre antique :

> *Élodie* : [...] Hein, mon Félix, montre ton visage à la foule, montre tes larmes, montre-toi là bien en face, le visage défiguré par les larmes. Regarde ainsi le monde bien en face.
>
> *Elle a relevé par les cheveux la tête de Félix.*
>
> [**Les Vaches**, p. 51]

Les œuvres de Dubillard racontent, fatalement, l'histoire de leur réception, construisant une sorte de Spectateur Modèle, pour reprendre une formule voisine d'U. Eco : « En d'autres termes, le Lecteur Modèle de l'**Œdipe** est appelé à accomplir coopérativement les mêmes opérations de reconnaissance de relations qu'Œdipe, en tant que personnage, est invité à accomplir — et qu'il accomplit avec quelque retard » (1985, p. 240). Ceci est particulièrement frappant dans le cas des **Chiens de conserve** dont le scénario à suspense, à l'instar d'**Œdipe**, utilise tous les ressorts de la *méconnaissance*. Sitôt franchi le seuil des **Naïves hirondelles**, où la mise en abyme réfléchit surtout la fiction et, accessoirement, le code, l'œuvre de Dubillard se place comme de l'autre côté du miroir et tend vers une réflexion énonciative de plus en plus marquée, atteignant peut-être une limite dans **« ...Où boivent les vaches »**. L'usage d'abord restreint de la réitération et du double métaphorique devient, comme logiquement, la *mise en scène de la création*, saisie par ses deux extrémités. Chez Dubillard, la réitération du même tend toujours vers une mise en abyme.

---

[1] Selon G. Rosalato, « la singulière fascination qu'exerce la construction en abîme ressortit à la relation du double à la mort » (cf. Rosalato, 1969, pp. 190-191).

On en arrive ainsi au cas paradoxal des **Chiens** : ici, la mise en abyme de la fiction s'estompe pour laisser transparaître un temps de nouveau linéaire, libéré des échos et doubles d'une construction en abyme, mais derrière cette transparence apparente se dessinent les reflets très nets d'un Auteur et d'un Auditeur Modèles.

Alors que certains ont reproché à l'auteur de se mettre trop au devant de la scène [1], nous pensons que c'est plutôt le processus même de la création qui trouve son expression théâtrale. Et comme toute énonciation, celle mise en abyme par Dubillard vise de face le spectateur. Appelé déjà à participer au jeu du sens, le spectateur est aussi présent dans le miroir que lui tend Félix, miroir de l'homme qui rit, qui donne un relief nouveau à la formule célèbre de Hugo :

> Prenez donc ce miroir, et regardez-vous-y. On se plaint quelquefois des écrivains qui disent moi. Parlez-nous de nous, leur crie-t-on. Hélas ! quand je vous parle de moi, je vous parle de vous. Comment ne le sentez-vous pas ? Ah ! insensé, qui crois que je ne suis pas toi !
>
> (Préface des **Contemplations**)

---

[1] Dans une critique de **La Maison** parue dans ***Théâtre populaire***, R. Nataf (1962) conclut : « Une telle affirmation de son moi, pour belle et surprenante qu'elle soit, reste stérile et menacée, elle aussi, de mort : il manque à Dubillard de savoir nous parler du moi des autres. »

3. Mise en abyme hyper-textuelle [1]

> Malheureusement dans Shakespeare, mon cher Milton, les calembours de cette qualité fleurissent sur les lèvres des personnages secondaires.
>
> [Camoens, **Le Jardin**]

Sources et influences : l'histoire du théâtre, voire celle de la littérature, s'en occupe depuis longtemps pour trouver des liens de parenté entre les générations successives d'écrivains. L'historien trace des lignes d'ascendance et de descendance dont la ramification serait l'arbre généalogique de la lignée illustre. Ainsi, l'histoire littéraire serait une histoire de *filiation* : « [...] Poe, qui a engendré Baudelaire, qui a engendré Mallarmé, qui a engendré Valéry, qui a engendré Edmond Teste » [2]. En s'inspirant de la méthode utilisée par ce personnage de Borges, on pourrait régler les questions d'héritage avec une simplicité presque biblique, ce qui donnerait une lignée commode de fils uniques. Il ne resterait qu'à situer l'écrivain parmi ses contemporains, à lui donner frères et sœurs, cousins et cousines.

Inutile d'insister sur la délicatesse réelle de ces deux tâches. On se perd facilement en conjectures sur les ressemblances, affinités, courants, mouvements, et autres aspects du vaste champ de l'intertextualité. Entre le plagiat et l'allusion, entre les formes portées par l'air du temps et les plates-formes communes des écoles, tous les degrés d'inconscience ou de délibération sont permis. Les pratiques tout à fait délibérées de la Renaissance, par exemple, consistaient à s'appropier un texte antérieur à travers une sorte d'imitation créatrice. Dans ce dialogue hypertextuel, le travail de transformation était à la fois imitation et conflit, puisqu'il s'agissait, par l'*aemulatio*, de surpasser le modèle et dépasser le précurseur. La lutte œdipienne avec certains anciens prend, on le verra plus tard, un relief tout à fait particulier dans l'œuvre de Dubillard.

Si cette rivalité atteste une dette envers des créateurs antérieurs, il n'en va pas de même dans cette évocation par comparaison de l'art théâtral de Dubillard :

> Dubillard, c'est comme si Buster Keaton avait parlé. On le compare à Beckett, Carroll, Ionesco, Jarry, Kafka, Queneau, Roussel, Vermot (de l'Almanach), Vian et Vitrac. On le proclame prince de l'humour noir et « comme Goya, il a les plus beaux noirs qui soient ».
>
> (M. Bataillon) [3]

---

[1] Une version antérieure de ce chapitre est parue dans ***Revue d'histoire du théâtre,*** 1987-4 (« Un auteur parmi ses pairs : Roland Dubillard »).

[2] Ces propos sont tirés d'une nouvelle de Borges : **Pierre Ménard auteur du Quichotte**, *in* **Fictions**, Gallimard, 1951.

[3] Notes de Michel Bataillon pour le programme d'« **...Où boivent les vaches** », mise en scène de Planchon au TNP de Villeurbanne, 1983.

Grâce à la plume prodigue de M. Bataillon, le nom d'auteur devient épithète et « Dubillard » une synthèse nouvelle d'éléments reconnus. La famille s'élargit et si dette il y a, elle est plutôt diffuse car à ces noms d'auteurs, on peut en rajouter d'autres :

> Comme tous les nonsensistes, il (*Dubillard*) aime à triturer les mots [...] On l'inscrit d'office au club des Timides du nonsense avec Benchley, Woody Allen, Satie, Lewis Carroll.
>
> (R. Benayoun, 1977, p. 254)

S'agissant de la situation de l'auteur vis-à-vis des anciens ou bien des modernes, nous voici renvoyés aux calendes grecques des ressemblances en chaîne et des listes sans fin. Certes, les comparaisons de R. Benayoun et de M. Bataillon, dans leurs contextes respectifs, servent bien à cerner une certaine « famille d'auteurs », sans prétendre définir, de façon autre qu'intuitive, les membres de cette famille. Néanmoins, à défaut de critères moins arbitraires, la question des influences serait-elle dépourvue d'intérêt ? Peut-on mesurer le véritable poids d'une ascendance ? Ne vaut-il pas mieux considérer chaque auteur comme créateur unique, sujet libre ?

Ce sont des questions auxquelles nous allons chercher des réponses dans et à travers l'œuvre de Dubillard car ce sont précisément les mêmes questions que se pose son théâtre. Il ne s'agit pas de repérer d'autres oncles ou cousins plus ou moins éloignés, ni d'établir le degré de consanguinité de ceux déjà cités ; il s'agira plutôt de voir comment la vieille question de la place de l'individu par rapport à la tradition s'insère, à l'œuvre, dans les pièces de Dubillard. On cherchera donc les autres textes que ce théâtre se plaît à accueillir, afin de préciser l'étendue et l'effet de ces pratiques hypertextuelles.

Déblayons d'abord le terrain terminologique. Pour J. Kristeva, la notion d'*intertextualité* désigne l'ambivalence de toute écriture, la façon dont elle dialogue avec d'autres discours, se fabriquant à partir de textes antérieurs, « l'écriture comme lecture du corpus littéraire antérieur, le texte comme absorption de et réplique à un autre texte » (Kristeva, 1969, p. 149). Sans prétendre démêler tous les fils littéraires et autres qui se nouent dans l'écriture de Dubillard, nous placerons la notion d'intertextualité au niveau restreint du renvoi explicite. Ce faisant, nous nous rapprochons de ce que G. Genette entend par *hypertextualité* (texte antérieur/*hypotexte*, texte nouveau/*hypertexte*) car Genette préfère réserver le terme d'intertextualité au jeu plus diffus des « échos partiels, localisés et fugitifs » (1982, pp. 16-17). En fait, l'auteur reconnaît que la différence entre les deux types de rapports est une question de degré plus que de nature. Nous prenons comme point de départ la résorption *partielle* et *affichée* de l'hypotexte, quitte à déceler le lieu où l'hypotexte se dissout dans les rapports fluides de l'intertextualité...

Le théâtre de Dubillard inclut, en abyme, l'espace intertextuel de ses « influences », se servant de l'énonciation du personage comme embrayeur ; grâce à lui s'établit la communication entre la scène et les discours de la culture qui y reviennent en abyme. Les pièces de Dubillard qui font le plus appel au rôle structurant du double interne sont aussi celles dans lesquelles la mise en abyme hypertextuelle va jusqu'à faire de l'isotopie | *création* | le sujet même de l'œuvre. Dans leurs titres comme dans leurs noms de personnages, **Le Jardin aux betteraves** et « **...Où boivent les vaches** » signalent leur attachement à Beethoven et à Rimbaud, non pas pour mettre en exergue une citation musicale ou poétique mais pour faire du rapport entre créateur et création, réfléchi dans l'hypotexte, le miroir des activités du quatuor à cordes du **Jardin** et du poète des **Vaches**. La mise en abyme donne au spectateur les consignes d'une lecture dans celle qu'elle fait de son hypotexte. Sitôt commencées, ces deux pièces indiquent qu'elles ne se limitent pas aux pistes de lecture de leurs titres — Luis de Camoens (Luis/Louis/Ludwig = chez Ludwig/chez Louis/chez lui/Schécézig) et John Milton jouent aussi dans cette maison de la culture, alors que Rimbaud retrouve Chopin, Gide, un peu de Mozart et une grande part de la mythologie grecque dans la maison de Félix. En comparaison, les autres pièces se contentent d'une mise en abyme moins radicale d'une culture moins étendue. Comme pour la mise en abyme intra-textuelle, on constate qu'entre **Naïves hirondelles** et **Les Vaches** il y a toute la différence entre la réflexion de la fiction et celle du *telos* de l'œuvre. On dirait même que l'œuvre de Félix tente d'embrasser la somme des pièces antérieures ; les propriétés majeures de ces pièces s'emboîtent à merveille dans cette pièce à synthèse que constitue « **...Où boivent les vaches** ». Voyons d'abord les parties du tout.

L'hypotexte des **Naïves hirondelles** n'est autre que **Hamlet**. En d'autres termes, la volonté de réfléchir l'histoire de ces petits commerçants dans le vaste miroir de l'*opus magnum* du célèbre dramaturge relève d'une comparaison volontairement ludique — réussir l'écart maximal dans l'espace infime d'un jeu de mots entre « hamac » et « **Hamlet** » [I, 5]. (De surcroît, on parle du film !) Après ce jeu de mots apparemment gratuit, l'hypotexte réapparaît dans une citation isolée (« To be or not to be ») avant de s'imposer pleinement à la fin de l'acte II dans le soliloque de Bertrand dont le discours angoissé se confond avec celui du prince danois, lui-même hybride puisqu'il s'agit de l'acte III, scène 1 (« To be or not to be »), et de l'acte V, scène 1 (« Pauvre Yorrick, va ! ») de la pièce de Shakespeare. En dépit de sa position centrale dans l'action des **Naïves hirondelles**, le soliloque de Bertrand s'avère être une mise en abyme purement rétrospective, infléchissant l'action passée dans le sens du conflit de **Hamlet** : incapacité de passer à l'acte, paralysie du choix, attachement à une jeunesse déjà perdue. En fait, l'hypotexte recoupe non seulement l'isotopie dénotée | commerce | mais aussi l'isotopie de connotation | sexualité | car l'érotisme sous-jacent de II, 4 — Bertrand renvoie Germaine lorsqu'elle affiche son désir — se réfléchit dans le renvoi au couvent d'Ophélie (**Hamlet**, III, 1). Autant dire que la confrontation des plans dénotatifs des deux pièces invite le spectateur à prolonger l'inscription ponctuelle dans une lecture *connotative*, superposant Bertrand orphelin et Hamlet, Fernand le faux père et Claudius, Mme Séverin (« tantine ») et Gertrude (Claudius est bien l'oncle de Hamlet), Germaine et Ophélie. Est-ce que le prolongement s'impose ? La mise en abyme produit le même effet de contagion que la poly-isotopie (dont elle relève), et depuis Freud et Ernest Jones, **Hamlet** a rejoint **Œdipe**. Mettre en abyme **Hamlet** équivaut à mettre en scène le schéma œdipien. De même que **Naïves hirondelles** ne fait que connoter l'équivalence | sexualité/famille |, la pièce hésite sur le seuil d'une mise en abyme radicale de l'hypotexte, d'une mise en abyme énonciative qui rattacherait la création au créateur, le schéma œdipien aux auteurs, en passant par leurs créatures.

Si l'hypotexte de **Si Camille me voyait...** paraît de prime abord se limiter à cette « toile de Turner » dans laquelle Laurent voit « le soleil, éclaté dans sa chute, se vaporiser sur la mer » [épisode 1] [1], l'allusion au peintre et à son tableau réfléchit néanmoins ce dénouement surprenant où l'on assiste à la métamorphose de Solange, la lune, et à la chute de Laurent, transformé en caillou. La toile esquisse déjà la fusion recherchée du créateur (soleil) et de la création (mer) ainsi que l'éclatement provoqué par le paradoxe d'une pièce qui serait incluse dans le tableau qu'elle cite. D'où la mise en valeur du nom d'inventeur devenu celui de l'invention (« Panhard », «Levassor », etc.), réfléchissant et la métamorphose du personnage et les intrusions aporistiques de l'auteur, le « grand Menteur ». L'objet de création serait une « ipso-mobile », une représentation en mouvement du moi narcisssique, un miroir dans lequel l'auteur se contemple dans l'image d'autres inventeurs. L'autre côté du miroir que **Si Camille me voyait...** tend à son sujet est celui de la *forme* : le dialogue en vers, pastiche du « grand théâtre » — une façon de se rehausser au niveau des auteurs d'antan tout en accentuant le décalage par la chute comique :

> Ah toujours sur soi-même il faut qu'on renchérisse :
> Demain viendra le stout et bientôt le pastis.
>
> [**Camille**, p. 20]

On touche ici au rôle capital du *rire*. C'est bien le comique qui crée cette distance que marque **Camille** vis-à-vis des modèles illustres que la pièce se donne pour rire — le comique déjoue l'intention, le vouloir-dire de l'ambition créative, en même temps qu'il réalise cette ambition en faisant rire le spectateur. C'est donc une réplique subtile à la *double contrainte* imposée par le père, par les précurseurs de la Tradition : « Sois comme moi et différent ». En subvertissant la double contrainte, celle-là même qui pèse sur Félix et sur le quatuor du **Jardin**, le paradoxe comique propose une solution autre que la

---

[1] On serait peut-être tenté d'ajouter **La Dame aux Camélias** de Dumas fils (et peut-être même le film avec Garbo) : on y retrouve l'amour d'un jeune homme de bonne famille pour une « traînée », la mort-sublimation de l'héroïne, et un personnage absent, Camille, qui rappelle justement le titre hollywoodien.

schizophrénie créative. On voit bien l'importance de tous ces créateurs cités par Dubillard : ils sont à la fois victimes de la blague et supports indispensables de l'identification créative, pères hors pair. L'humour sert donc à masquer l'enjeu dont Didier Anzieu mesure bien la taille :

> Créer recquiert, comme première condition, une filiation symbolique à un créateur reconnu. Sans cette filiation, et sans son reniement ultérieur, pas de paternité possible d'une œuvre. Icare doit toujours ses ailes à quelque Dédale.
>
> (1981, p. 16)

Dans **Les Crabes**, cette filiation s'apparente à une quête de la puissance virile, à connotation fortement sexuelle, qui se manifeste dans la mise en abyme centrale de la pièce : un « vol de nuit » où le Jeune homme se prend pour un pilote dont la vaillance fait place à l'impuissance (« mon moustique dans son hangar, comme une grande tour Eiffel inutile » [sc. 7]). Le décalage Jeune homme/pilote, impuissance/virilité, se retrouve sur le plan de l'hypertextualité car la scène fait allusion au récit héroïque de Saint-Exupéry, **Vol de nuit**. Il y a le même contraste entre le haut et le bas, entre la griserie du « désir de vaincre » et la lassitude qui accompagne la descente sur terre. Par ailleurs, l'union entre le pilote et la nuit (« Il faut que cet homme descende au cœur le plus intime de la nuit, dans son épaisseur [...] ») devient dans **Les Crabes** l'union sexuelle de la mère (Madame) et de l'enfant (le Jeune homme) : « [...] laisse au moins une partie de moi, mais la plus intime, te pénétrer jusqu'au plus intime de ton bonheur » [sc. 5]. D'où l'incapacité du Jeune homme à devenir pilote, adulte, car l'incapacité du Jeune homme à endosser son « personnage » se situe dans l'écart séparant l'hypertexte et son modèle.

Dans **Le Jardin**, par contre, il y a imbrication complète de l'univers de la pièce et de celui de son hypotexte. Les résonances œdipiennes de cette comédie de l'identification créative passent au premier plan. L'hésitation décelée dans **Naïves hirondelles** devient l'élan d'un enlèvement, un voyage concurrentiel dans l'espace de la culture européenne. Dans la première pièce, **Hamlet** fonctionne comme le double métaphorique de la fiction ; ici, l'hypertextualité fournit la matière même de l'action.

La scène d'ouverture nous présente le personnage de Camoens : barbu, portant deux monocles, fumant un narguilé, traits qui renvoient au portrait historique du poète national portugais [1]. Les dimensions héroïques de sa vie s'apparentent au thème de son *opus magnum*, **Les Lusiades**, qui racontent le voyage de Vasco de Gama selon le modèle de l'épopée héroïque. L'hypotexte de l'œuvre du « borgne inspiré » est l'œuvre de Virgile, voire celle de Homère, chaîne de filiation que remontent les créatures du **Jardin**, marchant aussi dans les pas de Dante, guidé par Virgile dans sa descente aux enfers.

---

[1] Renvoyé de la cour à la suite d'un duel d'amour, Luis de Camoens devint soldat, voyageur et aventurier ; il perdit un œil lors d'une bataille en Afrique du Nord.

(Tirribuyenborg, guide du quatuor, parle aussi « latinismus »). Pour revenir aux **Lusiades**, le voyage du quatuor réfléchit plusieurs épisodes parmi les aventures décrites par Camoens. L'approche du géant Schwartz renvoie à l'apparition du géant Adamastor au cours d'une tempête (**Lusiades**, chant V), suivant de près la condamnation de l'orgueil des navigateurs portugais (chant IV). L'apothéose du quatuor réfléchit très exactement le chant IX des **Lusiades**, consacré à L'Ile des Amours : rendant hommage au courage des Portugais, Vénus leur offre la Science, la Connaissance et l'accession à l'immortalité. Lors de l'entrée finale du quatuor dans l'île du **Jardin aux betteraves**, l'action réfléchit les épisodes euphorique et dysphorique des **Lusiades**, puisqu'il s'agit à la fois de la condamnation de la vanité du quatuor (par Schwartz/Adamastor) et de l'accession à l'utopie des demi-dieux.

On aura remarqué que Camoens, personnage de Dubillard, ne se confond pas complètement avec son référent historique puisque le poète borgne porte tantôt deux monocles, tantôt un seul, tantôt des lunettes noires ! Il se confond, en plus, avec Milton (second violon de ce quatuor) dont la cécité (cf. la surdité de Beethoven) n'empêcha pas la composition de **Paradise Lost**, autre monument de la culture européenne que réfléchit le parcours du quatuor.

L'ensemble de ces références constitue un *hypotexte multiple* dont l'effet global est de faire de la pièce une parabole de la création artistique. Les personnages ne manquent pas de suivre les prolongements divers offerts par l'hypotexte : Angélique, objet de toutes les attentions du quatuor, se confond avec toutes les muses, la Béatrice de Dante aussi bien que Bettina Brentano, amie de Goethe et une des concurrentes pour la place de « L'immortelle bien-aimée » de Beethoven ; guide et pilote. Tirribuyenborg représente tous les porte-paroles d'auteurs insérés en abyme à l'échelle des personnages (son parler polyglotte élargit le contexte littéraire à toute l'Europe) ; Schwartz — « le type qui paie », toujours absent — incarne tous les mécènes de toutes les coulisses, à la fois destinateur/financier du travail créateur et destinataire/bénéficiaire de la dédicace — « le prince Galitzin » et Schuppanzigh (cf. « Schécézig ») pour Beethoven, voire Maecenas pour Virgile, ce qui n'empêche pas la faillite financière du quatuor (ni celles de Milton et de Beethoven). L'hypotexte recoupe ainsi l'isotopie | *argent* | et celle | *sexualité* |, faisant de l'art payé la prostitution de l'artiste, en même temps que l'artiste tend son œuvre à Angélique, la femme idéale.

Se faisant elle-même ce que L. Dällenbach appelle une « réflexion transcendantale » (1977, pp. 131-132), **Le Jardin** s'inscrit dans la grande tradition des autres *fictions de l'origine*. Quête de l'idéal, désir d'immortalité, soif d'absolu — ce sont les thèmes que la mise en abyme hypertextuelle rattache à la tentative du quatuor de s'identifier à leur créateur, d'atteindre le sommet de l'indicible par la forme abstraite de la musique. Cette tentative luciférienne, celle de Faust, échoue au bénéfice de la mort, le retour au destinataire Schwartz qui n'est autre que l'entrée du compositeur dans sa maison de mort de la Schwarzspanierstrasse à Vienne, mort qui suivit la composition des quatuors à cordes que répète le quatuor du **Jardin**. [1]

En laissant tomber le *s* de Schwartzspanierstrasse, Dubillard transforme la « rue de l'espagnol noir » en « rue du panier noir » ! Ainsi l'hôte du quatuor, Schwartz, devient celui qui accueille dans la mort. C'est Guillaume Schécézig, chef de quatuor qui se prend pour Beethoven, qui évoque le sort du compositeur ainsi que le leur :

> Dans la Schwartzpanierstrasse. Et tout ça pour qui ? Karl, mon neveu ! J'aurais mieux fait de ne pas rentrer de la campagne. De ne pas m'introduire comme un suppositoire par le trou de ce panier noir dont je ne suis jamais ressorti.
>
> [**Le Jardin**, pp. 98-99]

L'image du suppositoire connote la sexualité latente de la rivalité œdipienne entre créateurs, entre le quatuor et la figure bicéphale du grand créateur mort que représente Beethoven/Schwartz, versants idéalisé et contraignant de l'ancêtre culturel. Si Schwartz représente la face dysphorique, Beethoven incarne Icare devenu Dédale, le précurseur dont la force créative donne au sujet l'impression de participer dans une ascension grisante vers les hauteurs. Aspiration vertigineuse vers le sublime qui se dégage des propos de Milton sur les « casinos de la culture », où l'escalier en spirale « fait place à une échelle, puis à une corde à nœuds, pour ceux qui veulent vraiment monter jusqu'à la jouissance du panorama complet » [pp. 20-21].

L'immensité de l'ambition créatrice se retrouve dans l'image d'un « Beethoven emplissant tout l'espace » [p. 101] ; elle bute contre l'impossibilité d'être à la fois créature et créateur, contenu et contenant, contre le paradoxe de la mise en abyme hypertextuelle. D'où la nécessité de payer de sa personne, le besoin de se refaire dans sa création : tels les constructeurs de voitures de **Camille**, tous les créateurs de l'hypertextualité dubillardienne se détruisent en se perpétuant dans l'objet de création. L'œuvre s'engage dans l'activité que l'auteur accomplit en la créant, procédé d'*auto-génération* grâce auquel la pièce se dote des moyens de concevoir sa propre conception. Par la mise en abyme de son énonciation, la division du sujet se réfléchit dans la plénitude de l'objet ; l'œuvre conjure son altérité en se construisant selon le mode de ce que Sami-Ali, parlant du rêve, appelle « un espace d'inclusions réciproques ». En apportant cette dénégation au principe de l'irréversibilité temporelle, l'auteur trouve le moyen de nier la *priorité* du précurseur. Or, selon le critique Harold Bloom, c'est justement de l'*absence de priorité* dont souffrent tous les poètes depuis les débuts du romantisme. L'angoisse de l'influence (tel est le titre d'un des livres de Bloom) provient de l'intuition qu'il ne reste, pour le poète, plus rien à dire (cf. Bloom, 1973, pp. 147-148). La tâche

---

[1] Dans sa biographie du compositeur (citée dans **Le Jardin**), Romain Rolland parle même de la mort de Beethoven en termes dramatiques : « Le bien fut la délivrance, " la fin de la comédie ", comme il dit en mourant, — disons : de la tragédie de sa vie ».

essentielle du poète est donc de faire mentir le temps, de nier la priorité du père en se faisant passer pour son propre père, voire son propre fils :

> All quest-romances of the post-Enlightenment, meaning all Romanticisms whatsoever, are quests to re-beget one's own self, to become one's own Great Original. We journey to abstract ourselves by fabrication. But where the fabric already has been woven, we journey to unravel.
>
> (Bloom, 1973, pp. 64-65)

Ainsi, Dubillard dénoue le tissu beethovenien afin de se re-créer dans un tissu à lui, à la fois original et emprunté.

Et puisque la mise en abyme énonciative est aussi miroir de la réception, le spectateur s'enivre de sa participation dans l'*identification créative*, jouissant dans l'illusion d'omnipotence du créateur. Mais l'identification au créateur défunt va encore plus loin : elle cherche à se confondre avec une *autre scène*, celle même du précurseur [1]. L'hypertextualité du **Jardin** se sert de ces supports d'identification que sont créateur et création pour fonder l'action de la pièce sur une sorte d'*inconscient dramatique*, mettant en abyme les mécanismes du désir ainsi que les figures primitives du roman familial. Ce prolongement des rapports hypertextuels vers une identification profonde va jusque dans les racines de ce « jardin de Beethoven » (formule que l'on trouve dans la biographie de Romain Rolland), à un niveau où s'estompe la distinction entre auto-critique et drame inconscient. Puisant dans les biographies de Beethoven — « Lisez Romain Rolland ! », proclame Guillaume —, **Le Jardin** utilise la vie du compositeur comme matière première. Comme l'indique Tirribuyenborg, Beethoven est partout dans cette pièce :

> Vous n'avez point titi sans remorquer combien tout-pouissinte ici s'arsentit la présince de Beethoven, Beethoven tout partout, parmi les bétroves et din l'croux des vogues itou.
>
> [**Le Jardin**, p. 116]

Présent dans sa musique mais aussi dans sa biographie, hypotexte capital de la pièce, mettant en scène Beethoven lui-même, ses parents, son neveu Karl, et celles que Romain Rolland appelle « les immortelles et les mortelles aimées de Beethoven ». La théâtralisation de ce qui aurait pu faire l'objet d'un simple récit s'opère par la mise en pièces totale de ses dimensions diégétique et actantielle, d'où son caractère allusif qui est à la mesure de la mobilité des personnages de Dubillard. A l'exemple de Tirribuyenborg, l'auteur guide le spectateur dans une identification au sujet qui dépasse le personnage pour monter/des-

---

[1] C'est Harold Bloom qui, distinguant entre six types de rapports entre le nouveau poète et son précurseur, parle d'une tentative du *moi* poétique de fusionner avec le *ça* du poète-ancêtre : « In the imagination, the Oedipal phase develops backwards, to enrich and make yet more inchoate the id. The formula of *daemonization* is : " Where my poetic father's *I* was, there *it* shall be ", or even better, " there my *I* is, more closely mixed with *it* " » (1973, p. 110).

cendre vers une instance plus primitive de l'énonciation théâtrale. Nous reprendrons au chapitre suivant la question des rapports entre le *roman familial* de Beethoven et l'*autre scène* de Dubillard, mais on peut noter déjà que l'existence manifeste de ces clefs de lecture a pour effet de circonscrire la part du « réel » (au sens lacanien de ce qui résiste à la symbolisation) et de la faire passer dans le domaine ludique d'un sens déchiffrable. A l'instar d'un *puzzle*, l'œuvre fait semblant de cacher son sens, comme si elle pouvait livrer, au besoin, un sens donné pour complet. Du coup, l'auteur revient au devant de la scène, un auteur ressenti comme *complice* par tous ceux — comédiens, spectateurs et critiques — qui s'attaquent au puzzle.

La Maison d'os propose des couloirs dignes d'un autre puzzle, le labyrinthe. Si les références littéraires et musicales y sont peu nombreuses, la pièce met en abyme un autre texte qui fait signe vers une origine tout aussi primitive que celle du **Jardin**. L'hypotexte auquel **La Maison** s'efforce dans maintes séquences de répondre est celui de **La Bible**. Les relations d'autorité et de dépendance entre le Maître et ses nombreux serviteurs, et entre les serviteurs eux-mêmes, réfléchissent celles entre le Créateur et ses créatures. Il y a donc réflexion non seulement de la fiction mais aussi de la genèse de l'œuvre. L'isotopie | *religion* | ne se borne pas aux séquences où apparaît l'Abbé ; elle surgit dans les noms des domestiques (Mathieu, Luc, Jean, etc.), dans l'espace théâtral qui met en valeur l'opposition « ici-bas »/« là-haut », et dans les fonctions qu'assurent les personnages — le Réformiste, l'Économe, les valets Supérieur et Novice. Isolée de l'extérieur, la maison ressemble fort à un monastère [1]. En plus, l'écriture de Dubillard est truffée d'allusions à l'écriture des évangiles :

- scène XXXI :	[...] et moi-même sûr de moi comme la pierre de Jésus sur son pierre (cf. **Mathieu, 16, 18**)
- scène XXII :	*V-2* : Il est venu et il a commencé par...
	V-3 : Et il a chassé les marchands du temple (cf. **Jean, 2, 15**)
- scène LXIII :	allusions à la Trinité et à la « brebis égarée »

A ces renvois explicites s'ajoutent bon nombre de références partiellement intégrées dans le discours hétéroclite des habitants de la maison. Les « "Frère et Mère" » que les enfants laissent derrière eux [XXXVII] sont « la mère et les frères de Jésus » qui, parce qu'ils sont fidèles, n'ont pas besoin de le retrouver (**Luc, 8, 19-21**) ; « Je serais serviteur de Moi si j'existais, mais je n'existe pas » (paroles du Valet Modèle dans la scène LIV) reprennent et modifient les paroles de Jésus à l'égard de Dieu : « Si je me glorifie moi-même, ma gloire n'est rien. C'est mon Père qui me glorifie [...] » (**Jean, 8, 54**). Comme le référent biographique de Beethoven, mis en pièces et endossé par tous les personnages du **Jardin**, le récit des évangiles se disperse dans une

[1] La version radiophonique de la pièce a multiplié les éléments sonores allant dans ce sens : silences entre les séquences brisés par des murmures et des échos, enchaînement des séquences par une musique d'orgue.

mosaïque de citations, alors que les personnages de l'écriture biblique se déplacent pour se condenser selon des configurations propres à **La Maison**. Dans la scène IV, le Maître est à la fois le « mauvais riche » qui laisse mourir Lazare et Jésus guérissant le paralytique. Dans une autre scène, le Valet Modèle, mis à la porte comme le Valet Plus-que-Parfait parce qu'il sert trop bien, est à la fois Jésus vis-à-vis de Dieu et un des « ouvriers d'iniquité » exclus du royaume de Dieu ainsi que par « le maître de la maison » (parabole de **La Porte Etroite**).

De ce travail de condensation il ressort que le personnage de **La Maison**, et notamment le Maître, est en même temps Jésus et le Père, fils et Créateur. Le Maître dirige la maison selon l'arbitraire du Tout-puissant — c'est lui qui *nomme*, qui expulse, qui exige qu'on pense pour lui, qui se dit « pas responsable » ; c'est aussi lui qui répète le *Pater*, rejette le « jamais vu, jamais senti, jamais compris », et se révolte contre le *noster* d'un Père qui ne lui appartient pas, qu'il faut payer pour avoir. Aussi le Maître est-il « le bec ou le pactole, la brebis égarée ou le loup », victime ou bourreau, coupable dans les deux cas d'être soit inférieur soit supérieur, doublement absent puisqu'en tant que Créateur il laisse faire (« Faudrait un chef ») et qu'en tant que créature il n'est pas reconnu par le Père. La scène LIV montre clairement la double contrainte qui pèse sur le fils : le Valet Modèle ne peut exister que dans ce service où il s'efface, il est coupable de culpabiliser son Maître en se montrant trop brillant. La formule du Maître dit bien la *réversibilité constante* du rapport Père/fils — « Quiconque m'écrase m'obéit » —, devise du Créateur dont l'autre versant serait : quiconque m'obéit, j'écrase. Que le précurseur s'appelle Dieu, le père, l'ancêtre, qu'il s'incarne dans la **Bible** ou dans tout autre texte de la tradition, c'est la même injonction paradoxale qu'il adresse au fils et au dernier venu. Injonction paralysante à laquelle répond cette maison qui « stationne », une maison sans nécessité ni plan — comme le serait l'œuvre elle-même.

Loin de constituer une série d'allusions gratuites, l'isotopie de la religion s'intègre pleinement dans la structure isotopique de l'ensemble, recoupant les isotopies | maison/corps/œuvre | [1] dont le parallélisme constant laisse voir le but commun : se soustraire au temps, à l'ascendance/descendance de la filiation. Ainsi l'hypertexte parviendrait-il à se dégager de son hypotexte biblique. C'est justement l'*absence de principe fondateur* que connote l'incohérence apparente de la forme théâtrale — séquences décousues, temps éclaté, mobilité extrême du personnage —, comme si l'auteur prolongeait à l'infini la phase de composition, hésitant à affirmer sa paternité de l'œuvre. En

---

[1] Signalons au passage que l'équivalence maison/corps est établie par Jésus lui-même, puisque celui-ci anonce : « Détruisez ce temple, et en trois jours je le relèverai » ; les juifs prennent la phrase du Christ au pied de la lettre — « Mais il parlait du temple de son corps » (**Jean, 2, 19-21**).

effet, si la maison reste sans plan et l'œuvre ouverte, le sujet n'aura pas à confronter la question de sa propre mort : « Revendiquer la paternité d'une œuvre, affirmer son statut d'auteur revient nécessairement à tuer un autre auteur et donc à être confronté avec l'inéluctabilité de sa propre mort. » C'est là Jean Spizzo (1986, p. 226) parlant d'un refus comparable qu'il décèle chez Pirandello : le refus de *finir*, de couper le cordon ombilical reliant l'auteur à ses personnages [1].

Du côté de la salle, l'*inachèvement* d'une pièce apparemment sans plan invite le spectateur à jouir du paradoxe en re-constituant une œuvre qui est déjà faite, en entrant dans une genèse dont il est, en tant que récepteur, exclu. Reconstruction qui s'apparente à une montée/descente vers l'énonciateur absent, un mouvement d'aspiration vers l'origine qui n'est autre que la compréhension, la saisie d'une Gestalt qui permet de « finir, remplir, joindre, unifier », de *lire* comme l'entendait Barthes.

Repassant du côté de la scène, ce scénario de la connaissance absolue est celui de l'église en forme d'escargot qui aspire vers le Créateur mais qui « menace de s'effondrer [...] à force d'avoir gratté la terre dessous » [XLVIII]. Emblème de la réflexion paradoxale, le mouvement en spirale, qu'il soit montée ou descente, est toujours un mouvement autour d'un *vide intérieur*. A l'inspiration ascendante du **Jardin** répond l'aspiration inverse de la fin des **Crabes**, dont une douzaine se font « sucer » par un trou dans la scène. Le vide intérieur présage la mort de la créature — crabes, quatuor, personnages de **La Maison**. Mais, grâce à la réversibilité du temps qu'opère la mise en abyme, l'action de la pièce débouche sur le paradoxe de la *vie dans la mort*, sur la résurrection. La scène LXXXI, la dernière, s'achève justement sur Pâques : la mise en abyme terminale, précédant de peu la fin du personnage et donc celle du spectateur en tant que tel, est *passage*, réfléchissant le temps réel qui continue. Seul sur scène, manipulant une assiette, le Maître évoque le retour à la vie d'un poisson en faïence, du corps de Jésus, et de son corps à lui :

> Et il remonte. Porcelaine, porcelaine qui le soutient et il remonte jusqu'ici, jusqu'à moi, jusqu'au 1er avril. Depuis, depuis du fond d'un puits dans son eau éternelle, dans cette soucoupe, dans ce soutien de porcelaine. Comme on te porte ! Comme on te porte avec tendresse, toi cette main fiancée à toi comme la peau à l'os, toi ta faïence. Avec ta bouche ouverte. Venu de ton éternité comme un beau Jésus jusqu'au bord de mes yeux. Poisson d'avril.
>
> [**La Maison**, p. 171]

L'hypertextualité biblique ressuscite l'origine de la pièce et celle du sujet dans cette hostie qui remonte, *poisson/Jésus* qui fait surface dans le présent. Cette

---

[1] Si **La Maison** « stationne », au dire d'un domestique, c'est l'œuvre poétique **Les Campements** (dans **Olga ma vache**) qui parvient le mieux à rendre ce refus de toute *définition*, ce rêve d'inconsistance et d'infini : un intérieur fait de corridors et de cloisons, « une énorme dépense de tact », l'imparfait des verbes, la résolution de « demeurer irrésolus »...

vie intérieure du poisson qui remonte comme au-dedans du corps du Maître reprend en position terminale la mise en abyme prospective de **Mathieu (17, 27)** qui annonce et la mort de Jésus et la résurrection :

> Mais, pour ne pas les scandaliser, va à la mer, jette l'hameçon, et tire le premier poisson qui viendra ; ouvre-lui la bouche, et tu trouveras un statère. Prends-le, et donne-le-leur pour moi et pour toi.

Ce poisson qui sort de l'eau est mort/vivant au même titre que l'hostie, *victime* de la création comme l'est Félix à la fin des **Vaches**. Que la pièce doit finir, le Maître mourir, et le spectateur s'en aller, la juxtaposition Pâques/poisson d'avril le dit : réflexion comique qui désacralise, et imite, le miracle saint par le jeu de mots de l'auteur, de l'autre créateur. Faux comme le prix de Félix, le « portrait du poisson » possède la vérité/fausseté de tous les *signes* de la pièce ; symbole emboîté dans la fausse vérité de l'œuvre, il serait comme le statère, le prix que doivent payer la création et la ré-animation théâtrale. Les deux versants du faux poisson rejoignent les masques contradictoires que porte Félix dans la « tragi-comédie » des **Vaches**, miroirs de la création théâtrale et de sa dénégation. Et peut-être même de l'écriture qui en est l'origine : en passant par le monogramme grec de ce poisson/Jésus, *ichthys*, on arrive à remonter vers le jésus de papier (*I.H.S.*) sur lequel naissent les personnages. Êtres de papier, transfigurés par les comédiens en chair et en os, mourant à l'occasion du rideau pour ressusciter dans la rumination du spectateur. Mettant en abyme le texte même des origines, **La Maison d'os** devient comme la mise en pièce(s) de *son* origine, de son énonciation.

L'hypotexte de **La Bible** est en même temps le point de départ et le *telos* de **La Maison**. A la lumière de cette mise en abyme du parcours créatif, il faudrait voir plus dans le théâtre de Dubillard que la volonté d'accéder au rang de Créateur, au Nom-du-Père. Si la présence massive des créateurs immortels de l'hypotexte traduit bien l'ambition d'endosser une paternité écrasante, le désir œdipien manifeste dans l'hypertextualité se conjugue avec un mouvement inverse. Là où l'accès au Nom-du-Père ne peut que circonscrire les pouvoirs du moi enfantin — *« His Majesty the Baby »*, selon l'expression de Serge Leclaire —, le retour à la mère permet au contraire de ressusciter le *Royal Baby*, le poisson/Jésus qui revient à la surface lorsque l'œuvre s'achève. Enfant éternel qui réfléchit la double tentative du créateur — remplacer le père mort tout en revenant à l'enfance : « Créer. Mettre au monde l'œuvre immortelle » (Leclaire, 1975, p. 127). Ainsi le nom même de Félix qualifie-t–il non seulement celui qui aspire à être heureux mais aussi celui qui l'a été — l'enfant qui, « comme un Jésus », a été le représentant narcissique du dévouement maternel :

> *Félix* : [...] J'émouvais tellement ma mère, figurez-vous. Je n'avais qu'à paraître pour imposer au monde la tendresse dont il semblait incapable — et dont j'étais bien preuve qu'il est capable. Mon monde ! — Mon monde ! Tendre comme la main dans laquelle on devient de l'argile.
>
> [**Les Vaches**, p. 77]

Il s'agit ici d'une *mère totale*, capable d'incarner le monde entier, ce qui permet au fils d'éviter la castration.

Poursuivant dans la voie de l'identification créative, « **...Où boivent les vaches** » fait la synthèse des hypotextes de la religion et de la création artistique. A l'opposé des **Naïves hirondelles** et à l'exemple du **Jardin**, la pièce affiche l'entrelacement profond des discours divers de l'hypertextualité. Il en découle des conséquences pour la mise en abyme de la fiction, du code, et de l'énonciation : les personnages de Dubillard se confondent avec ceux des textes antérieurs, la pièce s'imprègne de la poésie de Rimbaud, et la *tendance à la fusion* se répercute sur les origines du discours, prolongement vers l'inconscient que **Naïves hirondelles** ne faisait qu'esquisser. On assiste donc à l'indistinction grandissante de la mise en abyme hypertextuelle et à celle des divers rapports auteur/œuvre que l'hypertextualité met en jeu.

Aussi l'étude de l'hypertextualité se confond-elle de plus en plus avec celle des *autres scènes* que **Le Jardin**, et encore plus **Les Vaches**, tentent de dissoudre l'une dans l'autre. On peut, certes, reprocher au **Jardin** d'enfouir son drame latent dans une biographie morcelée plus ou moins inconnue du spectateur, mais il faut souligner que les figures de l'hypotexte (Beethoven, son neveu, etc.) sont moins racontées que *jouées* par les personnages de Dubillard, donc à portée du spectateur. Dans **Les Vaches**, les principaux auteurs et personnages de l'hypotexte ne sont pas rattachés explicitement à leurs origines — exception faite de Walter/Chopin, personnage pirandellien comme Guillaume/Beethoven, dont l'identification ponctuelle et ratée fait signe vers celle, moins évidente, des autres personnages. L'hypotexte disparaît dans l'hypertexte, alors que se manifestent tels quels les personnages du roman familial de Félix, menant droit vers une problématique de l'inconscient. On dirait que l'arrière-plan passe au devant de la scène.

La commande absurde que Félix refuse — avant de la réaliser, à son corps défendant — , relève manifestement d'un *plagiat* ; c'est dire qu'en « créant » ainsi, le conflit œdipien n'a pas lieu puisque la bataille est gagnée d'avance : la Fontaine de Médicis est déjà là. Or, la pièce de Dubillard manque de peu et de beaucoup un but tout aussi inaccessible, celui de refaire le déjà-fait, de *ré-écrire les poèmes de Rimbaud*, d'en devenir l'auteur. Les guillemets du titre annoncent la couleur : nous avons affaire à une sorte de *plagiat original*. Toute la pièce est truffée de noms, d'images, de thèmes, de phonèmes rimbaldiens, comme d'autres scènes renvoient à la biographie du poète.

Si on examine les personnages des **Vaches** à la lumière de l'hypotexte rimbaldien, on se rend compte rapidement de leurs origines proprement poétiques : Félix doit son prénom à l'***Alchimie du verbe*** (« j'enviais la félicité des bêtes ») et son deuxième nom, Jean-Marie, au poème qui s'intitule **Les Mains de Jeanne-Marie** ; Rose doit son nom notamment à **Un cœur sous une soutane** (« c'était la Rose de David, la Rose de Jessé, la Rose mystique de l'écriture : c'était l'Amour ! ») ; les noms de Bavolendorf et de Hachemoche sont surtout tributaires des **Douaniers** (« Quand l'ombre bave aux bois comme un mufle de vache »), où l'on trouve à la rime « macache »/ « coups d'hache »/ « vache » [1]. De plus, on remarque que bon nombre d'associations rimbaldiennes se transposent dans **Les Vaches** au niveau des rapports des personnages : pour Félix, Olga la vache représente la félicité ; Rose s'associe à la mère dans **Les Vaches** ainsi que dans **L'étoile a pleuré rose**, tout en incarnant la muse du poète chez Dubillard comme chez Rimbaud ; parlant à la place du président Hachemoche, Bavolendorf remet à Félix son prix, une « hâche » qui ressemble à « la tête aimablement encornée d'une jeune vache pastorale » [I, 12]. La surdétermination poétique que réalise déjà l'œuvre de Rimbaud se re-fait dans **Les Vaches**, reliant personnage et discours par le biais du signifiant. En morcelant et en rassemblant de nouveau le verbe antérieur, la pièce de Dubillard inclut le signe poétique dans un contexte qui lui confère un signifié nouveau. Fidélité infidèle puisqu'elle imite les propriétés ludiques du texte d'origine par ses propres calembours, jeux de mots, noms-épithètes, qui travaillent *sur* ceux de Rimbaud. D'où ce renversement curieux par lequel l'isotopie | théâtre |, très présente chez Rimbaud [2], trouve sa réplique dans l'isotopie | poésie | des **Vaches**.

Pris dans ce contexte nouveau, le jeu de Rimbaud devient autre. Il suffit de relire Rimbaud à la lumière de Dubillard (et inversement) pour se rendre compte de l'influence capitale de l'hypotexte dont la poétique purement verbale se trouve à l'origine des *images scéniques* et de l'*action* des **Vaches** :

> ***Comédie de la soif*** : outre le titre de la pièce (« Aller où boivent les vaches ») et le thème évident de la soif, on remarque que le dialogue entre « MOI » et les « Grands-Parents, les Grands » devient celui entre Félix et les figures de l'arbre familial [acte III] ; Zerbine, objet du désir de Félix, et son Père, qui récite le « sonnet du plombier », sont comme une extension scénique des vers : « Chansonnier, ta filleule/C'est ma soif si folle ».
>
> ***Enfance*** : dispersés dans le poème, les thèmes de la mort de la « jeune maman » (cf. Élyséa, mère de Saül), de l'horloge, de la cathédrale, d'une « petite voiture abandonnée », de la faim et de la soif, de la chasse, éléments qui sont tous refondus dans l'action des **Vaches**, notamment au troisième acte.
>
> ***Aube*** : immobilité, mort, clochers, l'enfant tombé « au bas du bois » se manifestent au début de l'acte III ; « une fleur qui me dit son nom » s'appellera Zerbine [p. 97] ; le « wasserfall » dans les arbres où le poète reconnaît « la déesse » devient l'arbre où pleure la mère de Félix [« Les wasserfall », p. 107] ; « Au réveil il était midi » - « *Tout à coup, lumière à pleins feux. Midi* » [p. 108]

---

[1] A. Adam indique qu'à partir de mai 1871, le verbe « baver » revient constamment sous la plume de Rimbaud (voir **Œuvres complètes**, Bib. de la Pléiade, 1972, p. 890).

[2] Cf. **Le Bateau ivre**, **Bruxelles**, ou **Scènes**.

Toutes les scènes de cette pièce font preuve d'emprunts à l'œuvre de Rimbaud, mais toujours de façon implicite dans la mesure où le vers d'origine n'est jamais *cité*. Le langage de la pièce fait disparaître celui de son hypotexte, de telle sorte qu'il n'y a plus double interne, qui exige la reconnaissance *per se* du texte inclus, mais fusion des discours, de même qu'au niveau des personnages il y a fusion des voix. Si le spectateur averti peut bien discerner les signes et isotopies dominants de la poésie de Rimbaud, celle-ci perd de sa spécificité en devenant théâtrale — l'image verbale devient scénique, l'effet de discours devient métaphore visuelle, la poésie se fait action perçue, la densité du poème se dilate dans la durée théâtrale. Partant des mots et atteignant les dimensions plus larges de l'action et du personnage, l'hypertextualité s'efface au profit d'une écriture dramatique tout à fait originale, qui a fait feu du bois de son antécédent : le contenu se confond avec le contenant alors que le titre même de la pièce dit à haute voix l'identité de l'œuvre en abyme [1] !

Il faut bien admettre qu'une œuvre comme **Les Vaches** se place au-delà de la distinction théorique entre l'*hypertextualité* manifeste de Genette et l'*intertextualité* constitutive de toute écriture définie par Kristeva. Comment faire la part de la conscience dans cette transfusion poésie-théâtre ? La rivalité déclarée est devenue identification profonde, *comme* inconsciente, une démonstration parfaite de la façon dont l'originalité de tout sujet se fabrique à partir des voix diverses qui le fondent.

Aussi la lyre est-elle vraie et fausse déjà en tant que symbole emprunté à Rimbaud [2], au même titre que d'autres signes nombreux et divers qui parcourent tout le théâtre de Dubillard : le bronze, le marbre, les thèmes de la fuite et de la chasse, l'enfant abandonné, et les douze coups de midi/minuit qui sonnent les fins du **Jardin**, de **Camille**, des **Crabes**, des **Vaches**, et qui reviennent dans la scène XVI de **La Maison**. Voici la référence rimbaldienne :

> Pitié ! Seigneur, j'ai peur. J'ai soif, si soif ! Ah ! l'enfance, l'herbe, la pluie, le lac sur les pierres, *le clair de lune quand le clocher sonnait douze*... le diable est au clocher, à cette heure. Marie ! Sainte Vierge !... — Horreur de ma bêtise.
>
> **(Nuit de l'enfer)**

En passant par **Une saison en enfer**, le point culminant des **Vaches** relie la soif de Félix à l'hypotexte biblique, aux paroles qu'énonça Jésus « afin que l'Écriture fût accomplie : J'ai soif » (**Jean, 19, 28**). En plus de la poly-isotopie intratextuelle mise en abyme, la fin des **Vaches** est aussi l'actualisation simultanée

---

[1] Cas extrême, il n'est pas tout à fait unique : Genette (1982, p. 357) attire l'attention sur le rapport tout aussi discret entre l'**Ulysse** de Joyce et son hypotexte, l'**Odyssée**. Un titre « clef » que le lecteur de Joyce, comme le spectateur de Dubillard, aurait tort de négliger.

[2] On pourrait citer, parmi beaucoup d'exemples, ce passage d' **Un cœur sous une soutane** :

> « Ne devinez-vous pas que je deviens oiseau,
> Que ma lyre frissonne et que je bats de l'aile
> Comme hirondelle ?... »

d'un hypotexte multiple dans lequel figurent la mort de Jésus et la Fin de l'Écriture. Le « O » de Félix ajoute à sa polysémie intra-textuelle celle que la poésie de Rimbaud condense déjà dans ce signifiant, « O bleu » des **Voyelles** et « O » de l'apostrophe, aussi important dans l'œuvre de Rimbaud que dans le dernier acte des **Vaches**.

A l'instar des autres créateurs ou inventeurs passant dans les œuvres qu'ils fabriquent, Rimbaud est aussi présent dans **Les Vaches** de par sa vie : l'enfant précoce, l'absence du père, l'emprise de la mère, les fuites du jeune Rimbaud. Les événements de la *vie du poète* s'intègrent parfaitement à l'action dramatique, notamment aux isotopies | création | et | famille |. Le chantier que dirigea Rimbaud à Chypre, une cinquantaine d'hommes occupés à construire la résidence d'été du gouverneur, constitue la source biographique du récit du Portier, celui qui avait construit la maison d'Oblofet, devenue celle de Félix ; quant à la fin de la pièce, elle renvoie, à travers la fuite de Félix et sa récupération toute physique dans un objet de commande, au départ à l'étranger de Rimbaud et à l'abandon de la poésie au bénéfice du commerce, ainsi qu'à la mort du poète, à sa paralysie, à sa dernière lettre incohérente comme le bruitage liquide de Félix [1].

L'hypertextualité biographique ne s'arrête pas là. L'hypotexte gidien, pour être moins étendu que celui de Rimbaud, en vient toute de même à surdéterminer personnage, discours et action. Ainsi, la famille de Félix/Rimbaud est aussi celle de *Gide* car on retrouve la mort du père suivie de celle de la mère, l'influence pesante d'une famille bourgeoise et d'une éducation puritaine. Les références à Gide se font parfois plus circonstanciées : son amie anglaise, Dorothy Bussy, surgit dans la « Dorothée » que Walter tâche de faire sortir du piano [I, 7] ; et l'identification à Chopin de Walter (cf. **Les Cahiers d'André Walter**) évoque les **Notes sur Chopin** de Gide. D'ailleurs, les commentateurs ont remarqué la façon dont Gide, dans ses essais critiques, tirait à lui l'objet d'étude, en faisant comme une œuvre-miroir. « J'ai commencé par devenir celui-là même que je voulais portraiturer », dit Gide : « Pour qu'on obtienne de vous un portrait ressemblant [...], ressemblez d'abord à un portrait qu'on aurait fait de vous », conseille Marchecru à Félix [I, 10].

Plus généralement, l'opposition qu'établit la pièce entre « art sain » (officiel, classique) et « mots vaches » réfléchit le côté puritain de Gide et son homosexualité, le moralisme de son œuvre et sa sexualité latente. On repère le même contraste dans le premier récit d'Élodie, avec ses résonances bibliques (« il était là, comme un Jésus parmi les docteurs ») et gidiennes : « [...] Geneviève aussi, la sainte, que je n'ai pas connue à l'école des Pères » (cf. **Geneviève** et **L'École des femmes**). Le nom même de la « comtesse d'Artsin » (sain/sein) suggère déjà le conflit entre l'érotisme du désir et les

---

[1] L'abandon de la poésie et des mots est déjà dans la poésie de Rimbaud : « Connais-je encore la nature ? me connais-je ? — *Plus de mots.* » **(Mauvais sang)**

contraintes de l'art commercial : opposition érotisme/moralisme chez Gide, sexualité/religion chez Rimbaud, et enfin celle entre l'œuvre pleinement érotique de Rimbaud et celle du moraliste.

Se fondant l'un dans l'autre, les hypotextes gidien et rimbaldien participent pleinement des isotopies majeures de l'œuvre : | création |, | famille | et | sexualité |. L'imbrication radicale de ces deux hypotextes, et de ces trois isotopies, atteint un point paroxystique lors de l'acte II, scène 10. Dans une sorte de *psycho-critique théâtrale* de son hypotexte bicéphale, le rêve auquel assiste Félix nous fait rentrer dans l'embryon de l'œuvre, là où l'allotopie sémantique permet au sujet de lever le rideau de l'*autre scène* :

- scandale du refus de la commande (saine), scandale du désir pour la mère, chasse au « cochon » [pp. 83-85]
- impuissance de ceux qui perdent leur « fusil », homosexualité refoulée [p. 85]
- impuissance du cocu, multiplication des amants de sa femme [p. 86]
- fuite de l'enfant, retour à la figure érotisée de la mère [pp. 84 & 87]
- honte, suicide [p. 87]

Pudeur, culpabilité, impuissance, homosexualité : tous ces éléments puisent dans l'hypotexte de Gide et/ou de Rimbaud, en même temps qu'ils condensent dans le délire ce que la pièce dit, de façon moins crue, dans d'autres scènes. L'affaire de la « P.D.F. » (« Président-Directeur-Farine. Je ne veux pas. Pas doué pour le pétrin ») renvoie au chapitre 3 de **Si le grain ne meurt**, à l'épisode où le petit Gide met un costume de patissier pour un bal ; le costume trop grand le rend ridicule (« j'en étais empêtré »). Ce récit autobiographique paraît comme la référence privilégiée de l'hypotexte gidien : on retrouve dans le paragraphe d'ouverture la rue de Médicis où naquit l'auteur, le jet d'eau qu'il voyait du balcon ainsi que le jardin du Luxembourg (cf. la fontaine de Médicis) ; plus tard, il sera question de la bibliothèque impressionnante de son père, lieu qui réapparaît dans l'acte II, scène 9 des **Vaches**. Et lorsque Gide décrit le « gouffre d'amour, de détresse et de liberté » dans lequel la mort de sa mère le plongea, on reconnaît sans peine les accents de Félix lorsqu'Élodie le quitte.

Pour un peu, on croirait presque à la capacité des **Vaches** à *inverser les rapports de priorité* : « The mighty dead return, but they return in our colors, and speaking in our voices, at least in part, at least in moments, moments that testify to our persistence, and not to their own » (Bloom, 1973, p. 141).

Tout en étant dans l'impossibilité de suivre tous les fils se rattachant à Gide et à Rimbaud, on s'aperçoit que la pièce de Dubillard se compose de toutes pièces de ces fils enchevêtrés, que les éléments de l'hypotexte se confondent dans un tissu neuf. Cette mise en pièce psycho-critique de ces deux précurseurs est en elle-même une *lecture* synthétisante [1] et un dispositif d'*auto-*

[1] On n'oserait affirmer que la lecture de Dubillard est « juste », mais on se rend compte, à la lecture de ces deux auteurs, et à la lecture de leurs exégètes, que l'hypertexte de Dubillard

interprétation qui se retourne sur l'œuvre. Lecture d'une parfaite réflexivité puisque l'hypertexte *est* l'hypotexte.

Que peut saisir le spectateur confronté à une mise an abyme qui se plaît à s'annuler dans l'œuvre qui la contient ? D'abord, dans la mesure où hyper- et hypotexte se confondent, la structure isotopique demeure pleinement lisible. Par ailleurs, puisqu'il ne *peut* pas tout saisir, le spectateur est entraîné dans un labyrinthe de la culture dont les couloirs sont ceux de la *genèse* de l'œuvre. La tentative d'appréhender un hypotexte fugace et hybride est celle de la pièce, une aspiration vers l'origine — l'*intertextualité* inconsciente dont parle Kristeva — qui avance en reculant et finit par se buter contre l'impossibilité de tout *lire* : incapacité pour l'auteur de devenir le sujet de l'hypotexte, celle pour le spectateur de devenir le sujet de la pièce. Fuite de l'objet du désir qui place le récepteur devant la double contrainte de l'œuvre, l'obligation de rechercher le créateur/énonciateur, celui qui est censé détenir le sens, et l'impossibilité de parvenir au but. C'est Borges, autre amateur de labyrinthes, qui a écrit : « Tous les hommes qui répètent un vers de Shakespeare *sont* William Shakespeare » (*op. cit.*). Autrement dit : Shakespeare n'existe que dans la conscience collective de tous ses lecteurs. Le spectateur des **Vaches** devient le témoin de cette « incessante circularité des textes » (Genette) qu'il est appelé à déchiffrer et dont il perdra forcément le fil.

L'aporie de la mise en abyme reste entière, d'où la situation paradoxale dans laquelle se retrouve la critique : étudier ce qui est spécifique dans **Les Vaches** revient à suivre des pistes intra-textuelles menant vers des voix absentes, celles dont l'œuvre se fait. Comme Félix, le récepteur est comme « écrasé par les petits livres de tant d'autres pères » [II, 9], ce qui permet à l'auteur de réaliser une ambition primordiale : occuper lui-même la place du Minotaure, au cœur du labyrinthe, et *s'offrir au désir de savoir* de Thésée, du spectateur idéal. Maître du mystère, mystère du maître : d'une certaine façon, comme disait Barthes, le lecteur *désire* l'auteur.

Parmi les « petits livres » qu'évoque Saül figure en bonne place le **Saül** de Gide. Une reine dominatrice (cf. Élodie), un ancêtre écrasant (l'ombre de Samuel, voire Oblofet), un père déchu (Saül, voire Félix), le poids d'une couronne (cf. la lyre de Félix) : la configuration de personnages et la thématique de la pièce de Gide se superposent à celles des **Vaches**, suscitant la confusion des figures du père et du fils car la pièce de Dubillard donne à Félix un fils qui s'appelle Saül, alors que Saül, tant dans l'œuvre de Gide que dans l'Ancien Testament, fait surtout figure de roi/père. L'équation père/fils va plus loin : chez Gide, c'est Saül qui doit porter le Démon, un petit enfant [V. 8] ; au troisième acte des **Vaches**, c'est Félix qui porte Zerbine jusqu'à la

---

éclaire et développe son hypotexte. Dans le cadre des **Vaches**, cette lecture est pleinement cohérente, à tel point que l'essai de Lacan sur Gide (« Jeunesse de Gide ou la lettre et le désir », Lacan, 1966) jette une lumière accrue sur la pièce de Dubillard.

figure imposante de son père. Ainsi, Zerbine incarne à la fois la tentation et, comme Rose, la femme idéale. Mais cette jeune fille que le poète voudrait emporter, elle est aussi la Zerbine de **Don Giovanni** de Mozart et « une Alsacienne, sur une boîte de biscuits, parmi des anges [...] couchés dans le bleu, entièrement occupés dans le vent à gonfler les trompettes de la renommée » — à la fois emblème commercial et un des anges de la **Vénus** de Botticelli !

L'hypertextualité abondante des **Vaches** est véritablement sans fin [1] car le travail en chaîne des mises en abyme remonte toujours plus haut dans la *filiation* des créateurs et de leurs œuvres, filiation qui possède la même verticalité que l'arbre familial de Félix. Au-delà de Gide et de Rimbaud, de Hugo et de Léonardo da Vinci, la pièce se hisse jusqu'à la dramaturgie grecque, pères qui sont aussi des fils écrasés sous le poids d'autres pères :

> *Bavolendorf* : [...] Et sans doute cette hache est-elle de marbre, et cette vache est-elle absente, mais la tortue ne l'est-elle pas ici aussi ? Et c'est pourquoi, carapace ou cadavre, n'est-ce pas Esquille, Sophoncle, Euripède, l'art dramatique de la Grèce, lui-même, qui la reçut sur la tête, cette tortue ? Autre mythe que j'offre à vos méditations avec celui d'Orphée.
>
> [**Les Vaches**, p. 42]

Le comique des noms transformés sert, comme la mise en abyme elle-même, à s'approprier ce qui est hors d'atteinte, à déjouer l'autorité pesante des créateurs immortels en les replaçant parmi les jeux de mots du discours propre. C'est aussi le caractère parodique de ce discours de Bavolendorf qui fait savoir au spectateur que son incapacité de saisir toutes les allusions fait partie du sens de la pièce. A la *tension* du vouloir-saisir succède la *décharge* d'un rire provoqué par la pièce aux dépens d'elle-même : l'œuvre se fait *magnum opus* pour se gausser de la majuscule de sa Culture.

Parmi les nombreux mythes offerts à l'attention du spectateur, ce sont ceux de ***Polyphème*** et d'***Orphée***, cités à plusieurs reprises, qui se dotent de la plus grande réflexivité. Le premier se greffe sur l'isotopie | *famille* | et le second, évidemment, participe de l'isotopie | *création* |. Les deux mythes se rejoignent à la fin dans la mise en abyme terminale de l'œuvre, mimant l'enchevêtrement des isotopies dont ils relèvent.

Le triangle œdipien que forment Acis, Galatée et Polyphème est justement le sujet sculptural de la fontaine de Médicis, comme le signale Hachemoche [I, 12]. Décrivant son ballet au début de l'acte II, Marchecru mélange | art | et | sexualité | pour placer le mythe classique sous le signe de l'art « cochon », tandis que le rapport avec | famille | se précise à l'acte II, scène 5 : Polyphème se confond avec Hachemoche (« Ce ministre, ce Polyphème ») ainsi qu'avec le père cocu par le fils :

---

[1] Dans un essai sur la dramaturgie et la mise en abyme, Michel Corvin (1987) souligne la pertinence toute particulière d'« **... Où boivent les vaches** », et signale une autre source poétique : « **Où boivent les loups** » de Tristan Tzara.

Félix : [...] Acis et Galatée eux, ils baisaient, pas même comme lui en bronze mais, sans pudeur, en marbre ! Eux ! Et tout nus en pierre nue comme l'innocence ! Papa ! (Tiens, c'est la première fois que je parle de mon père. C'est la colère qui me fait rajeunir, qui me fait tout petit, tout nu en pierre comme eux, sous ce grand Polyphème en bronze. Lui : son seul œil en bronze.)

[**Les Vaches**, p. 73]

C'est l'*œil du père* qui surveille Acis et Galatée, Félix et sa mère. Ce « second seul œil » deviendra le soleil de l'acte III, devant lequel Félix portera Zerbine pour la ramener chez le Père, plombier et véritable artisan de la fontaine familiale dans laquelle les figures de la parenté prennent place, se confondant avec les personnages du mythe. Généalogie qui confirme le rapprochement Élodie/Zerbine (mère/fille), en mettant Félix d'abord dans la position du fils, d'Acis, et ensuite dans la position supérieure de Polyphème. Ainsi, le mythe devient la réalité scénique de la mise en abyme terminale, rassemblant dans son miroir les deux versants du triangle œdipien. Comme Acis, Félix subit d'abord la pétrification, celle provoquée par l'œil culpabilisant du père, pour devenir ensuite l'eau du fleuve, l'eau de la fontaine.

On retrouve la même surdétermination des figures de l'hypotexte dans la théâtralisation du mythe d'Orphée. Les références explicites (le discours de Bavolendorf et cette lyre que Félix ne quitte jamais) débouchent sur un parallélisme frappant entre bon nombre de scènes et l'hypotexte mythique :

- la lyre présentée par Apollon/Président Hachemoche à Orphée/Félix
- Orphée remonte vers le monde, suivi d'Eurydice : le Vacher tire Olga vers le « dehors » [II, 7]
- Eurydice retourne en enfer, Orphée renonce à la compagnie des humains : Élodie meurt, Félix fuit dans la campagne
- Orphée mis en pièces par les Bacchantes : Voix de femmes accusant Félix d'avoir souhaité la mort d'Élodie

Orphée n'est pas que Félix. Tout comme Olga et la mère se superposent dans la figure d'Eurydice [1], la figure d'Orphée est à la fois Félix, le vacher, et Saül. C'est ce dernier qui tire Olga par sa longe au dernier acte, longe qui est aussi « *la ligne d'horizon qui s'éclaire* », le retour à la lumière. Loin d'imiter le mythe, la pièce en fait comme un miroir de sa fiction qui rassemble et superpose deux générations. Si c'est la mère que Félix abandonne, c'est le fils qui tente de ramener Zerbine/Olga vers le soleil et vers le père, Félix. A la culpabilité du fils vis-à-vis de la mère s'ajoute celle du père vis-à-vis de la fille. Et dans les deux cas, c'est l'œil d'un père — le père de Félix à

[1] Comme le suggère la présence d'Olga la vache, Félix est aussi dompteur d'animaux, trait qui renvoie à Orphée comme au Christ. D'ailleurs, la fin des **Vaches** s'appuie sur un rapprochement traditionnel de ces deux figures : le dompteur d'animaux devient le bon berger, la figure du *logos* devient l'incarnation du Verbe.

l'acte II, scène 5, et celui de Zerbine plus tard — qui accuse le désir coupable. La double mise en abyme mythique de la fin réfléchit donc l'imbrication des trois isotopies majeures de l'œuvre — | famille |, | sexualité | et | création | — à travers l'histoire désormais unique de Polyphème et d'Orphée.

Les deux mythes de l'hypotexte mettent en valeur le signe du *regard*, celui du désir et celui de la culpabilité qui l'accompagne. Dans la pièce de Dubillard, Orphée est replacé dans le cadre de la famille, la plus petite des sociétés étant le cadre œdipien. La valse des personnages de la famille de Félix se fait à l'intérieur de ce cadre, qui contient également un journaliste, un président, la radio, un public, voire la société. Et pourtant, il s'agit d'un théâtre *subjectif* car les autres, même nombreux, n'apparaissent qu'à travers la vision personnelle d'un sujet unique : « Impossible qu'il passe, en cette pleine campagne, quelqu'un qui ne serait pas moi », dira Félix. Autant dire que le regard d'Orphée est *intérieur*, comme le montre la scène du rêve dont Félix est témoin, mettant en scène le drame « inconscient » dans lequel les rapports du sujet avec l'extérieur passent par la voie intérieure. Aussi le regard intérieur, médiatisé par l'identification hyper-textuelle, est-il la condition de l'œuvre : une conscience réflexive qui permet à l'œuvre de se contempler dans les miroirs de ses modèles.

A travers les connotations opposées de la *pétrification* et de l'*inondation*, la fin des **Vaches** exprime les deux versants du rapport à l'hypotexte. D'une part, nous sommes pétrifiés par une vénération excessive pour les créateurs immortels ; d'autre part, l'ouverture totale à l'influence du précurseur comporte le risque inverse, celui d'une identification délirante, d'un éclatement du moi qui, comme à la fin du **Jardin**, finit par noyer le sujet créateur : « The precursors flood us, and our imaginations can die by drowning in them, but no imaginative life is possible if such inundation is wholly evaded » (Bloom, 1973, p. 154). Il s'agit donc de ménager le « moi courant », de prévenir les débordements du « robinet de galop », et de remonter le « robinet paradoxal » jusqu'à la source afin d'affirmer *sa priorité* (cf. **La Boîte à outils**, pp. 13-14).

Dubillard aurait quelque affinité avec Pierre Ménard, cet auteur créé par Borges pour ré-écrire le **Quichotte**. Tous deux semblent d'accord sur l'énorme difficulté qu'il y a à créer une œuvre vraiment *originale*. Dans ce théâtre à la fois subjectif et nourri de culture, l'idée même d'une pièce absolument personnelle paraît saugrenue, aussi *inconcevable* qu'un enfant sans parents. C'est avec une ambition aussi démesurée que discrète que Dubillard se laisse influencer par ses modèles ; c'est cette façon d'imiter qui est inimitable. Il en résulte, paradoxalement, une œuvre insolite dont chacune des pièces repart à l'assaut d'un modèle primitif, comme si l'esthétique propre de chaque pièce se dégageait de son rapport à l'hypotexte, à l'œuvre d'un autre père. Le jeu des influences, qui reste souvent, chez d'autres, un sujet de méconnaissance privilégié, passe au premier plan de l'œuvre, alors que s'affirme cette loi d'une logique tout à fait dubillardienne : plus l'hypotexte est riche et important, plus il s'efface, se confondant avec l'action d'une *autre scène* qui se manifeste désormais à l'échelle des personnages.

Le metteur en scène qui s'attaque à **La Maison d'os**, au **Jardin**, ou à **« ...Où boivent les vaches »** ne peut guère rester insensible aux rivalités en chaîne de l'hypertextualité car, lui aussi, il en devient un des maillons. Cette tête d'Oblofet, restant à sa place dans la maison de Félix, le laisse entendre : une fois achevé, le texte de théâtre devient le langage *antérieur* : « La mise en scène consiste donc à tenir le pari impossible de représenter le texte symbolique du père-auteur, par la répétition du réel » (Spizzo, 1986, p. 409). Qu'il s'appelle Roger Blin, Roger Planchon ou tout autre nom, le metteur en scène occupe désormais la place du fils et ce sera donc à lui de demander, comme Saül : « Papa ! Ton verre : Ton eau ! Donne-la-moi dans ton verre, papa, dis, ton eau ! » [p. 113]

CHAPITRE IV

FIGURES DU MOI

> La Symphonie Levrette, de Sigmund Freud, qui vous sera donnée ce soir dans le cadre du Festival d'Arcachon-Limoges, sera exécutée par les huîtres de l'Orchestre Psychanalytique de But en Blanc, sous la direction de Jacques Lacan [...]
>
> [« Le Concert », **Les Diablogues**]

Si l'on se réfère à la formule célèbre de Freud, l'inconscient, cette *autre scène*, aurait besoin de théâtre. En cherchant dans le domaine théâtral certaines métaphores descriptives et en faisant de Sophocle et de Shakespeare ses précurseurs, Freud n'a pas manqué de souligner le lien profond qui unit théâtre et inconscient, scène publique et espace intérieur. Au théâtre, nous assistons à la rencontre *des* inconscients qui, grâce à la ligne de fiction que constitue la rampe, peuvent se retrouver plus librement qu'ailleurs. A ce titre, la représentation du texte serait un « objet transitionnel collectif » (A. Green, 1969), un lieu de transfert privilégié dans la mesure où le texte théâtral est, de nature, un texte « troué » :

> Toute œuvre théâtrale est énigme, comme toute œuvre d'art, mais énigme d'une parole articulée, énoncée, dite et entendue, sans qu'aucune plénitude étrangère à elle ne remplisse ses intervalles. C'est pourquoi l'art du théâtre est l'art du malentendu.
>
> (*ibid.*, p. 12)

Et puisque l'*autre scène* est, pour ainsi dire, sur scène, nul besoin d'enquêter sur la vie de l'auteur afin d'en faire la psychobiographie. Même si certains metteurs en scène prennent soin de fournir aux spectateurs des programmes en guise de mode d'emploi, l'inachèvement foncier de l'œuvre dramatique (que les didascalies ne prétendent pas combler) se passe d'éléments extérieurs et se suffit à lui-même. Peut-on parler d'un « inconscient de l'œuvre » ? Selon D. Anzieu, la sémiotique se trompe lorsqu'elle détourne ainsi le terme d'« inconscient », lequel serait « une réalité vivante et individuelle » (1981, p. 11). Certes, le corpus provient d'un corps, mais dans l'optique du récepteur, le message théâtral est vivant à la fois parce qu'il est inachevé et parce qu'il contient — ou est censé contenir — tous les éléments qu'exige la lecture de l'œuvre. La représentation du texte présuppose donc une force analogue à celle qui structure le rêve ; il importe peu, du point de vue de la réception, de savoir s'il faudrait parler d'un « inconscient » de texte ou d'auteur, ou bien d'une « conscience » plus ou moins éveillée de l'auteur réel. L'achèvement de l'œuvre est censé coïncider avec ce point de fuite des voix que constituent auteur *et* inconscient car c'est dans l'*Autre*, au sens de Lacan [1], que se trouve l'origine de la parole.

Évidemment, certaines formes de théâtre se rapprochent plus que d'autres de la scène freudienne. Parlant d'un « théâtre d'après Freud », Green cite les noms d'Artaud et de Beckett, de Genet et de Dubillard (*ibid.*, p. 286) parmi les modernes dont les œuvres intéressent fortement l'inconscient. A la différence d'un Ionesco ou d'un Weingarten, Dubillard se préoccupe moins de livrer au spectateur les images crues d'un onirisme naïf ; chez Dubillard, l'*autre scène* passe la rampe en payant le prix d'une élaboration plus complexe. Si son théâtre est *d'après* Freud, ce n'est pas seulement en vertu de ces signes extérieurs du rêve et de l'absurde (oublis de noms, fusion de mots et d'objets, personnages disloqués) ; c'est surtout parce que les pièces de Dubillard s'entêtent à retrouver leur *source*, à dire l'origine de la parole. L'unité psychologique de ces personnages est partout battue en brèche, mais il ne suffit pas de s'arrêter au constat d'incohérence, comme s'il ne revenait qu'au comédien de masquer la dislocation par la présence irréfutable de son corps. La multiplicité des voix qui se canalisent dans l'énonciation du personnage relève d'une autre instance, celle que la mise en abyme désigne comme l'origine des discours. Il ne s'agit pas de faire reculer la notion d'un *sujet plein* jusque dans la voix de l'auteur ; l'unité plurielle du personnage est bien à l'image de celle de l'Énonciateur, laissant entendre que nul n'est l'inventeur de son langage. Pour le spectateur comme pour tout sujet, la cohérence *parfaite* de l'œuvre, voire l'entendement *intégral*, resteront des hypothèses nécessaires.

Nous l'avons vu aux chapitres précédents : l'écriture théâtrale de Dubillard s'interroge sur sa *poïétique* [2], sur le travail de création qui la précède comme sur l'effet esthétique qu'elle entend susciter. Cette mise en abyme de l'énonciation dramatique ne se contente pas de clins d'œil allusifs ; en manifestant l'envers du décor, elle essaie de réfléchir l'*autre scène* de ses personnages — les figures permanentes du *roman familial* derrière la mobilité apparente des personnages, le lien entre les personnages de l'œuvre et le problème des origines, les identifications suscitées par l'œuvre et leurs rapports aux fantasmes originaires. Identifications qu'il faut envisager comme recherche d'identité du créateur mais aussi du spectateur grâce au mouvement de

---

[1] « Ça parle dans l'Autre, disons-nous, en désignant par l'Autre le lieu même qu'évoque le recours à la parole dans toute relation où il intervient. Si ça parle dans l'Autre, que le sujet l'entende ou non de son oreille, c'est que c'est là que le sujet, par une antériorité logique à tout éveil du signifié, trouve sa place signifiante. La découverte de ce qu'il articule à cette place, c'est-à-dire dans l'inconscient, nous permet de saisir au prix de quelle division (*Spaltung*) il s'est constitué » (Lacan, 1966, p. 689).

[2] Au-delà de la poétique strictement théâtrale, nous nous intéressons ici à ce que D. Anzieu appelle la *poïétique*, laquelle « étudie le travail de création dans sa généralité et dans son universalité » (1981, p. 10).

lecture qui reprend en écho le parcours du créateur [1]. Au-delà des figures du roman familial, l'œuvre-miroir de l'auteur tente de saisir les reflets des divers acteurs de la communication théâtrale pour en faire le sujet implicite de l'action ; et puisque toute communication passe par l'Autre du langage [2], l'œuvre tend son miroir aux créateurs modèles et aux comédiens, aux spectateurs et aux metteurs en scène futurs, éclairant partout les faces cachées de l'énonciation théâtrale. A ce sujet, on peut parler *des relations d'objets* que la pièce entretient avec auteur et destinataires : l'investissement narcissique de l'œuvre-objet en fait un *lieu transitionnel* entre le Moi et les autres, entre le *corps* propre et le *code* culturel. Miroir du Moi, l'œuvre constitue donc l'espace des identifications imaginaires du sujet créateur, l'autre de la relation imaginaire, en même temps qu'elle est *objet* pour le spectateur — objet du désir de savoir, objet de plaisir, objet de « consommation ».

---

1 « En outre le lecteur — par l'œuvre — *s'identifie à l'auteur* comme maître du *jeu* avec les fantasmes. C'est sa lecture qui est *constitutive* de l'œuvre tant il est vrai que celle-ci ne peut exister sans public, c'est ce dernier qui l'acclame et la motive de ses propres représentations. En cela l'auteur fait de chacun de nous un créateur par le mouvement *de lecture* qui reprend en écho le processus d'écriture » (R. Gori et M. Thaon, 1979, p. 238).

2 Pour une critique lacanienne du schéma célèbre de R. Jakobson, voir M. Cusin (1978), « Quand lire c'est dire » : « Et pourtant, ce texte, le lecteur le fait sien en y aménageant, par la lecture, un espace de réalité suivant ce que son imaginaire peut en comprendre ; ainsi il en est, en partie, le destinateur. Cependant, il en reste le destinataire, car ce texte lu ne sera jamais entièrement le sien à cause de ce reste irréductible qui, témoignant de l'Autre du langage, met obstacle aux projections imaginaires qui font de tout lire un délire en puissance » (p. 155). Si le théâtre est perçu « directement », cela ne signifie pas pour autant que l'appropriation du spectateur est totale ; travaillé par l'imaginaire du récepteur, le spectacle aussi garde sa part « irréductible ».

1. Roman familial

L'économie que réalise le personnage par rapport aux diverses figures qui l'habitent n'est pas chez Dubillard la gestion prudente d'un théâtre pauvre. La surdétermination du personnage s'apparente plutôt à l'épargne constatée par Freud et dans l'élaboration du rêve et dans la technique du mot d'esprit :

> Nous avons tous présents à l'esprit des rêves au cours desquels les personnages ainsi que les objets fusionnent entre eux ; le rêve fusionne même des mots que l'analyse permet ensuite de dissocier [...]. D'autres fois, et même plus souvent encore, la condensation réalise, dans le rêve, non pas des formations composites, mais des images absolument conformes à un objet ou à une personne et qui n'en diffèrent que par une addition ou une modification émanées d'une source différente, modifications qui sont par suite identiques à celles que nous retrouvons dans les mots d'esprit.
>
> (1930, p. 46)

Déformation du signifiant, fusion de mots et d'objets : le même principe vaut pour les personnages de ce théâtre, palimpsestes qui laissent entrevoir les figures polymorphes d'une scène à l'envers. La figuration dramatique du roman familial ne s'effectue pas toujours de la même façon : dans **Naïves hirondelles** et dans **Les Crabes**, c'est la mobilité du personnage qui suscite la confusion et l'inversion des générations ; dans **La Maison**, la configuration des figures se déplace dans les rapports éphémères des personnages nombreux, alors que dans **Les Vaches**, exception à la règle, les personnages relativement nombreux de la famille Enne s'échelonnent sur plusieurs générations qui finissent par se superposer ; quant au **Jardin**, on assiste ici à la même valse des figures que dans les autres pièces à quatre personnages, mais la mobilité du personnage *cristallise* dans l'hypotexte beethovenien une piste allusive qui permet de cerner la configuration du roman familial que se jouent les membres du quatuor.

Partant de la confusion d'âges et de générations déjà relevée dans les deux pièces à quatre protagonistes, on peut en dégager certaines figures insistantes. Dans la boutique parisienne, les rapports de *famille* sont à peine camouflés par les rapports *financiers* : Mme Séverin est propriétaire et aussi la tante de Bertrand, lequel a Fernand pour patron ; Germaine vient de perdre sa tante et se confond en plus avec Yvette, la nièce de Mme Séverin, dont elle prend la place. Orphelin et orpheline, neveu et nièce, Bertrand et Germaine (cousine) se retrouvent dans un circuit fermé où la flèche du *désir* croise les rapports de *parenté*. Dans cette famille régie par les lois du commerce, Mme Séverin est patronne, celle qui apporte à manger et celle qui subventionne les deux hommes. A la figure d'une mère dirigeante s'oppose la carence évidente de la figure du père : Fernand Fort ne mérite guère son patronyme et se révèle un patron incompétent. Par le biais des connotations sexuelles, l'impuissance de Fernand — incapable de couper le pain [I, 8] et mauvais « photographe » [II, 3] — contraste avec le dynamisme de Bertrand, doué pour la

« photo » comme pour la « moto ». Réduit à mendier de l'argent tantôt à Mme Séverin, tantôt à Bertrand, la situation de Fernand ressemble à celle du boulanger en faillite [I, 6] ; faillite des *patrons* qui connote la défaillance des *pères*. La « mère Séverin » fait sans cesse valoir que les deux hommes sont redevables envers elle — *dette* du fils qui est à la fois financière et sexuelle car, en dépit de son âge, Mme Séverin voudrait faire de la photo, prendre la place de Germaine, et s'assurer du dévouement du fils. Ainsi le fils prendrait-il la place du père défaillant, rivalité œdipienne qui s'exprime tout au long du troisième acte : Mme Séverin persiste à appeler Fernand du nom de son neveu (« *Fernand* : Je ne suis pas là. Si vous m'appelez Bertrand, il n'est pas là » [III, 3]). Le départ du fils suscite la jalousie de la mère ; Mme Séverin traite son neveu d'ingrat et toutes les femmes rivales (Germaine, Solange, Yvette, etc.) de femmes faciles. En fait, la figure de la jeune femme rivale est, à l'instar d'Ophélie, tantôt « une petite fille vêtue de rien, en tutu, en robe de communion », tantôt une « petite gourgandine », puisque le signifié 'nudité' connote et l'innocence et la sexualité. A l'image de la mère lors du stade œdipien, toute femme est à la fois putain et vierge, objet du *désir* et de l'*interdit*. Aimer une femme autre que la mère revient donc à trahir celle-ci en même temps qu'on retrouve la culpabilité de l'inceste dans ce désir qui s'oriente vers des substituts maternels. C'est Fernand qui au troisième acte porte tout le poids de cette culpabilité, lui qui court après la fille de la boutique voisine tout en stigmatisant *toutes* les femmes :

> *Fernand* : Mais oui. Que je vais me déranger. Les petites garces. Toutes sur le même modèle. C'est comme Germaine, tiens. Sa robe, ça ne l'intéresse plus, elle ne viendra pas la chercher, va ! ça se promène la fesse à l'air, pour la motocyclette, c'est bien tout ce qu'il faut.
>
> [**Naïves hirondelles**, p. 108]

Ce « même modèle » n'est autre que la mère, matrice des relations ultérieures avec les femmes ; le fils quitte celle-là pour la retrouver dans celles-ci.

L'ambiguïté du dernier acte provient de ce que Fernand et Mme Séverin cumulent tous les rôles du roman familial sous-jacent. D'avoir été le père faible, Fernand occupe aussi la place du fils, ersatz du neveu (Fernand parle même de « tous-les-deux-Bertrand »), objet de désir d'une mère à laquelle le fils reste assujetti. D'avoir été le *fils coupable* de lèse-majesté vis-à-vis de cette mère étouffante, Bertrand devient également le *père viril absent*, père coupable de cocufier la mère et d'abandonner l'enfant. Le dernier acte parvient de la sorte à superposer la faute du fils et celle du père, ce qui confère à l'action une surcharge considérable provenant de l'*autre scène*. La scène, par exemple, où Fernand « prend » Mme Séverin en photo — scène à forte connotation sexuelle —, figure non seulement la réalisation du désir d'inceste mais aussi l'accouplement des parents dans la scène primitive. La confusion des figures du père et du fils donne aussi tout son sens à cette mort à la fois souhaitée et redoutée de Bertrand [1] : mort du fils séparé de la mère, mort du père absent, castration de l'enfant désireux d'être tout pour la mère, meurtre du père réalisé par le fils rival. Et puisque c'est bien la mère qui évoque cette mort fantasmatique, c'est aussi sa vengeance qui se profile derrière la culpabilité du fils et du père.

Les relations ambivalentes entre la mère et le fils ne s'expriment pas pour rien par le biais de l'équivalence | argent/nourriture |. La relation duelle s'effectue selon les lois d'un *marchandage affectif* qui instaure fatalement la faute du fils, puisque ce dernier ne peut s'acquitter de sa dette auprès d'une mère créancière. S'aliénant dans la dialectique d'une *demande conditionnelle*, le désir de l'adulte/enfant fait figure de manque :

Mme Séverin :	Oh oui, eh, dites, ça faisait un moment qu'il ne la réclamait plus, sa panade.
Fernand :	Vous n'auriez pas voulu ! A son âge, depuis vingt ans qu'il courait dans les allées en criant : ma panade ! il pouvait se taire un peu. Il pouvait tout de même espérer que sa panade il n'avait plus besoin de crier pour qu'on la lui donne.

[**Naïves hirondelles**, p. 113]

La figure de l'*enfant abandonné* — par le père absent mais aussi par cette mère exigeante qui instaure et la dette et le manque — est le corollaire de l'agressivité envers la mère qui se disssimule à peine dans les actes manqués qui jalonnent le premier acte. Si la « mère Séverin » casse la flûte à champagne de Germaine [I, 8], manifestant sa haine de la jeune rivale, c'est surtout Mme Séverin qui fait les frais des accidents divers (écroulement de la table, des paravents, du hamac), accidents qui démontrent bien qu'*on* en veut à Mme Séverin. L'agressivité et la culpabilité du fils se dégagent clairement de la scène 13 du premier acte. Lorsque Germaine et Mme Séverin s'affaissent toutes les deux, Fernand et Bertrand s'engagent dans des activités de secours identiques à l'égard des deux femmes ; identiques mais incompatibles puisqu'il n'y a qu'un hamac (connotation : lit), ce qui pousse Bertrand à asseoir Germaine sur ses genoux (connotation : séduction). Le couple Bertrand-Fernand parvient ainsi à rester fidèle à la mère tout en aimant une autre.

Le désir d'être l'objet du désir de la mère contine de jouer dans la dialectique de la demande d'amour adressée à toute autre. Il s'agit d'une coïncidence impossible entre l'*offre* et la *demande*, laquelle passe par l'isotopie | commerce | de la pièce pour piéger les rapports délicats entre Bertrand et

---

[1] Voir les propos de Mme Séverin et de Fernand dans III, 5 :

Mme Séverin :	Je les vois tous les deux, tiens ! écrasés contre l'écorce d'un arbre, avec leur moto au-dessus d'eux dans les branches.
Fernand :	Oh, mais non, mais dites eh, tout de même, Tantine, allez-y mou.
Mme Séverin :	Je sais bien qu'il ne faut pas souhaiter le pire…

Germaine [1]; l'inconditionné de la demande du sujet bute sur la demande qui revient de l'autre, chacun voulant « tenir lieu de cause du désir », selon la formule de Lacan. Selon Jacques Lacan, le désir se fait intransitif dès lors que l'avènement du langage le fait passer par la voie du signifiant, de telle sorte qu'il vise non pas le réel mais la chaîne sans fin des signifiants dans laquelle le sujet se trouve pris (cf. « Le séminaire sur **La Lettre volée** »). *L'aliénation du désir dans la demande* trouve une figuration tout à fait littérale dans l'équivalence des isotopies | commerce | et | sexualité | : tous ces objets récupérés par Bertrand (pneus, noix, pain rassis, horloges, etc.), objets inutiles privés de toute *valeur*, témoignent à la fois de l'inadéquation radicale de l'offre à la demande et du caractère intransitif du désir. La concaténation du signifiant que l'on observe dans les procédés d'autogénération des pièces ultérieures, privant le signe de toute *référence* au réel, est déjà à l'œuvre dans **Naïves hirondelles**, où les objets parfaitement superflus qui s'accumulent dans cette boutique sans clients sont ceux d'un circuit d'*échange* dans lequel ils n'ont plus leur place, tout comme la figure du fils, incarné par Bertrand-Fernand, ne parvient pas à rentrer dans le circuit de l'*échange symbolique*, voire dans la structure sociale. Échec de l'entrée dans le symbolique qui correspond à l'incapacité de dépasser un stade œdipien dans lequel il n'est jamais pleinement entré. L'irresponsabilité commerciale du couple Fernand-Bertrand correspond à une tentative de se soustraire à la dette, de rester, sur le plan économique comme sur le plan de la filiation, hors-circuit.

Rivé à la figure ambivalente de la mère, le fils ne s'en détache que pour retrouver les sèmes de la maternité chez toute femme car l'accès au symbolique, marqué par l'intervention du père dans la relation duelle, est ce qui autorise le sujet à prendre femme ; la reconnaissance du *Nom-du-Père* oblige le sujet à renoncer au désir de la mère pour se plier à la loi, celle de l'échange des femmes en dehors du cadre incestueux. Faute de la référence au père, toute femme revient à la même ; l'accès au symbolique n'a pas véritablement lieu. L'équivalence que pose Lacan entre dépassement de l'œdipe et insertion dans la structure sociale nous aide à saisir le point où le roman *familial* des **Naïves hirondelles** rallie la structure *sociale* : en s'installant dans un jeu de répétitions (réparer l'objet cassé), le moi s'engage dans une activité neutre, qui se veut en dehors des tensions de la famille et de l'échange social. C'est que la transmission du nom et du patrimoine n'a pas eu lieu — la faillite de Fernand provoque la fuite de Bertrand.

Écrite en même temps que **Naïves hirondelles**, **Camille** présente les figures caricaturales du même roman familial, donnant libre cours au mouve-

---

[1] L'impossible concordance entre les deux amoureux des **Naïves hirondelles** ressemble fort à la méfiance mutuelle de ces deux plongeurs dans **Les Diablogues** [p. 104] ; chacun refuse de plonger avant l'autre : « Vous avez dit hop pour que je plonge, mais vous, vous n'aviez pas du tout l'intention de plonger. »

ment pleinement érotique d'une libido qui se plaît à confondre galanterie et grivoiserie, scène de théâtre et scène de l'inconscient :

> *Le Comte* : J'ai percé dans le trou de votre coffre à pipes, Denise, un trou qui va jusqu'à Neuilly-sur-Seine ; et, par un petit train, de l'une à l'autre scène, de chez vous à chez moi je vais comme je veux.
>
> [**Camille**, p. 28]

Revenu de la mort, le comte d'Autrebane surveille, en mari invisible, sa femme Solange, tout en aimant Denise. Incarnation du père absent, le comte se fait cocufier par Laurent de Vitpertuise, son jeune rival, amoureux de Solange, alors que Denise, jeune fleuriste et amie du comte, tente d'écarter Solange afin de séduire Laurent. A la fois « traînée » et femme idéale, Solange est l'objet du désir dans la relation duelle, séductrice et intouchable, figure imposante devant laquelle s'effacera la jeune rivale, Denise. Comme dans la boutique des **Naïves hirondelles**, le schéma œdipien débouche sur la *multiplication des rivalités* qui finissent par se confondre. Laurent est non seulement le fils tentant de prendre la place du père invisible mais aussi le père viril qui écrase sur son passage un rival [épisode 12], Léon de Caltecute, dont la fausse barbe et les mains molles connotent l'impuissance [épisode 2]. A partir du moment où l'objet du désir revient constamment à la mère, il y a forcément confusion entre deux configurations. D'un côté, le père viril et le fils castré : il s'agit ici de l'accès au symbolique, lorsque le fils reconnaît le père comme celui qui a le phallus. Et de l'autre côté, le père absent et le fils viril, schéma pré-œdipien où le fils veut être le phallus qui manque à la mère. Dans **Camille** comme dans les autres pièces de Dubillard, la carence du père et la présence massive d'une mère dominatrice concourent à maintenir le sujet dans une zone indécise où la *relation médiate* se superpose à la *relation duelle* sans pour autant l'effacer.

L'axe principal du système actantiel est celui du désir pleinement érotique de Laurent pour Solange, désir incestueux puisque, passant par l'isotopie | transport |, elle oppose la forme phallique du « torpédo » de Laurent au contenant maternel de la « calèche de lait » de Solange, précipitant l'action vers ce rendez-vous au fond d'une carrière qu'on nomme « le Trou de la Rose en Bouton » ; cette folle trajectoire ressemble étrangement à un retour au sein maternel. A l'image de son puissant « torpédo », le désir de Laurent se réalise aux dépens de tous les autres personnages, figures d'opposition écartées par ce mouvement irrésistible vers l'*éternel féminin*. Lors de sa métamorphose fatale, Denise rejoint cette figure de la mère, de l'éternel féminin incarné par Solange, en se faisant « brouter » par la jument de la comtesse ; *retour à la mère* qui ne se distingue plus d'un « auto-érotisme » :

> Je n'ai plus de nom, plus d'âme,
> et devant moi la jument
> devient peu à peu moi-mâme,
> je me croque avec ses dents.
>
> Je me mange et ma salive
> m'enrobe si doucement
> qu'on dirait sur mes gencives
> l'antique lait de maman.
>
> [**Camille**, p. 45]

Identification à « moi-mâme », voire à « maman » [1], qui confond l'amour-propre avec le désir pour la mère, anticipant sur la métamorphose encore plus spectaculaire de Solange, laquelle se fait « l'S du mot de Solange ou du mot Sein », miroir, œil, astre et Lune [épisode 12] — autrement dit : *l'autre de la relation spéculaire*, relation immédiate dans laquelle l'enfant ne voit dans sa propre image et dans celle de la mère que les reflets d'un corps avec lequel il se confond et auquel il s'identifie. Cette tentative de s'effacer dans l'autre, avec l'indistinction conséquente du contenu et du contenant — débouche forcément sur l'aliénation du moi que comporte l'identification narcissique : « Là se joue tout le drame de la relation duelle : la conscience s'écrase sur son double sans distance à son égard. Il y a une opposition immédiate de la conscience à son autre où chaque terme passe l'un dans l'autre » (A. Lemaire, 1977, p. 139). Ainsi, le désir de l'autre dans la relation duelle est *désir de mort*. A la plénitude (l)unaire d'un moi qui s'unit à l'autre s'oppose la valeur dysphorique de l'annihilation. On assiste donc au démembrement du comte, à la dislocation du corps de Léon, à l'anéantissement de toutes les figures du moi. Dans le double contexte créé par la confusion des ordres *imaginaire* et *symbolique*, la mort renvoie et à l'identification aliénante et à la castration.

Parvenu « au sein d'un bois profond », le désir mobile de Laurent se heurte à un autre obstacle dans son retour au sein maternel : la voiture de Solange se dresse, « presque verticale », provoquant l'impuissance de Laurent :

> Vous ! que je vois aller sans cheval, et dans l'air !
> Que valent à présent mes projets tapageurs !
>
> [**Camille**, p. 51]

Le contenant maternel se fait phallus, faisant honte à la prétention du petit d'être le phallus qui manque à la mère. Image toute littérale de la *mère phallique*, « celle qui cherche à prendre possession de cette marque (*le pénis*) aux dépens de l'autre, fils, époux, père » (J. Bellemin-Noël, 1979, p. 175). Incapable de posséder la mère, Laurent vit ce retour au sein comme un retour à l'insensibilité d'un caillou, une « chute » qui ressemble à celle des **Crabes** qui retournent à la mer/mère ; le sujet désirant devient pur *objet*, victime d'un désir qu'il a lui-même mis en mouvement, alors que son ami Léon, devenu géant, joue avec Laurent-le-caillou, l'œuvre-moi, avec la facilité d'un *Deus ex machina*. Figure du *père primordial* tel qu'il réapparaît dans le Créateur de **La Maison**, dans Beethoven-Schwartz, dans le plombier des **Crabes**.

Dans **Les Crabes ou Les hôtes et les hôtes**, l'éclatement de toute logique dénotative donne lieu à une dizaine de scènes extrêmement denses où

---

[1] Dans ses **Confessions d'un fumeur de tabac français**, Dubillard fait d'un jeu de mots comme une transcription littérale des contenus psychiques : « Maman : Moi-moi-(en). [...] la parole, auberge où l'on apporte son manger... C'est pourtant vrai que le poète ressemble à un pélican : il a des plumes, ses ailes de géant l'empêchent de marcher, son amour des mots explique le double menton où il les conserve » [p. 164].

les figures psychiques passent au premier plan. En plus de la figure imposante du père primordial, le plombier invisible qui intervient à la fin pour empêcher le moi de se replier sur lui-même, on retrouve dans ce Monsieur la figure du père ridicule, caricature de la virilité ; quant à Madame, cocufiant son mari avec un « monsieur » dans le train ainsi qu'avec le Jeune homme, elle incarne le versant « putain » de la mère alors que la pureté de la Jeune fille, Lily-Ophélie, se rapporte au versant idéalisé. Cependant, à la suite de deux scènes servant à exposer la figure dominante dans chaque personnage, nous assistons ensuite à une série de revirements, confondant non seulement les générations mais aussi les sexes des personnages. Dans l'absence du Nom-du-Père, les différences s'annulent au profit d'une *indistinction généralisée* : la mauvaise mère devient la mère phallique de la scène 5, faisant l'amour à un Jeune homme qui se confond lui-même avec la « Sainte Vierge » ; père absent (supposé mort au début de la scène 6), le Monsieur revient pour imposer la Loi à la mère (qui fait appel à *sa* mère pour tuer le père) et au fils ; le Monsieur revient encore à la scène 9, jouant le rôle d'un « bébé-flic », du fils croyant avoir le phallus (mitraillette) qui lui permettrait d'assassiner les parents ; la mère morte revient aussi de l'*autre scène*, désormais « Judith » [sc. 9], mère vengeresse revenue pour châtrer le père, l'époux, le fils, se faisant encore une fois descendre. Le *retour incessant du refoulé* démontre bien que même et surtout absentes, au-delà de la mort, on n'en finit pas d'achever les représentations psychiques du roman familial. Si les membres du quatuor parviennent tant bien que mal à bâillonner Tirribuyenborg, le soi-disant « sur-mou » (Surmoi), l'Autre parle toujours.

Les meurtres à mobiles psychiques reprendront dans **Les Chiens de conserve** : derrière les péripéties hitchcockiennes de l'intrigue se dessine la circularité d'un temps *autre*, celui du rêve ou du fantasme, marqué par le retour du même. Les figures de l'*autre scène* se dissimulent derrière les personnages emblématiques d'une action dont le condensé indique bien le retour du refoulé : ayant tué celui qui a fait tuer celui qui aurait tué sa fille, Garbeau meurt. Croyant venger la morte, Garbeau endeuille la vivante. Dans sa quête aveugle d'un faux assassin, Garbeau (beau-gar, voire Bogart) devient le vrai assassin. Entre **Œdipe** et **The Big Sleep**, l'action des **Chiens** entraîne l'auditeur dans un dédale où les chemins de l'intrigue finissent par tourner autour d'un noyau central, où les rapports des personnages se superposent pour laisser paraître un *système généalogique délirant*, dominé par l'angoisse devant toute relation triangulaire. C'est en général Garbeau qui en serait le tiers, l'Exclu, nonobstant la diversité des rôles familiaux que joue le personnage central — « Gamin Garbeau » par rapport à Melle Couffin, infirmière et gouvernante toute maternelle, et à son amant, le Docteur ; « Papa » pour sa fille Marlène et pour son gendre ; « Beau-papa » lorsqu'il se présente à l'amant de sa fille ; « Grand-père » pour sa petite-fille Valentine. Les rivalités amoureuses et œdipiennes font feu de tout bois pour signifier la toute-puissance du désir, véritable moteur de l'action. Ainsi, le pouvoir financier connote la *virilité* : rivaux pour Marlène, Ernest Gadoux et Armand de l'Armergue menacent tous deux de se racheter [10e séquence] ; c'est ensuite « papa Garbeau » qui accuse son beau-fils d'avoir fait faillite. Impuissance sexuelle du fils/mari cocu (Gadoux), virilité écrasante du père (Garbeau), rivalité amoureuse du fils/amant (Armand). Cette configuration de base n'épuise guère la prégnance du triangle œdipien puisque le sujet occupe tantôt la place du père, tantôt celle du fils, alors que l'autre féminin est tantôt fille, tantôt femme, tantôt mère ; c'est Marlène qui incarne les faces diverses de la figure féminine puisque dans sa personne se résument à la fois la mère et la fille, Couffin et Valentine. En tant qu'objet de désir, Marlène serait une « traînée », femme infidèle tout comme Véronique Couffin, « la mère vieux-poux », qui fait l'amour avec le Docteur sur le piano/lit [1] de Monsieur Garbeau [3e séquence]. Mère et fille, Marlène est aussi la femme intouchable, objet de l'interdit pesant sur l'inceste, innocente comme « la petite Valentine ». Cette incarnation idéalisée de l'éternel féminin s'exprime déjà dans les noms mythiques de Marlène Garbeau, figure de rêve comme serait une Greta Dietrich, représentation sublimée de l'amour interdit.

Les Chiens de conserve ne font pas exception dans l'œuvre de Dubillard : les rapports érotiques se passent toujours en circuit fermé, à l'intérieur du cadre incestueux, de telle sorte que le désir suscite toujours la *castration*. Armand tente d'évincer le père faible, Gadoux, et se fait éliminer par le père vengeur, Garbeau. Obéissant à l'injonction paradoxale du père, le sujet s'expose à la punition selon une *loi du talion* implacable : « C'est beau à mon âge, d'avoir eu encore une dent à échanger contre la dent d'un autre. Et je l'ai fait. Œil pour œil : on peut faire ça tout seul : vu qu'on en a deux. Eh bien mon garçon, je suis fatigué » [12e séquence]. Ainsi Garbeau père et fils s'adresse-t-il à lui-même, se félicitant d'avoir (re-)trouvé sa virilité pour venger sa fille. Chez Dubillard, la filiation dépend toujours de cette logique impossible d'une parfaite réversibilité — loi du talion, loi du châtreur châtré. La quête du Nom-du-Père débouche systématiquement sur la case vide d'un père absent, qu'il s'agisse du père impuissant cocufié ou bien d'un « vrai » père, mort. N'oublions pas que pour tous, le père Garbeau est un *revenant* : cela fait « des années » que sa voiture n'a pas roulé, que son « revolver » n'a pas servi, quinze ans depuis sa dernière visite au château-usine de Vesouille. La déréliction de son ancienne demeure connote celle du corps propre. Le père mort revient pour imposer la Loi, *ou bien* l'enfant croyant détenir le phallus achève (encore) la représentation du père : en superposant ces deux schémas, l'action des **Chiens** permet de concilier des optiques inverses, de les réunir dans un dispositif de projection-identification à entrées multiples.

---

[1] Piano dans la pièce radiophonique, lit dans l'adaptation cinématographique.

Découvrant ou retrouvant la puissance toute phallique de son « revolver », Garbeau père/fils ressemble bien au Monsieur des **Crabes** — père supposé mort qui n'arrête pas de revenir, fils délaissé se servant d'une « mitraillette » pour jouer le « Miniflic » auprès des parents. Mais il s'agit toujours d'une caricature de la virilité car l'enfant ne peut recevoir ce que le père n'a pas, d'où l'imposture du vieux Garbeau (« Moi j'ai mes vingt ans de tonnerre ! ») et son étonnement tout enfantin devant ce « chose » (revolver/phallus) qui marche, et cette *quête du phallus* qui se dessine derrière la confusion des sexes et des générations dans **Les Crabes**. La rivalité entre Armand et Gadoux et le retour de Garbeau se placent dans une sorte de chassé-croisé de tirs œdipiens où le désir mène toujours au cocuage, la filiation à la castration. Ainsi l'éros se confond-t-il avec thanatos, la pulsion de mort qui se manifeste dans l'injonction paradoxale du père et dans la réplique aporistique du fils.

Si Garbeau est un revenant, il n'est pas le seul. La « morte », c'est bien Marlène, elle-même orpheline puisque « cette femme, là, sa mère » reste dans son anonymat la grande absente du drame. La disparition de Marlène ranime un deuil toujours à faire, déclenche une quête de la *femme morte*, à la fois fille et femme, femme et mère : « Ma fille ! Eh bien non : pas morte ! Rien que d'arriver chez son père ! Moi, pas veuf ! » [6e séquence] L'image de la femme morte se dessine en filigrane dans bon nombre des œuvres de Dubillard — dans la personne de « Véronique, la bien-aimée absente » du **Jardin**, dans Elyséa, mère de Saül et première femme de Félix, et jusque dans la récente **Boîte à outils** :

> Assourdi, donc, par ce vacarme
> Qu'on ne perçoit qu'à l'occasion
> D'une horloge en mal de sourire,
> Le chasseur veuf se leva pour la regarder.
> Et il la regarde, et « C'est mon épouse, dit-il »
> Il dit : « Chérie, quelle heure est-il ? »
> « Mais ton sourire, où donc est-il ? »
> Pour quelque raison que ce fût
> L'horloge ne souriait plus.
>
> [**La Boîte à outils**, p. 74]

Ce « chasseur veuf » est bien Monsieur Garbeau, veuf *innocent* et chasseur *coupable*, Orphée et Œdipe. Désir et culpabilité vont ainsi de pair : la quête de la *femme-fille* ressuscite le deuil de la *femme-mère*, à la culpabilité du fils vis-à-vis de la mère s'ajoute celle du père vis-à-vis de la fille.

Dans **Les Chiens**, l'œdipe se lit plutôt au lutrin du père, et il est significatif que l'œuvre semble se passer d'un hypotexte illustre et du processus affiché de l'hypertextualité [1], si courante dans l'œuvre de Dubillard. Garbeau

---

[1] On remarquera tout de même une allusion rapide à Agamemnon [7e séquence], allusion qui suggère peut-être des affinités discrètes entre la maison de Garbeau et celle d'Atrée, notamment l'histoire d'Agamemnon et d'Iphigénie racontée dans les versions d'Eschyle et d'Euripide.

est, le temps de cette aventure, celui qui possède — de nouveau et pour la dernière fois — le « chose » ; *re-conquête du phallus* qui coïncide avec *la paternité sans filiation* de la pièce. **Le Jardin**, par contre, qui précède **Les Chiens** d'environ dix ans, adopte plus volontiers l'optique du fils, lequel tente de s'identifier à un créateur idéalisé, à Beethoven. En effet, la filière de l'hypotexte beethovenien est très présente, faisant valoir les figures du roman familial à travers les personnages de Beethoven et de son entourage. Et bien que la pièce se réfère à une *autre scène* hypertextuelle, celle-ci fait retour sur la scène première des figures, qui relèvent non seulement de la vie du compositeur mais aussi et surtout du théâtre de Dubillard.

Le référent biographique apparaît pour la première fois lors de l'histoire de Charlot, racontée par Milton, qui renvoie au neveu de Beethoven, Karl, fils de son frère Karl et de Thérèse (Johanna) Reiss. A la mort de son père, Karl devint l'objet d'une dispute entre mère et oncle : Beethoven voulut s'occuper de l'éducation de son neveu, considérant que Thérèse avait une mauvaise influence sur son fils. A dix-neuf ans, ce dernier tenta de se tuer ; suicide manqué, dont Beethoven, selon Romain Rolland, faillit mourir. Tous ces éléments se retrouvent dans le récit de Milton [pp. 26-33], mais de façon brouillée. Cependant, les références à « Charlot » recouvrent non seulement Karl mais aussi Beethoven fils, puisque Charlot « savait voyager » (faire de la musique) et aurait été le fils de « la veuve de Béthoire, le cuisinier du Zob-Saint-Michel », de Marie-Madeleine, « cette espèce de traînée » (la mère de Beethoven, Maria Magdalena, était veuve et fille d'un chef cuisinier, Joseph). Il y a donc superposition de Karl/Beethoven et de Thérèse/Maria Magdalena — superposition du neveu suicidaire/fils et de la « putain de mère »/mère adorée. L'allusion à l'entrée dans les « cosmonautes » d'un Charlot récalcitrant renvoie donc à Karl, envoyé à l'armée après sa tentative de suicide, et à Beethoven, d'abord contraint à devenir musicien (cosmonaute/voyageur/musicien) par son père.

Quand Angélique devient le sujet de ce même dialogue, elle se voit attribuer les aspects ambivalents de la femme idéale et de la femme malléable, d'une « statuette » et d'un « élastique » :

> *Camoens* : Angélique ! Quelle admirable petite âme ! Une statuette ! Un élastique ! « L'Offre et la Demande », groupe sculptural, dans une gare, elle ferait « L'Offre » à gauche, « La Demande » à droite, l'horloge dans le milieu. Je l'adore.
>
> [**Le Jardin**, p. 33]

Angélique serait à la fois Maria Magdalena et Thérèse. En fait, Angélique représente également, d'après ses collègues, Giulietta (Juliette), Thérèse von Brunswick et Thérèse von Malfatti, Maria, Bettina, et ainsi de suite — « L'immortelle bien-aimée », la troisième face de la figure féminine. C'est la *figure de la mère* qui subsume celles de la putain et de la femme adorée car la grossesse d'Angélique connote une femme facile ou intouchable selon qu'on privilégie le sème 'sexualité' ou le sème 'maternité'. En traçant plus loin la figure de la mère, on remarque la confusion entre Angélique et Véronique, morte d'un accouchement par la faute d'un des membres du quatuor [pp. 111-112]. Mort de la femme-mère qui renvoie à la mère de Beethoven, décédée quand ce dernier avait dix-huit ans. On peut voir dans « Véronique, la bien-aimée absente » l'expression d'une *double* absence : la mère morte et celle, consécutive, du mirage insaisissable de l'éternel féminin. La relation malaisée entre mère et enfant se précisera au cours de l'acte II à travers les récits complémentaires d'Angélique et de Milton. S'identifiant au jeune Beethoven par son apprentissage forcé de la musique (« Violon de laboratoire »), Milton rappelle sa solitude lorsqu'à dix-huit ans « tout le monde a disparu : papa, maman, le docteur » ; disparition qui prive l'enfant de sa relation « musicale », voire sexuelle, avec la mère :

> *Milton* : Je suis resté tout seul à Bar-le-Duc, avec mon violon. Personne ne voulait croire que je jouais du violon. Maman seule était au courant, et elle avait disparu : une fugue, double ou triple, on ne sait plus, depuis le temps qu'elle dure, sa fugue. Jamais revue.
>
> [**Le Jardin**, p. 91]

Exemple étonnant d'une polysémie inédite, le terme « fugue » — signifié musical, sexuel, et mortel — se trouve au carrefour de plusieurs isotopies, reliant le désir à la mère, le manque à la mort. La figure de l'enfant abandonné ou mort ressortait déjà du récit de Charlot (« ce bébé ») puisqu'on entendait même un bébé pleurer hors-scène. Ainsi se confondent le neveu suicidaire, le fils malheureux et le bébé abandonné, avatars d'une figure qui ne cesse de revenir sur la scène du **Jardin**, jusque dans le discours d'un Guillaume désemparé, à la fois *père coupable* et *enfant perdu* : « Moi, un bébé ? De qui, à qui ? de qui, à qui, de qui... » [p. 110].

A travers la confusion des générations se manifeste la culpabilité de la figure paternelle : Guillaume/Beethoven se défend d'avoir provoqué la tentative de suicide du neveu (« je l'aimais comme un moi-même de neuf ans ») et accuse son père à lui, faisant ainsi valoir la faute *des* pères. Mais c'est surtout en tant que chef du quatuor, quatuor qui porte son nom, que Guillaume incarne la carence radicale du Nom-du-Père. Responsable des déboires financiers du quatuor, qui n'ont rien à envier à ceux des commerçants des **Naïves hirondelles**, chef contesté d'un quatuor jouant dans le désordre, l'impuissance de Guillaume provoque l'embarras musical/sexuel du quatuor. Faute qui remonte la filiation des pères, tous ceux qui ne parviennent pas à mériter le Nom-du-Père (cf. *supra*, p. 46) :

> *Milton, haussant les épaules* : Schécézig !
> *Camoens* : Pas de la faute à Guillaume s'il s'appelle Schécézig. Son père s'appelait Schécézig.
>
> [**Le Jardin**, p. 39]

La figure du *père impuissant* se dessine dans le récit d'Angélique [pp. 70-71] qui évoque un vieux cheval, « incapable », tué juste avant la mort de son père, et dès la réplique suivante, Camoens évoque l'impossible transmission au fils de ce que le père n'a pas. Ne pouvant accéder à la place du père par l'héritage symbolique du nom et du phallus, l'enfant ne peut passer du stade où il *est* le phallus de la mère au stade où il pourrait l'*avoir* : « J'ai eu des chats, je n'ai jamais eu de chevaux. Ni de cheval. Avoir est un bien grand mot : " avoir ! " Mais un cheval est plus dur à avoir qu'un chat, sans doute parce qu'il est plus gros » [p. 71]. L'impuissance du père crée un terrain de confusion sexuelle propre à voir surgir une figure corollaire, celle de la *mère phallique* : Angélique brandissant son alto comme une arme (voir *supra*, pp. 53-54), fière de son statut de « soliste ». Ainsi la fille privée du phallus devient-elle, grâce au bébé, la mère qui l'*a* [1], d'où son mépris des hommes et sa quête d'« un homme, un vrai, qui s'appellerait Beethoven », créateur mythique qui s'apparente au *père mort*. A défaut de celui-ci, Angélique se replie sur elle-même pour ne dépendre que du « magot de mon alto », de l'*enfant-phallus* qui comble le manque [pp. 95-96].

Père impuissant, mère phallique, enfant assujetti à la mère : dans ce désordre sexuel, l'enfant rivé à la mère serait non seulement Beethoven/Karl mais aussi un bébé de sexe féminin qu'incarne l'Angélique qu'on appelle « Bébéttina ». Cet enfant féminin fait allusion à un enfant illégitime que Beethoven, selon certains biographes [2], aurait eu de Joséphine von Deym, d'où cette double quête du bébé et du père : « Ton magot à toi, Beethoven ! », lance Angélique à Guillaume, avant d'essuyer les reproches de Milton : « Et ça se fait faire des quatuors par des compositeurs de bébés » [p. 111]. N'étant pas reconnu par le père, l'enfant abandonné reste sans identité, comme inconscient, situation antérieure à l'insertion du sujet dans l'ordre du signifiant que décrit Angélique en évoquant des bébés sans noms, qui se laissent emporter au fil de la rivière [p. 110]. L'*anonymat du bébé* abandonné connote à la fois le bonheur révolu de l'inconscience et la mort de celui qui ne parvient pas à naître. S'agissant du « Schwartzpanier » où mourut le compositeur ou bien des « paniers d'osier noir » qui emportent le bébé anonyme, c'est la même *naissance-mort* qui accueille tantôt Beethoven adulte, tantôt la figure composite de l'enfant délaissé, à la fois Karl, Beethoven fils, et l'enfant naturel du compositeur.

---

[1] Cf. Angélique, pp. 93-94 : « Et même jamais je ne me suis servie de mon alto pour taper sur les têtes, et pourtant j'en ai vu des têtes qui me voulaient du mal. « Petite », j'ai dit, j'ai voulu *avoir* un alto… (*Elle le brandit.*) Et je l'ai. Plus tard j'ai compris ce que c'est que non plus d'avoir mais d'*être* un alto. Et je la suis. L'alto. »

[2] Petite fille que Joséphine a nommée Minona ; les commentateurs amateurs de palindromes ont vu dans ce nom le signifié « anonyme ».

Résumons donc les figures de ce roman familial hypertextuel :

PERE ABSENT	*FAUX PERE*	*MERE*	*ENFANT*
Docteur	Johann	Marie-Madeleine	Beethoven
Beethoven	Karl	Thérèse	Karl
Beethoven	Mari	Immortelle Aimée	Enfant naturel

Dans chacun des triangles, il y a dédoublement du rôle du père : le père impuissant est cocufié par le vrai père, absent. Mais on peut avancer que la place du père est toujours une case vide, puisqu'il est question soit d'un père inconnu, soit de l'effacement du père supposé. Beethoven, donc, serait le vrai père de son « neveu » [1], alors que le Docteur — qui disparaît en même temps que les parents de Milton [p. 91] — occupe la même place vis-à-vis de Beethoven enfant. La place vide du père est corollaire de la figure de la mère phallique, celle qui empêche le sujet de sortir de la relation duelle en s'identifiant à un tiers. Et puisque Beethoven est à la fois le père absent et l'enfant rivé à la mère, le quatuor s'embarque dans un voyage d'identification à double visée : *retour à l'autre* du stade imaginaire et *identification symbolique* au grand créateur.

La présence du chef/père impuissant contraste avec l'absence du véritable père que représentent Beethoven et Schwartz. Si Guillaume, auteur d'un quatuor « moderne », se prend pour Beethoven, il est également l'ersatz de Monsieur Schwartz : tous deux, en effet, passent pour « le type qui paye », à la seule différence que l'un est *sans argent* et l'autre, le mécène, *absent*. Grands immortels absents, Beethoven et Schwartz sont les deux faces d'une seule et même figure ; « coadjuteur de la principauté », Schwartz n'est autre que l'Autre de Beethoven [2], objet de la quête du quatuor tout autant que Beethoven. En effet, la question « Où est Schwartz ? » se pose comme un refrain tout au long de l'action, alors que ces blasons qui portent le nom de Schwartz en plusieurs langues mettent en valeur le *signifié* du nom, la fonction abstraite, voire néfaste, de la personne. Schwartz représente le versant négatif du Nom-du-Père, responsable de la castration du moi-enfant et de son aliénation lors de l'entrée dans le symbolique. C'est aussi Schwartz en tant que mécène qui est la cause de l'aliénation créative des musiciens, et c'est encore ce même nom qui

---

[1] Confusion de l'oncle et du père qui permet d'expliquer comment Marie-Madeleine peut être la « veuve de Béthoire » [p. 27], lequel serait en même temps l'oncle de Charlot, fils de Marie-Madeleine.

[2] L'identité de Schwartz se définit par une formule presque lacanienne :

> *Milton* : Ou alors, si c'est à un autre qu'il faut s'adresser... Il n'y a pas d'autre autre que l'Autre. — Où est-il ?
> *Angélique* : Il ne s'appelle pas Schwartz.
>
> [p. 80]

revient lorsqu'il est question de l'aliénation sexuelle et des pulsions de mort [1]. A deux reprises, on offre à Guillaume un « violon noir », violon qui sort de la contrebasse (ventre) d'Angélique et dont on cherche le propriétaire, ce qui provoque l'écœurement de Guillaume ainsi confronté au bébé/phallus — un phallus qu'il n'a pas, un bébé qu'il renie :

Guillaume, colère :	Non ! C'est pas mon violon ! Mon violon, retire-moi cette espèce d'autre violon, je veux pas attraper des maladies, range-moi ça, autant jouer du corbillard comme sonorité.
[**Le Jardin**, p. 113]	

Lieu de la métaphore paternelle qui fait défaut, Schwartz figure le père absent, celui qui est coupable de refuser la transmission du Nom-du-Père en se tenant toujours dans les coulisses : « Est-ce qu'il y a quelqu'un quelque part à qui on pourrait reprocher de s'appeler Schwartz ? », demande Milton [p. 58]. Si c'est justement la quête du Nom-du-Père qui motive le voyage du quatuor, c'est l'intervention de la fonction paternelle qui institue la double faute de l'enfant et de la mère et qui exige le *sacrifice* de la relation primitive à la mère. Tirribuyenborg fait état de l'immolation toute physique de la figure maternelle : sa « gross mouter » aurait été brûlée comme « sorcilière » [p. 46], sacrifice de la mère dévouée, brûlée par les « curés » (pères), qui accuse la faute de l'enfant ingrat [2]. Chargé de conduire le moi jusqu'à l'idéal du père symbolique, envoyé par Schwartz, Tirribuyenborg incarne le *Surmoi* freudien, celui qui enregistre la musique, qui pilote le véhicule, qui *met en scène* (voir *supra*, p. 150) cette quête du phallus. Quête forcément aliénante puisqu'elle doit passer par la Loi du signifiant.

En tant que personnification du *sujet aliéné*, rendu étranger à lui-même lors de l'entrée dans l'œdipe, Schwartz incarne, certes, l'Autre de l'ordre symbolique, mais il y a comme un glissement entre le grand *A* et le petit *a* du fameux schéma lacanien (1966, p. 53). En plus des jeux de signes reliant Schwartz au phallus, d'autres séquences attirent l'attention sur sa valeur de *contenant* : allusions au Schwartzpanier, à la « boîte à Schwartz », et cette scène du premier acte où il est question de la grossesse d'Angélique [pp. 54-62] ; au cours de cette séquence, tous les hommes se renvoient une betterave (bébé), laquelle finira *dans* Schwartz : « La bétrove in the foutouille ! Le Foutouille Aschwarz ! ». On revient donc à la *confusion des figures du père et de la mère*, à la superposition des ordres symbolique et imaginaire, comme en

---

[1] Cf. p. 50 :

Camoens :	Je t'ai apporté un violon, pour voir. (*Il lui tend son violon noir.*)
Guillaume, comme on dit « merde » :	Schwartz ! Schwartz et Schwartz !

[2] Sacrifice de la mère qu'on retrouve souvent dans le théâtre de Dubillard [**Les Vaches**, I, 2 ; **La Maison**, XXIX].

témoignent la présence du quatuor dans « le ventre de Beethoven » et l'entrée finale *dans* Beethoven.

Le couple Beethoven-Schwartz apparaît dans tous les cas comme destinateur et destinataire de l'identification créative et aliénante. Voyage d'identification qui présente un triple enjeu : *retour à la mère*, *retrouvaille du bébé*, *accès au Nom-du-Père* ; aussi ce voyage ambitieux finit-il inéluctablement dans la mort, celle de Beethoven racontée par Guillaume [1] et celle d'une autocontenance impossible, entrée dans l'Autre symbolique ou bien fusion avec l'autre imaginaire. Les figures du père et de la mère se rejoignent dans un *Beethoven androgyne*, père féminisé et mère phallique, sujet double d'une identification dont la réussite se solde par la désintégration du moi. Sublimation fatale, la fin de la pièce réalise ces deux mises en abymes antérieures :

Camoens : [...] Un Beethoven emplissant tout l'espace. Et j'imagine un astronef où nous serions, pareils à cet étui, Milton, tout rouge à l'intérieur, et quant au dehors forme torpille, qui nous entraînerait hors de l'atmosphère, dans l'espace, petits comme des astres, dans Beethoven-l'Espace! et il nous accueillerait dans son sein d'un véritable accueil, nous qui faisons de sa musique, il nous recevrait dans notre modeste étui à violon, et, nous saisissant par la poignée, nous mettrait sous son bras...

[pp. 101-102]

Tirribuyenborg : [...] Et vous verrez Schwartz, tout à l'heure, immense, tout noir. Il se penche. Il vous saisit par la poignée et il vous emporte! vers la salle du cultural Festival où vous attend Ludwig van Beethoven lui-même...

[p. 116]

La forme « suppositoire », ou *contenu envahisseur*, relève du rapport au père et de celui à la mère : à l'*espace d'inclusions réciproques* dans sa version orale, caractérisant la relation imaginaire, s'ajoute un espace analogue qui renvoie à une pénétration anale dans le corps du père, comme si rivaliser avec le créateur revenait à « baiser » le père, et à en mourir [2]. L'indétermination, voire la surdétermination, du sexe parental répond évidemment aux figures déjà relevées de la mère phallique et du père féminisé ; mais Jean Baudrillard suggère que, « au-delà d'une certaine taille, tout objet, même phallique de destination (voiture, fusée) devient réceptacle, vase, utérus » (1968, p. 33), d'où cette espèce de *phallus contenant idéalisé* dans lequel pénètre, et

[1] *Ibid.*, pp. 98-99, 104-105, 107-109, où Guillaume parle des faits suivants : à la suite d'une querelle avec son frère Johann (qui ne voulait pas nommer Karl comme légataire), Beethoven rentre à Vienne où il tombe malade ; son neveu oublie de lui chercher un médecin ; atteint d'hydropisie, il subit plusieurs opérations avant de mourir dans la Schwartzspanierhaus en 1827, peu après cinq heures, pendant un orage.

[2] Cf. Guillaume/Beethoven, pp. 98-99 : « J'aurais mieux fait de ne pas rentrer de la campagne. De ne pas m'introduire comme un suppositoire par le trou de ce panier noir dont je ne suis jamais ressorti. »

par lequel se fait pénétrer, l'enfant-phallus que figure le quatuor. Or, G. Rosolato rapproche de la mère « phallique » la figure voisine d'un père idéalisé, « père incluant la mère (ou le sein maternel) » (1969, p. 28), figure surplombante que laisse entrevoir le versant euphorique du couple Beethoven-Schwartz.

Outre la poly-isotopie déjà constatée de la fin du **Jardin**, le « dénouement » présente une fusion latente des diverses figures du roman familial. Empruntées à l'univers de Beethoven, ces figures se rendent sur la scène du **Jardin** pour vivre *autrement*, dans les interstices de l'œuvre de Dubillard. Si ce roman familial d'un type inédit relève dans un premier temps d'un hypotexte peut-être peu connu du spectateur, nous pensons qu'il s'organise en une sorte de Gestalt latente, pleinement accessible à l'*inconscient* du spectateur. Dans l'œuvre de l'auteur, tout se passe comme si chacune des pièces éprouvait le besoin de repasser par les mêmes figures afin d'en tirer une nouvelle configuration. S'il y a bien un noyau central, une origine, on aurait de la peine à l'arrêter, à fixer une scène primitive et unique. Dans **Naïves hirondelles**, la figure du père absent ne se manifeste qu'en filigrane, alors que la même figure se précisera de plus en plus dans les pièces ultérieures ; la filiation créative donne au **Jardin** son mobile là où la construction incertaine atteste l'absence d'un tel mobile dans **Naïves hirondelles**. La course du **Jardin** relève le défi du père absent ; absence qui débouche sur le constat d'impuissance des personnages des **Naïves hirondelles**, sur l'emprise de la mère, sur « l'oiseau qui ne voulait pas voler » [1].

On sait que l'œuvre à créer est l'enfant à procréer. Mais la reconnaissance de l'enfant, retrouvaille du bébé à la fin du **Jardin**, est en même temps le *meurtre de l'infans* qu'exige l'accès au symbolique. Parcourant l'œuvre de Dubillard, la figure du bébé est tantôt celle du bébé délaissé, tantôt celle de l'enfant prodige. Au-delà de la référence au père absent et à la mère morte, cette figure bicéphale se situe dans le contexte d'un accès au symbolique que Serge Leclaire interprète comme « la destruction de la représentation narcissique primaire (l'enfant en nous) » (1975, p. 26). L'accès au langage achève la relation narcissique par le meurtre de l'enfant tout-puissant de l'ordre imaginaire. A la question « Qui tue ? » Leclaire répond « On » (*ibid.*, p. 20), car l'accès au pacte symbolique demande la participation des trois actants de la relation ternaire. La question de cette culpabilité diffuse revient sans cesse dans le théâtre de Dubillard, d'où l'ambivalence de la figure de l'enfant dans **Le Jardin**, à la fois victime et suicidaire. Mais c'est dans **Les Crabes** que la figure du *bébé mort* s'affirme le plus ouvertement, signifié invariable dans les glissements chien/moustique/crabes : crabes qui se noient dans la mer, chien castré par Monsieur [sc. 10], moustique écrasé par ce même Monsieur [sc. 10].

---

[1] La phrase est de Félix [I, 12], tirée d'un discours qui évoque les « créations » antérieures du poète, non sans rappeler celles de Dubillard.

Accusé par sa femme d'avoir tué leur fils, le Monsieur est non seulement le père qui castre le fils mais aussi l'enfant lui-même, produit monstrueux du rêve d'enfantement de la scène 8 ; l'enfant merveilleux refuse de s'effacer et revient en justicier tout-puissant, à l'instar de Garbeau dans **Les Chiens**, pour se venger sur les autres actants du triangle familial.

Tout cela est dit à travers la polysémie et les rapports mobiles entre personnages versatiles. Dans **Les Crabes** comme dans toutes les pièces antérieures aux **Vaches**, il n'est jamais *ouvertement* question de la famille ; ce n'est que dans **Les Chiens** et dans **« ... Où boivent les vaches »** que le roman familial se met en scène avec des personnages qui affichent leurs rapports de parenté. On dirait que les mécanismes de la résistance, condensation et déplacement, se sont effacés pour faire vivre telles quelles les figures de l'*autre scène* : un fils délaissé (Saül), un père créateur (Félix), un ancêtre mort (Oblofet), une mère morte (Élodie). En fait, la multiplicité des personnages résulte d'un mouvement centrifuge allant d'une *scène primitive*, non représentée, vers les scènes diverses où se jouent les relations de parenté au sein de l'entourage de Félix.

C'est lui, l'artiste, qui fait figure de personnage-pivot, à la charnière des trois générations représentées. Il est aussi *fils*, *mari*, et *père*. Ainsi la figure du fils paraît-elle et dans Félix et dans Saül, ambiguïté que signale déjà l'hypertextualité : Dubillard donne à Félix un fils qui, tant dans le **Saül** de Gide que dans l'Ancien Testament, fait surtout figure de roi/père. Tout au long de la pièce, Saül cherche son père — quête d'un père dans laquelle la demande insatisfaite conduit à l'effacement du fils car la vénération filiale conduit ici à la soumission totale au désir du père : portant toujours ce verre d'eau pour son père, Saül ne vise qu'à étancher la soif de Félix, Père créateur qui a un *nom*, une réputation, d'où l'incapacité de Saül de se faire lui-même reconnaître par le père et d'accéder donc au Nom-du-Père en concurrençant ce dernier ; c'est aussi la situation de Félix vis-à-vis de l'« oncle Oblofet », père mort dont la tête domine de son socle la maison familiale. N'étant pas reconnu, le fils serait de père inconnu ; la figure du fils adultérin se profile dès l'acte I, scène 6 : Élyséa, la feue première femme de Félix, aurait été la vraie mère de Saül, alors que Félix ne serait que le faux père :

> *Rose* : Saül ! Rembobine ta mère : Ce n'est pas ton père qui l'a peinte, ta mère ! (*Au reporter* :) Il ne savait même pas encore peindre, à l'époque, son père.
>
> [**Les Vaches**, p. 23]

Félix aurait été alors trop jeune pour *(pro)créer*. La question difficile de l'âge du père se pose de nouveau dans la scène de l'examen : Saül ne peut remonter dans la vie de son père au-delà de sa vie à lui : « Au début, il avait vingt-sept ans » [I, 8], comme si l'enfance du père n'existait que dans celle du fils. Il y a donc confusion du père et du fils, avec toutes les conséquences qui en découlent : Saül serait de la même génération que Rose, sa belle-mère ; Élyséa, la mère morte, se rapproche d'Élodie, la mère vivante de Félix. Le père cocufié est en même temps le fils qui ne peut pas accéder au rang des pères. La quête du Nom-du-Père débouche systématiquement sur une *case vide*, celle du faux père cocufié ou bien celle du vrai père anonyme. Par le biais de l'équivalence solidement établie entre les isotopies | créativité | et | sexualité | se dessine la rivalité artistique et amoureuse entre Félix, père et fils, et les divers « oncles » qui jalousent sa notoriété : Bavolendorf cherche à attirer l'attention du reporter [I, 4], Walter essaie de passer pour Chopin [I, 7], Marchecru dispute à Félix la paternité de son ballet [II, 1]. Cette impuissance créative des « petits pères » est aussi celle des fils, rapprochement qui ressort du parallélisme frappant entre les scènes 3 et 5 du deuxième acte : se glissant dans la chambre de Rose, Walter ne parvient pas à oublier tous les autres chapeaux des autres « petits Walter » qui lui signifient qu'il n'est pas l'unique amant de Rose et se fait chasser par Félix, venu voir sa femme ; peu après, Félix rejoint le lit de sa mère mais ne parvient pas à effacer l'œil accusateur du père.

Au père viril absent s'oppose la présence étouffante d'une mère dominatrice dont le dévouement instaure la dette, dont les sacrifices suscitent un sentiment de culpabilité. C'est Élodie qui souhaite l'immortalité de l'enfant merveilleux de la relation duelle [I, 10], tout en l'empêchant de se défaire de la *captation imaginaire* ; c'est également Élodie qui fait du fils le remplaçant du père, l'exposant aux dangers de la *castration*. Dans cette situation paradoxale, l'Éros, le désir créatif, rejoint l'instinct de mort car le fils créateur rivalisant avec le père mort devient ainsi l'héritier d'une place vide :

Saül :	C'est pour papa, grand-mère ! Ce sera le socle à papa !
Élodie :	Mon Félix ! À la place d'un mort ! Dites tout de suite !...
Rose :	Qu'ils veulent le faire mourir ? Mais qui dit le contraire, belle-maman ?

[**Les Vaches**, p. 34]

Vie immortelle dans la mort, ou bien mort vivante du *fils* placé toujours sous l'emprise de la mère — du créateur obsédé par la fausseté d'une *œuvre* qui ne parvient pas à se défaire de sa gestation, des écritures qui la constituent de part en part. L'achèvement de l'œuvre évoque l'image angoissante de l'*œuvre avortée*, d'où cette figure omniprésente de l'enfant mort-né (le « bébé Charlot » du **Jardin**, le chien des **Crabes**, et ainsi de suite). Au dire du portier, en effet, « c'est sa maman qui fait tout » [I, 1] ; elle propose même de prendre à Félix son prix, cette fausse hache que le fils reçoit du président Hachemoche et qu'il place entre ses jambes en guise de *phallus* :

Félix prend la lyre :	Oh, mais je la garde. Je la garde. Je n'aurai pas trimé toute mon existence pour que tout à coup, pof ! je laisse tout tomber. Je la garde. Permettez seulement que je m'asseye. Entre mes genoux je la garde. Maman !
Élodie :	Mon Félichon, tu veux que je te l'enlève ?
Félix :	Non pas j'entends des pas, et je suis tellement fatigué...

[**Les Vaches**, p. 44]

La « fausse hache » récompense l'œuvre *inauthentique*, résultat d'une identification impossible au père ; à défaut de pouvoir sortir des mirages de la captation imaginaire, le sujet doit faire *comme si*, imitant le père créateur en fabriquant une *œuvre-simulacre* :

> « Fils de personne », le créateur que je décris ne saurait être le père d'une œuvre authentique tirant ses forces vives d'une libido riche et pleine. L'identité qu'il se conférera sera obligatoirement usurpée puisque fondée sur la négation de son appartenance à une lignée. Le phallus symbolique ainsi créé ne saurait être lui-même que *factice*, c'est-à-dire rien d'autre qu'un *fétiche*. Il s'agit de faire coïncider le Moi et l'Idéal du Moi *en sautant par-dessus* le processus de sublimation qui implique une identification paternelle.
>
> (J. Chasseguet-Smirgel, 1979, pp. 306-307)

On reconnaît sans peine cette usurpation de pouvoir créateur tentée par Guillaume/Beethoven et par Walter/Chopin.

En tant que président et figure paternelle, Hachemoche donne au Nom-du-Père la dimension large de la structure sociale dans laquelle le fils ne parvient pas à trouver sa place. C'est dans le cadre de cet accès impossible à l'ordre symbolique que s'éclaircit l'*homosexualité* qui se dégage de la séquence onirique de l'acte II. L'identification à celle que Félix appelle un « monsieur de madame » [II, 6] maintient le sujet dans cette zone confuse de l'indifférenciation sexuelle où les désirs de l'enfant et de la mère ne font plus qu'un. On retrouve cette relation narcissique à l'autre maternel dans cette double « prise » de l'acte I, scène 10 : Félix et Élodie sont enveloppés de peinture, prisonniers de leurs portraits, immobilité qui connote la passivité de la mère et du fils devant l'acte créateur/sexuel dont Marchecru, l'artiste, est l'agent. Saisissement mortel où le sujet est comme victime d'un acte sexuel accompli par le père à son corps défendant [1]. Tout comme le Père du dernier acte [p. 100], Marchecru demande la tête de Félix, castration du fils qui anticipe sur sa pétrification fatale à la fin de la pièce. Dans ces deux scènes, c'est la femme, Élodie ou Zerbine, qui exige du père la castration du fils. Les ressemblances avec l'histoire de Salomé sont évidentes : comme dans le mythe de Galatée, il y va de la même figure de la femme séductrice provoquant l'intervention vengeresse du père. Élodie, Rose, Zerbine : la mère, la femme et la fille se caractérisent toutes les trois par la même oscillation entre putain et vierge que nous avons décelée chez les autres personnages féminins ; la présence explicite des trois générations féminines ne fait que mieux sceller la boucle féminine autour de la figure matricielle. L'ensemble du deuxième acte se place sous le signe de

---

[1] Cette scène renvoie au chapitre IX de **Si le grain ne meurt** : le petit Gide se fait peindre par son cousin, pour lequel il éprouvait « une sorte d'admiration tendre et passionnée ». Et on remarque dans cet épisode la même impression de pétrification chez le sujet du tableau : « Prends un air douloureux, me disait-il. Et certes je n'y avais aucun mal, car le maintien de cette position surtendue devenait vite une torture. Mon bras replié s'ankylosait ; l'archet allait s'échapper de mes doigts… »

la *mère morte* : à l'intérieur du contenant vide de la maison-corps, l'absence de l'autre déclenche une crise de l'identification nacissique : dédoublement du sujet [II, 2], invasion des *Voix* suivie de celle des personnages de l'*autre scène* [II, 10]. La mort de la mère consacre l'intouchabilité de l'autre féminin, l'éternel féminin qu'incarnent Rose et Zerbine. A la force de l'Interdit pesant sur la figure de la mère se mesure celle du désir de l'autre ; porté sans cesse vers les substituts de la mère, le sujet se heurte inéluctablement à la Loi et à la castration, à la figure sévère de l'Ancêtre — Oblofet, qui surveille le fils de son socle d'abord et ensuite de la cime de l'arbre/fontaine généalogique où la tête d'Oblofet occupe la place d'Apollon dans la fontaine de Médicis.

C'est donc l'*œdipe* qui domine le roman familial des **Vaches**, dont l'action se passe sur le seuil même de l'entrée dans l'ordre symbolique. Constat banal, si ce schéma de base ne se dotait ici d'un pouvoir de génération considérable, se déployant à travers les nombreux personnages dans une succession d'avatars divers. En dépit du défi que lance cette pièce au désir du critique et du spectateur de *tout* saisir, on peut néanmoins proposer les configurations majeures auxquelles donne lieu cette mise en scène de l'accès au symbolique :

	Sujet du désir	*Objet du désir*	*Nom-du-Père*
A	Walter (amant)	Rose (femme)	Félix (mari) [II, 3]
B	Félix (fils)	Élodie (mère)	Père [II, 5]
C	Félix	Zerbine (fille)	Le Père [III]
D	Félix	Olga	Obloflet [I, 12] [1]
E	Vacher/Saül (fils)	Olga	Félix (père) [II, 7 et III]

Dans chaque triangle le désir de l'autre se heurte à l'Interdit, à l'Autre qu'incarne la figure du père. Mouvement qui va du besoin au désir, du désir à la demande, et qui rencontre dans l'Autre l'obstacle à l'union imaginaire car toute demande doit passer par la voie du signifiant propre au registre symbolique. Dans A et B, le créateur ou père absent intervient pour empêcher l'union du fils et de la mère, alors que dans C, le Nom-du-Père interdit l'union du créateur et de la fille : lorsqu'il porte Zerbine, Félix élève la vierge non seulement à la place de la conjointe mais à celle, surtout, de la mère, d'où l'ascension de Zerbine dans la deuxième et ultime disposition de l'arbre familial [p. 108] ; féminin toujours hors d'atteinte puisque Zerbine reste à côté du Père, objet de l'Interdit. Mais le Père qui dit *non*, qui demande la tête de Félix et qui ordonne à sa fille, « putain en pierre », de se taire, est aussi celui qui dit *oui*, ordonnant à sa fille de provoquer le désir de Félix [p. 111]. Père entremetteur à la manière d'un Polonius, qui pousse le fils vers la réalisation du désir interdit.

[1] On se réfère dans D à la fin de l'acte I : Félix tire Olga vers la scène mais ne parvient pas à se joindre à « Olga, ma chérie » ; dans le noir progressif de la fin de l'acte, la tête d'Oblofet sera la dernière éclairée.

On voit bien le caractère paradoxal de l'injonction du père : l'identification au père conduit à l'union avec l'autre qui suscite à son tour le « non » du père. D'où l'inversion qu'opère le triangle E : c'est ici le fils qui tire la femme vers le père, Orphée qui mène Eurydice vers le jour non pas pour réaliser son désir à lui mais, par un acte d'abnégation, pour offrir la femme idéalisée au soleil, à Oblofet à la place d'Apollon, au *père primordial.* A la fois adjuvant et opposant du désir incestueux, le père des **Vaches** place le fils dans cette situation intenable de la double contrainte que l'on remarque dans **Le Jardin** : le couple Beethoven-Schwartz est également destinateur et destinataire, soutien et adversaire du voyage d'identification, partisans de la formule réversible du Maître : « Quiconque m'écrase m'obéit ».

Les cinq variations sur le thème de l'œdipe se réunissent toutes dans la séquence finale des **Vaches** dont le but impossible, celui de toute l'œuvre de Dubillard, serait de réaliser et l'identification au père et la fusion avec la mère, de *concilier l'entrée dans le symbolique et la régression imaginaire.* L'obstacle est double : intervention du père, de l'Autre, et éclatement des limites du moi lors de la fusion avec l'autre. La densité des isotopies que superpose la séquence terminale est à la mesure de ce rassemblement des figures du roman familial, condensation qui cherche à *refaire l'unité du moi* dans l'actualisation simultanée des voix qui l'habitent — celles des créateurs précurseurs et celles qui viennent de l'*autre scène.* A force de vouloir tout dire, le moi se fige dans l'être-là de l'objet ; le mouvement du désir s'arrête. Et pourtant, outre la pétrification du moi, il y a aussi « toute cette eau d'un grand poète » qui passe à travers le corps du sujet, mouvement créateur qui fait de Félix la bouche désincarnée par laquelle passe le discours inconscient. Message dont le véritable émetteur est l'Autre, *lieu* de la parole, et dont la destination serait le *for intérieur* du spectateur. Tout se passe comme si le sujet acceptait dans cet élan liquide de *se faire déborder* par le discours de l'Autre, afin de faire taire l'intarissable.

La mort qui arrête le voyage du quatuor indique bien que le sujet et l'Autre ne se rencontrent que dans l'au-delà de la demande. Nous avons rapproché le personnage absent de Schwartz de l'Autre lacanien : face dysphorique du père, c'est parce qu'il est absent que le sujet se lance dans cette quête de l'origine. Le « personnage » d'Olga se caractérise également par son absence et place au cœur des **Vaches** une énigme non moins sibylline que celle du géant mystérieux. En comparant les sèmes réduits se rattachant à ces deux créatures, on s'aperçoit que « Olga, la vache » est à l'opposé de Schwartz : féminine, horizontale, muette, « malléable », « vraie ». Olga est surtout *aimée*, celle qui, comme Eurydice, reste derrière le sujet et invisible. Si Schwartz déclenche la quête du père, la demande adressée à l'Autre absent, Olga joue le rôle de l'autre imaginaire, l'objet du désir vers lequel gravite le rêve d'*ipséité* du moi-enfant. Femme aimée, double narcissique de l'enfant, rattachée à la figure de la mère [II, 6] comme à celle de la fille [II, 7], Olga est la seule à pouvoir échapper à l'aliénation du sujet — cela parce qu'une vraie vache, comme un vrai bébé, ne *joue* pas. Pure présence, manifestation théâtrale du réel, si ce n'était pour l'inévitable sémiosis théâtrale qui fait de toute « chose » un signe en y introduisant la coupure signifiant/signifié, l'aliénation primitive du désir. Partant de l'arbitraire du signe — que tout le langage dubillardien tente de remotiver — la division se creuse dans la différence qui sépare le nom de la chose, le moi de l'être, l'enfant de l'autre maternel. Signifiant de l'inconscience de l'*infans*, Olga ne peut exister que si elle reste en dehors du langage, en deçà du symbolique, *hors-scène* ; à force de vouloir la saisir en l'amenant sur scène, dans le champ de la parole, le sujet voue l'objet de son désir à la mort. Ainsi, la culpabilité ressentie par Félix à l'égard de la mère et de ses substituts se manifeste à travers la personne d'Olga, dont les meuglements ponctuent tout le deuxième acte, dont l'horizontalité devient synonyme de la honte :

> *Félix* : Viens, mon Olga. Tu sais qu'on peut venir. Tu sais ce que c'est qu'un escalier à descendre... (*Il mime à quatre pattes :*) et moi aussi quand j'étais petit j'en descendais les marches à quatre pattes, la tête pendante en avant vers le bas et un bras portant tout le corps, puis un genou de l'autre côté qui descendait la rejoindre et tout le poids du corps en suspens descendant, droite, gauche, et ce derrière en l'air, terrible, ce derrière capable de te faire basculer et tout à coup rouler en boule d'avalanche jusqu'au palier plat ridicule du rez-de-chaussée, à plat comme la carpette et le tapis brosse, à plat comme la honte à tout jamais d'être quelqu'un d'horizontal.
>
> [**Les Vaches**, p. 54]

Image synthétique du bébé et de la mère, du désir honteux et de la dépendance ridicule du petit. La relation duelle serait marquée par l'*horizontalité* alors que l'identification au père conduit le moi-enfant à mimer la *verticalité* de la métaphore paternelle ; position dangereuse car elle instaure non seulement la différence vis-à-vis de l'autre mais aussi la rivalité avec le grand Autre — avec Schwartz , Oblofet, le Plombier, et avec les créateurs illustres que les pièces de Dubillard se donnent pour concurrents. Avant de se mesurer au modèle hors pair du Créateur, le Maître de **La Maison** commence donc par se relever : lorsque Monsieur paraît pour la première fois, un valet l'avertit que « Monsieur a tort d'être à quatre pattes » [IX].

A l'instar des autres figures du roman familial, Olga prend donc sa place parmi les autres têtes de l'arbre généalogique de Félix, modèle réduit qui réalise devant nos yeux la réconciliation invraisemblable des ordres imaginaire et symbolique. Ce faisant, Olga la vache occupe la place d'Eurydice dans le cadre du mythe d'Orphée, celle qui ne saurait sortir dans la lumière du jour, sous les feux de la rampe. En d'autres termes, Olga représente la face cachée du travail de création, l'autre de l'écrivain dans la relation narcissique à l'œuvre-objet.

2. Relations d'objet

> Je fais collection de moi.
> Pour les amateurs.
>
> (R. Dubillard)

> Le Moi est un collectionneur
> qui transporte des objets inertes
> de l'extérieur à l'intérieur.
> Le Moi ne désire pas le monde,
> il le vampirise.
>
> (L. Bersani) [1]

Le mythe d'Orphée est aussi et surtout un mythe de la création artistique. Si Olga n'a pas *encore* la parole, c'est qu'elle incarne la phase de gestation de l'œuvre lorsque celle-ci en est encore au stade de l'*infans*, privée de la parole au même titre qu'Eurydice. L'œuvre-miroir qui réfléchit le moi et lui donne l'illusion du sujet plein brise la captation imaginaire au terme de l'écriture comme à la fin de la représentation. Séparation redoutée et souhaitée puisque c'est du manque que surgit le désir et de la séparation interne du signe que naît le théâtre. L'œuvre représentée constitue l'objet du désir du spectateur, représentation d'un manque que le spectateur ne saurait combler puisqu'il consomme le signe et non pas la chose — source et limite du plaisir que dit le silence d'Olga. Dans **Olga ma vache**, elle rompt son silence pour dire son nom ; l'écrivain de l'histoire en fera donc un *personnage*, condamné à l'indépendance, séparé d'un auteur devenu *spectateur* :

> Eh bien quoi, ça n'a rien de sensationnel, une vache qui parle [...]. Et j'imaginais même une barrière, pour qu'ils ne touchent pas à mon œuvre d'art. Oui, une barrière, oh, fragile, une barrière pour dire. Mais je m'imaginais, moi, de leur côté de la barrière, et je contemplais avec eux, derrière cette barrière désormais infranchissable, cette vache phénoménale que je condamnais ainsi à la solitude.
>
> [p. 23]

Ainsi, l'auteur coupe avec regret le cordon ombilical qui le relie à son œuvre. Ici encore nous assistons aux effets de cette mise en abyme de l'énonciation créative étudiée dans un chapitre précédent : l'œuvre profite de sa position *transnarcissique* (Green, 1969, p. 36) pour réfléchir les relations qu'elle entretient en tant qu'objet de désir avec les acteurs de la communication théâtrale.

La fonction de l'*œuvre-objet* n'est pas sans rapport avec celle des objets contenus dans l'œuvre. Les objets des **Naïves hirondelles** renvoient au corps propre du stade du miroir : lors de la relation imaginaire, le sujet s'appréhende comme totalité en s'identifiant à l'autre. Inutile d'insister sur le signifié commun à tous les objets de la pièce — comme le vase en porcelaine, tout

---

[1] L. Bersani, 1984, p. 103.

est cassé, tout est à réparer. Or, le besoin de *réparer l'objet perdu* se trouve, selon Mélanie Klein, à l'origine de l'acte créateur. Les mises en abyme qui clôturent les actes II et III sont révélatrices : Bertrand s'effondre en évoquant ces noix cassées qui ressembleraient à des « petits cerveaux » et la perte de cet objet qui est synonyme de sa jeunesse (son « side-car ») ; Fernand tente enfin de se refaire dans ce vase « informe » qu'il répare. Et sur le plan formel, c'est ici la mise en abyme terminale qui réfléchit et rassemble l'œuvre-objet et le moi de l'énonciateur [1]. Dans **Naïves hirondelles**, le *corps morcelé* d'avant la reconnaissance spéculaire se manifeste surtout au niveau du signifié, dans les objets de l'œuvre, bien que cette pièce affirme déjà une relation spéculaire entre le sujet — auteur ou récepteur — et l'œuvre-objet, relation qui aura plus de poids dans les pièces où la mise en abyme se fera plus radicale. La tâche de Fernand réfléchit déjà le désir du sujet de se refaire dans l'objet, le remembrement du moi primitif qui permet au sujet de surmonter les instincts de destruction et de mort. Par le biais de la relation | corps/œuvre |, **La Maison** exprime très directement cette désintégration du moi, celle qui se décèle aussi au deuxième acte des **Vaches**.

Dans toutes les pièces de Dubillard, l'opposition *contenant/contenu* revêt une importance considérable. C'est une dimension de l'isotopie | corps | qui se caractérise par la *réversibilité* et par la *duplication* — manger/être mangé, sucer/se faire sucer, et ainsi de suite : ce qui se vide d'un côté se remplit de l'autre. Le rapport aux objets se calque sur la relation originelle de l'enfant à son corps, relation où se confondent le dedans et le dehors, le petit et le grand, dans un espace où la perspective s'efface au profit d'une vision bi-dimensionnelle. C'est une caractéristique première de l'espace sémantique aussi bien que de l'espace proprement théâtral de toutes ces pièces, que Sami-Ali rattache à l'indistinction primordiale entre le corps et l'espace environnant, espace d'inclusions réciproques qui réapparaît dans un autre espace imaginaire, celui du rêve, comme le rappel d'un stade antérieur à l'accès au symbolique. Dans ce même livre (1974), Sami-Ali illustre les données de l'espace imaginaire en se référant à **La Chasse au snark** de Lewis Carroll et repère chez l'auteur anglais ce même *imaginaire corporel* dont fait preuve le théâtre de Dubillard : réversibilité, inclusions réciproques, duplication. D'ailleurs, Carroll et Dubillard ont en commun plus qu'une prédilection partagée pour les mots-valises et la jonglerie verbale ; la malléabilité des signes remonte chez l'un comme chez l'autre à une vision primitive du corps et de l'espace.

Qu'est-ce donc qui empêche le moi de sombrer dans une sorte d'autisme primitif ? C'est la fonction du *comique* de faire jouer la conscience

---

[1] Lacan définit la relation entre le moi et l'objet *a* dans son célèbre schéma en forme de Z, où les quatre coins correspondent à la formation du sujet : « à savoir S, son ineffable et stupide existence, *a*, ses objets, *a'*, son moi, à savoir ce qui se reflète de sa forme dans ses objets, et A le lieu d'où peut se poser à lui la question de son existence » (1966, p. 549).

réflexive, de marquer une distance entre le mot et la chose, le symbolique et le réel. Lorsque le Monsieur des **Crabes** se prépare à dormir, à retrouver la « paix » de l'inconscience, ce sont les dernières étincelles comiques de la pièce et l'arrivée du Père qui signalent l'avènement angoissant de l'ordre symbolique. Il s'agit d'une tension entre l'imaginaire et le symbolique qui joue aussi à l'échelle de l'action, et qui se traduit par cette hésitation déjà remarquée entre la *répétition*, voire la duplication interne, et l'*action*, entre « la jouissance anti-narrative des intensités répétées et le plaisir du dénouement orgasmique » (Bersani, 1984, p. 86). Répétitions qui se répètent du quatuor du **Jardin** ou bien course-poursuite du *crescendo*, mise en abyme ou linéarité de l'action : les pièces de Dubillard font de cette hésitation le ressort de leur forme dramatique.

C'est **La Maison d'os**, bien sûr, qui tend le plus vers cette « jouissance anti-narrative ». A la différence des autres pièces, **La Maison** exploite peu ce sur-investissement du personnage propre à faire ressortir le roman familial. **La Maison** doit sa prégnance psychique à la mise en relief de l'œuvre-objet, à la forme théâtrale que se donne le corps propre. La maison est corps et tout l'univers de la pièce se limite aux confins de ce corps : « Dans ces conditions le Moi, par quoi il faut entendre le Moi corporel massivement investi au point de se substituer au monde extérieur, devient la seule réalité » (Sami-Ali, 1974, p. 22). Cet *investissement corporel* fait de **La Maison** une exploration tantôt de la relation narcissique, tantôt de la relation duelle, l'identification à la mère qui clôt le stade du miroir lacanien. De même que le Maître se projette dans ce double de lui-même qu'est sa maison, l'œuvre occupe la place de l'objet *a* dans ses relations à l'auteur et au récepteur : dédoublement imaginaire qui permet au moi de se saisir comme totalité et, parallèlement, de contrôler l'absence de la mère en l'incluant dans le jeu d'absence/présence de l'*objet partiel*. C'est la fonction du « caillou » de Monsieur [XXIII] dont la présence rassurante le constitue en être-là. Il n'est point besoin d'insister sur la thématique omniprésente de la *boîte*, modèle réduit du corps-maison qui permet à celui qui la tient de se saisir de l'extérieur, de rétablir l'unité du moi par la relation d'objet. En jouant sur l'alternance présence/absence, la boîte est perçue tantôt comme contenant, tantôt comme contenu. C'est encore le rapport à l'objet qui vise à réparer la séparation originelle, celle qui se répète de façon traumatique dans la mort de la femme. Rappelant le jeu de la bobine que Freud avait observé chez son petit fils, une bûche prise pour la femme absente se fait aussi l'objet d'un jeu : les deux valets de la scène XXX se lancent un « bout de bois », celui « qu'il confond avec feu sa femme », ce qui déclenche l'hilarité des valets. Le rire accuse la culpabilité de Monsieur en même temps que la symbolisation de la mort atténue l'angoisse de la perte. Et dans la scène XXXII, le Maître parvient même, par le truchement d'un magnétophone, à ressusciter la relation duelle d'antan. Grâce à l'enregistrement, la voix propre revient comme d'un autre, le sujet se saisit du dehors, alors que le moi extériorisé se prend pour la mère :

Le Maître :	Me parle de maman.
Le magnétophone :	Maman.
Le Maître :	Tiens, c'est moi.
Le magnétophone :	Quelle belle femme c'était, Maman ! si gracieuse et gentille. Elle portait longs ses cheveux blonds et...
Il tousse.	

Mais c'est dans l'espace théâtral même que la relation d'objet se fait sentir de la façon la plus insistante, faisant de cet « ici-là-bas » la représentation spéculaire du moi. Réfléchissant et la construction de l'œuvre et le corps propre, cette maison sans plan, avec ses fissures, ses fondements invisibles, son intérieur en dédale, est l'image du *corps réel pris dans un espace imaginaire* ; ainsi l'auteur est-il en mesure de réaliser la projection de ce qui est ressenti au fond comme une inorganisation intérieure. La mise en équivalence | maison/ corps/œuvre | projette comme sur l'écran du rêve la topique du moi, inclut son inachèvement dans une clôture fictive. Aussi, la maison du Maître figure-t-elle les relations du moi avec l'extérieur, la *façade mondaine*, les murs grâce auxquels le Monsieur peut « se tenir » et « se présenter aux dames » [LXXX] ; ensuite, le *moi secret* qui se cache dans un « costume écrasant », un « objet minuscule » dissimulé à lui comme aux autres [XIX] ; et enfin le *moi inconscient*, la cave dans laquelle ni le Maçon ni l'Architecte, auteurs conscients du moi, ne veulent descendre [VII].

C'est le registre symbolique qui apparaît dans cet extérieur que la maison renie — la troisième dimension qui devrait donner sur une *profondeur* spatiale, sur une distinction nette entre *ici* et *là* qui briserait la captation imaginaire des inclusions réciproques. De même que le Maître imite un Créateur inaccessible dont il ne peut hériter le Nom-du-Père, la construction de **La Maison** se veut autonome, comme pour marquer la puissance narcissique d'un corps illimité : le père absent laisse une œuvre *en suspens*. Sur le plan théâtral, l'entreprise consiste à faire feu de tout bois, à inclure tout le dehors dans un moi théâtral dispensé du travail de la référence. A l'absence de profondeur spatiale correspond donc un sémiosis tout-puissant qui affirme sa théâtralité dans la métamorphose du signe, dans cette façon de métaphoriser le réel [1]. **La Maison** affiche ouvertement ce que disent les autres pièces de l'auteur — le temps est réversible, l'espace irréversible puisque le dedans inclut le dehors. Autrement dit, le théâtre de Dubillard est, au sens précis de Sami-Ali,

[1] Voir Sami-Ali, 1974, p. 201 (à propos de l'espace chez L. Carroll) : « Champ que de dehors rien ne peut limiter puisqu'il comprend à la fois le dedans et le dehors, cependant que les obstacles qui s'y dressent, face au sujet, disparaissent par simple métamorphose corporelle. »

imaginaire : le temps se mue en espace dont les dimensions sont celles du corps. Or, si le temps progressif correspond au registre symbolique dans la mesure où l'agencement des signes selon l'ordre de la succession exprime la différence des signifiants, la loi même du langage, *remotiver* le temps revient à le faire tourner en rond, à le nier tout en le signifiant. Dans **Les Vaches**, par exemple, on a pu observer la juxtaposition du temps *extérieur*, celui qui s'ouvre sur le jour et sur la société (acte I), et du hors-temps *intérieur* qui marque la régression nocturne et imaginaire (acte II), avant que le dernier acte tente de confondre les deux temps dans une alternance rapide du jour et de la nuit, du progrès et de la régression, afin de superposer les registres imaginaire et symbolique. Toute l'œuvre de Dubillard fait sienne cette tentative d'harmoniser les ordres imagainaire et symbolique : dans la remotivation du signifiant phonique comme dans celle de la forme théâtrale, il s'agit de refuser la différence et d'accentuer le même. Remotiver le signe, c'est revenir à l'union primitive du nom et de la chose, la même qui, selon I. Fonagy (voir *supra*, p. 41), précédait l'accès au symbolique ; l'entrée dans l'ordre du langage suscite à la fois la castration du sujet et la séparation non moins radicale du signe et du référent. Nier l'arbitraire du signe consiste donc à refuser la castration et l'intervention du père.

En refusant la généalogie, l'auteur donne à sa pièce la forme narcissique d'un *fantasme d'auto-création*, faisant de l'œuvre un produit où l'autogénération symbolique imite la fusion imaginaire — un produit autonome qui serait la figuration ultime de la *liberté du moi*. Ainsi rejoint-on par un autre biais la prédilection de ce théâtre pour la mise en abyme et pour la polyisotopie terminale. Citant Freud, Sami-Ali constate que l'élaboration onirique se caractérise par la « multiplication des semblables », traduisant la fréquence par l'accumulation, faisant de la répétition temporelle une manifestation de la simultanéité spatiale (1974, p. 241). Il en conclut que le temps imaginaire, temps qui se nie, a la propriété majeure de soustraire le moi à la contingence :

> Aucune nécessité n'ayant prise sur lui, il est à même, livré à la toute-puissance du désir, de rebrousser chemin, de s'immobiliser sur place et de tourner en rond. Le temps imaginaire est par excellence le règne de la répétition.
>
> (1974, p. 242)

C'est bien cette toute-puissance du désir qui se dégage de l'effet de cumul sémantique qu'opère la mise en abyme dubillardienne, une *jouissance de la répétition* se soldant par celle du *dénouement orgasmique*. Multiplication des doubles internes, accumulation sémantique, actualisation simultanée des signifiés antérieurs dans un super-signe pleinement cohérent, contenant du tout, à l'image de l'immensité intime du moi. Envolée euphorique d'un corps aérien — « le beau ballon » de la fin des **Chiens de conserve** ou bien « la bulle du Jardin aux Bettroves », corps sublime du désir libre, euphorie totale, mais toujours proche de l'éclatement.

En effet, les dénouements de ce théâtre sont toujours à double tranchant, puisque chaque pièce se passe sur le seuil d'une entrée dans le symbolique à la fois souhaitée et redoutée. L'Autre auquel s'adresse l'œuvre reste inaccessible, d'où cet imaginaire qui hésite, qui tourne en rond, tout en fonçant vers une *autre scène*, un au-delà du moi. On tâchera de le montrer dans le cas précis des **Chiens de conserve** : la filiation symbolique représente à la fois le meilleur et le pire, tout comme le retour à la mère et à l'inconscience primitive du moi-enfant. Dans les œuvres antérieures de Dubillard, il a toujours été question de l'absence du père et de la présence massive d'une mère dirigeante. Or, la figure de la mère phallique semble s'absenter ici, comme pour laisser s'affirmer la virilité retrouvée de Garbeau. Mais, la paternité de ce « beau papa » s'expose à d'autres menaces. Les nombreux signes relevant de l'isotopie | chasse | (pavillon de chasse, fusil, chiens, gibier, etc.) prennent ce lieu commun de la littérature galante au pied de la lettre afin de signifier l'association étroite du désir et du meurtre, l'intrication des instincts de vie et de mort. Ernest se fait jeter à ses propres chiens, Armand devient la proie au pavillon de chasse — la loi du talion se fait auto-punition car l'interdit de l'inceste « déclenche envers l'énonciateur supposé de l'interdit une intention meurtrière dont le malheureux appréhende un retour vengeur et cruel sur lui-même » (D. Anzieu, 1981, p. 280). Cruauté dévoratrice qui se décèle en particulier dans la symbolique des chiens dont l'agressivité vorace s'exerce sur le maître, sur le corps propre, inspirant à Garbeau la satisfaction mêlée de dégoût d'une phobie exaucée. *Retournement de l'actif en passif* [1], généralement lié à l'oralité, qui est un des ressorts principaux de l'imaginaire de Dubillard.

Ce narcissisme auto-destructeur constitue le versant dysphorique de la fusion imaginaire, du retour à la mère. Si les crabes « retournent à la mer » par un trou dans la scène à la fin des **Crabes**, l'indistinction du moi et de l'autre que réalisent **Les Chiens** s'effectue sous le signe autrement cruel de la *mère phallique*. En effet, celle-ci revient dans **Les Chiens** — non pas, comme cette « Judith » des **Crabes**, sous forme de personnage féminin, mais dans le morcellement du corps. L'union avec la mère se réalise ici à son corps défendant ; c'est le terme fatal d'un désir érotique dont le caractère pulsionnel finit par *noyer le sujet*. Dans son analyse de l'**Orestie** d'Eschyle, André Green décèle dans le sort d'Oreste, poursuivi par les « chiennes » de sa mère, les traces d'une mère phallique : « Nous retrouvons ici la même relation vampirienne qui marque les relations de l'image de la mère phallique au produit de ses entrailles. Les échanges ne sauraient s'y dérouler que par l'absorption totale d'un terme par l'autre, le passage de l'un dans l'autre du principe même

[1] Voir à ce propos J. Kristeva, 1980, p. 51 : « Parallèle à la constitution de la fonction signifiante, la phobie qui opère, elle aussi, sous le coup de la censure et du refoulement, *déplace* en *inversant* le signe (l'actif devient passif) avant de *métaphoriser*. C'est seulement après cette inversion que le « cheval » ou le « chien » peut devenir la métaphore de ma bouche vide et incorporante qui me regarde, menaçante, du dehors ».

de son existence » (1969, p. 74). Orphée a subi le même démembrement, coupable d'avoir deux fois perdu Eurydice. Garbeau aussi serait coupable d'avoir abandonné la mère morte pour ranimer une qui vivait encore :

> Nous sortimes dans l'air, moi, ma petite-fille
> Et lui, le souvenir de sa mère défunte :
> Sa mère à la tête de faucille.
> [**La Boîte à outils**, p. 262]

Les eaux qui coulent à travers le corps de Félix, devenu à la fin des **Vaches** une bouche de fontaine, proviennent de la même source que ces chiens. Se laissant aller, le désir retourne à son origine maternelle — rêve et cauchemar d'une genèse dans la mort. Toute l'action des **Chiens** se passe dans cet espace du rêve tel qu'il ressort, sur fond de sommeil, des travaux de Sami-Ali : « Le sommeil qui s'ensuit complète ainsi le tableau en fournissant à la "triade orale" son terme manquant : manger, être mangé, et dormir » (*ibid.* p. 131). C'est justement le symbole du *phallus*, métaphore paternelle, qui permet à Garbeau de mener à terme son rêve éveillé, de garder l'antenne jusqu'à l'extinction des voix.

En tant qu'auditeurs, nous partageons le point de vue privilégié mais limité de l'(in)conscience de Garbeau, dont l'aventure réfléchit à la fois l'origine et le but de cette œuvre radiophonique. En effet, tout se passe comme si l'aventure de Garbeau se déroulait selon les étapes successives d'une « crise » de création. Provoqué par le deuil d'une proche, l'éveil créatif du sujet fait sortir Garbeau de sa retraite pour remettre « la tête » au travail. Ce travail de composition reprendra même la production de son ancienne usine, menacée par la concurrence d'autres patrons/auteurs. L'angoisse de la *régression intérieure* nécessite un élan, une course inéluctable dans laquelle le sujet largue les amarres pour crier, comme Garbeau : « En route ! Parée la mariée ! Levez l'ancre ! Vogue ! Vogue et vogue ! » [2e séquence]. Obligeant son chauffeur à foncer, poursuivi par ses gardes, le sujet réussit à vaincre les résistances et à déjouer la censure, aux risques de la folie puisqu'il lui faut canaliser le délire, contrôler l'aphasie. Les commentaires des protagonistes se retournent sur l'action et traduisent bien l'aspect *conflictuel* du désir créatif : jubilation et crainte, folie et clarté, amour et haine. Comble de la médecine préventive, le Docteur aurait même interdit la pratique de la poésie : « Les mots. Les mots : c'est ça qu'il ne faut pas boire une goutte et surtout : pas fumer, ni mots ni mégots » [4e séquence]. En fait, le Surmoi reste en état de vigilance pour prévenir « l'accident », tenant en laisse les pulsions pour ménager la « crise ». Arrivé en fin de mission, Garbeau se fait rejoindre par les autres et nous assistons avec eux à la mort du « créateur » : jetant son arme (le revolver de Garbeau ressemble étrangement à la plume de l'auteur !), le sujet retombe dans l'inertie ; s'il meurt, l'œuvre-miroir vivra.

Bon objet, mauvais objet : à l'envol euphorique du moi idéal s'oppose la mise en conserve de la viande pour chiens. Ces sentiments de plaisir et de nausée parcourent toute l'œuvre — fascination émerveillé de Garbeau devant le revolver, « ce chose », dégoût honteux devant le corps de Gadoux. Il y a les deux versants du désir, amour et haine, dans le corps de l'œuvre dont les effets touchent en même temps fabricant et consommateur. Et c'est en cela que ce drame intérieur, miroir de la création, suscite l'entendement du récepteur. Embarqué dans une *enquête d'identité*, l'auditeur ne peut que se projeter dans la peau de Garbeau, à la fois agent et patient du désir de réparation, assassin de ses propres fantômes et créateur. Si l'auditeur obtient satisfaction, c'est que l'identification projective le met à la place du sujet, capté par son image dans l'œuvre-miroir. A travers la mise en abyme, Dubillard nous fait entrevoir notre relation, en tant que spectateurs et lecteurs, avec l'auteur qui nous parle :

> Comme institution, l'auteur est mort : sa personne civile, passionnelle, biographique, a disparu ; dépossédée, elle n'exerce plus sur son œuvre la formidable paternité dont l'histoire littéraire, l'enseignement, l'opinion avaient à charge d'établir et de renouveler le récit : mais dans le texte, d'une certaine façon, *je désire* l'auteur : j'ai besoin de sa figure (qui n'est ni sa représentation, ni sa projection), comme il a besoin de la mienne (sauf à « babiller »).
>
> (Barthes, 1973, pp. 45-46)

C'est avec un rire de chasseur chassé tout de même chassant que Dubillard met en scène, dans toute sa modernité, la question conjointe du pourquoi des poètes et du public. Félix, le poète maudit sous les spots de la culture de masse, n'aspire qu'à aller où boivent les vaches ; victime consentante de cette comédie de la soif, il finira en plein centre de Paris, la bouche béante d'une statue vivante. Ainsi Félix donne-t-il à boire, tout comme **Les Chiens** donnent à manger — le sort de Garbeau, le corps de l'œuvre, réfléchissent la faim du *consommateur*. Dans sa **Boîte à outils**, le poète affirme avec une fierté masochiste que c'est à l'intérieur même de l'œuvre que surgissent l'offre et la demande :

> Et tout ce qui existe en moi, je veux qu'on le passe au hachoir !
> Gloire du hamburger mâché par la canaille !
> Dès lors, il faudra bien qu'on avoue que j'existe !
>
> [**La Boîte**, p. 160]

Dans une étude portant sur le « retournement projectif de l'intérieur du corps dans la création littéraire », Jean Guillaumin (1980, pp. 227-269) examine la légende très parlante du Centaure Nessos : empoisonné par Héraclès pour avoir tenté de séduire son épouse, Nessos donne à Déjanire une tunique imprégnée de son sperme et de son sang, vêtement que Déjanire offrira à son mari pour s'assurer à jamais de sa fidélité ; brûlé par l'intérieur de cette tunique magique, Héraclès ne peut calmer la douleur qu'en se tuant. Et J. Guillaumin fait ainsi parler la légende : « Quiconque, dès lors, se glissera ou s'enrobera, par l'identification esthétique, dans la tunique ensorcelée, laissant agir sur ses sens les stimuli dont les surfaces projectives de l'œuvre

— littéraire, visuo-plastique ou sonore — sont chargées, ressentira à son tour ce dont l'inventeur de l'artifice s'est, en un certain sens, libéré en en transférant l'action sur autrui » (*ibid.*, p. 228). Fortement marqués par la composante agressive de la création, **Les Chiens**, comme **Les Crabes,** offrent une sorte de cadeau empoisonné à son auditeur — poison versé à l'oreille dont le « beau ballon » qui s'envole à la fin pourrait bien être l'antidote. En général, d'ailleurs, les pièces de Dubillard proposent un dosage équilibré : la mise en abyme terminale en assure la synthèse des effets contraires, superposant les masques de la tragédie et de la comédie.

Les pièces et autres écrits de l'auteur rattrapent par derrière les métaphores théâtrales de la psychanalyse car au centre de chaque œuvre se dissimule le moi divisé, *orphéique*, se réfléchissant dans le jeu de sa différence. Différence salvatrice puisqu'elle transforme les fissures de l'identité en matière à rire, en une décharge *sociale* [1], partagée par un public, qui empêche le moi de chuter dans l'autisme imaginaire.

Le comique est en même temps une stratégie de séduction visant à désarmer le Surmoi, à conquérir les autres, ceux qui siègent en silence de l'autre côté de la rampe. En effet, le meilleur moyen d'échapper à la censure est de faire rire les juges, les figures parentales qui commandent l'entrée dans l'ordre symbolique, exigeant du sujet sa réponse à l'injonction paradoxale. Ainsi, le sujet triomphe en retournant l'injonction contre son agent :

> *Milton* : [...] Un escalier qui descend, moi, ça m'est égal qu'il descende, ça ne m'empêche pas de le monter. Si on me met en boîte, cette boîte, je la mets dans ma boîte à moi et je la renvoie à son expéditeur avec lui dedans, vous m'entendez ?
>
> [**Le Jardin**, p. 38]

Milton s'engage ici à cocufier ceux qui l'ont fait cocu, à réexpédier à son destinateur l'ordre de castration ; reprise à son compte pour rire, la menace de punition se transforme en *impunité joyeuse*. Il en va de même pour le langage lui-même : les mots, agents de l'aliénation symbolique, se plient au bon vouloir du sujet, sujet omnipotent qui fait de la malléabilité du signe l'outil de sa révolte contre l'arbitraire du langage. Triomphe et révolte que D. Anzieu désigne comme les buts de la ré-création verbale :

> Maintenant, c'est l'omnipotence fusionnelle que nous rencontrons : fusion du signifiant avec le signifié, fusion des mots appris de la mère avec les parties du corps de celle-ci mêlées à d'autres parties du corps de l'enfant. Dans le premier cas, le trait d'esprit traduit la révolte du Moi contre le Surmoi en tant qu'il impose les règles de la langue avec un arbitraire qui fait violence. Dans le second cas, le trait d'esprit signe le triomphe du moi idéal : je sais tout, je suis tout si les mots obéissent à mon bon plaisir.
>
> (1981, pp. 343-344)

---

[1] Voir C. Clément, 1975, pp. 260-261. Développant une réflexion de Lévi-Strauss, l'auteur distingue la dépense sociale du *rire* de celle, intérieure et non partagée, de l'*angoisse*.

Chez Dubillard, ce sont les signes linguistiques et visuels qui subissent fusion et métamorphose et qui assurent donc un triomphe proprement théâtral du moi, se manifestant tantôt dans la relation de l'auteur aux mots qu'il manipule, tantôt dans la relation à l'œuvre-objet.

La prégnance que nous avons soulignée de l'isotopie | corps | n'est pas étrangère à la force du comique, puisque la fusion d'isotopies ne déclenche le rire qu'en ramenant l'abstrait au physique, selon « la règle [...] toujours valable de proportionnalité du rire à la plus ou moins grande distance du corps au code » (Anzieu, 1981, p. 350). Si l'acquisition du langage marque le déclin de l'identification au corps de la mère, la manipulation ludique du signe joue cette distance entre le *code* et le *corps*, faisant du langage un moyen d'ordre symbolique de revenir vers l'espace imaginaire, un moyen de réintroduire l'érotisme primitif dans l'arbitraire du code. Remotivation du code symbolique, représentation sociale du corps imaginaire ; l'ambition de l'œuvre de Dubillard pourrait bien rejoindre une autre origine, celle du théâtre : un spectacle où le corps se représente pour remotiver le code.

CONCLUSION

Deux :	On n'a pas le droit d'en parler parce qu'elles font rire ?
Un :	Non. Elles font rire parce qu'on n'a pas le droit d'en parler.
Deux :	Si on ne peut pas en parler sans rire, après tout, il vaut mieux rire et en parler tout de même.

[**Les Diablogues**]

Écrivain, interprète, poète, humoriste : Roland Dubillard fait figure d'homme-orchestre parmi les hommes de théâtre, mais c'est le chapeau d'humoriste qui le coiffe dans toutes ses activités. Dans une critique du **Jardin aux betteraves**, B. Poirot-Delpech a souligné la marque distinctive de cet humour, l'expression d'une hilarité toute poétique :

> Il y a une tirade de purs coq-à-l'âne dont la jubilation et l'idiotie même, dosées à point, donnent le vertige autant que le fou rire. Des notations merveilleusement observées et formulées surgissent au détour des plus grosses calembredaines : « J'éternuais sans y croire », « Les papillons, dans le noir, on ne sait jamais la taille qu'ils ont… » De véritables poèmes, enfin, se glissent entre les répliques de potaches, d'autant plus forts qu'ils prennent au dépourvu et qu'ils s'imposent la briéveté de l'éclair, l'émotion furtive du mot d'enfant.
>
> (1969, p. 270)

L'humour de Dubillard est volontairement enfantin, le rappel d'un premier étonnement devant les jouets de la langue maternelle. Il est aussi une sédition contre les lois du code, contre tous les Hachemoches et autres noms que se donne le père, tout en œuvrant pour la reconnaissance publique d'un nom d'auteur, nom qui a assuré le succès de tous ces spectacles qui ont puisé si souvent dans **Les Diablogues** [1], jusqu'au récent **Toute différente est la langouste** (1988). En tant que comique théâtral, cet humour doit « passer » dans le cadre immédiat d'une communication vive et, rappelons-le, *payante*, se gaussant du pain rassis quotidien tout en servant de gagne-pain.

Le comique laisse-t-il une place pour l'affect ? Bien que l'expérience commune confirme que l'*émotion* s'allie difficilement au *rire*, que « toute émotion forte est inhibitrice du rire » [2], Le Valet du bois de **La Maison** suggère à

---

[1] Parmi les nombreux spectacles de café-théâtre qui ont choisi leurs dialogues dans **Les Diablogues et autres inventions à deux voix : Dialogues sur un palier, After Show, Parle à mes oreilles, mes pieds sont en vacances, L'eau en poudre, Les sacrés monstres**, en plus des **Diablogues** proprement dits.

[2] Voir L. Olbrechts-Tyteca, 1974, p. 31.

travers ses balbutiements qu'entre le rire et la souffrance, le sourire et le soupir, il n'y a qu'un *lapsus* : « un sourire, il n'y aurait pas s'il n'y avait ce hif, hef, hif, ce soufire, foupire, soufrifre, souriar, fif, fif, fif » [XXI]. Intuition que l'expérience de Félix confirme par ailleurs : la fusion d'isotopies qu'opère la dernière séquence des **Vaches** donne aux larmes du poète la portée double du rire et de la souffrance, réalisant sur le plan du sens ce que la réception théâtrale en général dément — l'effet conjoint du comique et de l'émotif. Si toutes les pièces de Dubillard peuvent, comme **Les Vaches**, se déclarer « tragi-comédie », c'est qu'elles oscillent constamment entre deux modes de réception, entre la mise à distance comique et l'adhésion émotive. Inutile de couper les répliques en quatre afin de préciser les instants où l'émotion inhibe le rire, où le rire dissipe l'émotion ; même et surtout quand il s'agit des enjeux de l'*autre scène*, les deux types d'effet se suivent de très près. Il est plus intéressant de noter, en suivant l'exemple des **Vaches**, que les deux réactions découlent d'une même source : le sentiment d'une *participation* qui transcende les limites du moi. On pourrait confronter le sort de Félix avec les réflexions d'Arthur Koestler, qui ramène les deux types de réaction à leur dénominateur commun — la mise en rapport de « matrices » hétérogènes, opération que nous avons assimilée à l'interférence d'isotopies (voir *supra*, pp. 136-137) — pour développer ensuite les différences entre les deux réflexes :

> Le rire et les larmes, le masque comique et le masque tragique, sont aux deux extrêmes d'un spectre continu ; deux réflexes qui, physiologiquement, sont à l'opposé l'un de l'autre. [...] le premier tend à l'action, les secondes à la passivité et à la catharsis. Dans le rire la respiration comporte de profondes aspirations, suivies d'éclats et d'explosions : ha ha ha ! Dans les pleurs au contraire, un halètement — les sanglots — est suivi de longues expirations soupirantes : a-a-ah...
>
> (1968, p. 178)

Koestler rapproche la « réaction AH » de l'émotion esthétique proprement dite, les « matrices » en question étant les plans de l'*expression* et du *contenu* — en d'autres termes, la *remotivation* systématique de la forme que réalise le théâtre de Dubillard. Koestler ajoute aux réactions « HAHA ! » et « AH... » une troisième, qu'il dénomme « AHA », le cri d'Archimède de la découverte, la connexion enfin trouvée dans le domaine de la connaissance. Or, la séquence finale des **Vaches**, une scène de synthèse dans l'œuvre de l'auteur, donne des théories de Koestler comme une expression théâtrale : rassemblement étonnant d'isotopies hétérogènes (AHA), fusion du rire et des larmes (HAHA-AH), remotivation générale du plan signifiant (AH). Forçons encore l'analogie. A la polysémie théorique construite par Koestler à partir de ses variations sur le thème « AH » correspond cette polysémie théâtrale manifestée par le « O » ultime de Félix. Il suffirait d'un changement de voyelle pour que la synthèse finale des **Vaches** devienne la métaphore de l'affirmation théorique de Koestler : « La réaction HAHA signale la collision de contextes bissociés, la réaction AHA en signale la fusion, et la réaction AH la juxtaposition » (1968,

p. 182). La pièce de Félix, l'« O » du poète, en dit autant, réfléchissant dans sa fin la visée de l'ensemble du théâtre de Dubillard.

Chez Dubillard, les phases de l'écriture et de la représentation sont inséparables de la *quête d'identité*, celle du spectateur comme celles de l'auteur et du personnage. Dubillard ne dit pas cela dans une préface mais dans le voyage artistique du quatuor Schécézig, dans la genèse biblique de **La Maison d'os**, dans la fontaine familiale des **Vaches**. Son théâtre est foncièrement *subjectif*, faisant valoir sa machinerie dans la transformation du signe, affichant sa théâtralité dans la mobilité du personnage. Les ficelles, laisses, longes et autres cordons qui rattachent les personnages au créateur absent ne sont pas coupés mais donnés à voir, fils d'Ariane guidant le spectateur vers la source de la parole, lignes de fiction de la conscience réflexive. De quel horizon vient cette voix ? Malgré la présence indéniable du comédien, le personnage est dépassé par son propre discours, de même que la culture, au sens large, précède l'auteur. L'origine de la parole est toujours *avant*, les couloirs du labyrinthe sont là pour se dérober au spectateur car même s'il parvenait à relever successivement tout ce qui dans **Les Vaches** remonte au-delà du discours scénique — à Rimbaud, à Gide, à la mythologie grecque et crétoise —, c'est la saisie simultanée de cette surdétermination invraisemblable qui reste proprement impensable. Si les pièces de Dubillard semblent nostalgiques d'un passé illustre, désireuses d'atteindre les hautes sphères de l'*ars gratia artis*, elles démontrent cependant que tout discours, fût-il celui d'un « créateur », est nécessairement *intertextuel*, fabriqué par l'histoire, par l'inconscient, par tous les systèmes symboliques dont le sujet hérite. La voix de l'auteur n'émane pas de ces terres rêvées où règnerait la subjectivité pure. La réussite ambivalente obtenue par Félix comme par le quatuor Schécézig indique que le champ de l'art relève désormais des *média* et de tout nouveau *PAF* [1], qu'à l'ère de la *reproduction* en tous genres, l'art a perdu son « aura », son caractère authentique et unique, comme le signalait W. Benjamin dès 1936 [2]. La mise en boîte de la création aboutit à l'étouffement de son *contenu vivant*, véritable hantise de ce théâtre : face à tous les bustes de Beethoven, comment retrouver celui qui, dans **Le Jardin**, contiendrait la vraie tête du compositeur ?

L'origine de la parole serait elle-même de l'ordre du langage : impossible dans ce théâtre de trouver un élément du réel qui ne dépendrait pas de sa nomination, qui ferait le détour de l'écran verbal. On a beau faire appel à la modestie muette d'Olga la vache, la chose n'est parlante que grâce au mot. Pris dans les figures mobiles du langage, le réel devient *artefact*, produit de la conscience et non pas sa toile de fond, espace intime et immense du territoire personnel. Le divorce romantique entre nature et culture n'a donc plus cours,

---

1 Sigle journalistique désignant le (nouveau) Paysage Audio-visuel Français.

2 « L'Œuvre d'Art à l'époque de sa reproduction mécanique », 1959 (pour la traduction française).

puisque la nature ne nous parvient que par le biais de la culture — un signe plutôt qu'un référent, comme au théâtre. C'est en cela que le territoire subjectif de cette œuvre est aussi un domaine social : la quête d'identité et celle d'une *vraie* nature découlent d'un seul et même projet, la recherche d'un contenu vivant, la tentative de remotivation qui est primordiale dans le théâtre de Dubillard. Ce *désir fusionnel* est à l'évidence dans les jeux de mots comme dans les objets composites, dans l'enchevêtrement des isotopies comme dans la mise en abyme, ainsi que dans le discours inconscient : le retour à l'origine, à la mère, alors que la rivalité avec le père, le précurseur qu'on voudrait devenir, fait fusionner l'œuvre actuelle tantôt avec **Hamlet**, tantôt avec les poèmes de Rimbaud. Par-dessus tout, c'est le désir de faire fusionner signifiant et signifié, ce qui reviendrait, paradoxalement, à abolir le signe, la condition première du théâtre. Tout concevoir en fonction de l'opposition dedans/dehors et ensuite confondre l'un dans l'autre ; il en résulte une cohérence étonnante de l'univers fictif puisque, dans ces conditions, on ne peut plus parler en termes de « message » et de moyens de faire passer le message. On aurait plutôt affaire à une enveloppe portant l'écriture de la lettre, ou bien à une lettre pliée en quatre pour servir d'enveloppe à elle-même.

La complexité apparente du théâtre de Dubillard est en fait la condition de sa cohérence. Tout se tient, du détail d'une allitération au rythme de la pièce, du lapsus qui fait jeu de mots à la collusion hypertextuelle. De même, en dépit des apparences, toutes les pièces sont solidaires : partant des **Naïves hirondelles**, les objets et personnes que l'on confond (comme) par hasard se muent en objets fantastiques et personnages composites ; le drame quotidien des générations devient le drame psychique des **Crabes** ; **La Maison d'os** fonctionne selon les horloges déréglées de la boutique de Mme Séverin alors que l'envol des hirondelles se répète dans celui des amoureux plus mûrs du **Chien sous la minuterie**, et le père absent de **La Maison d'os** fournira l'os pour caler l'armoire de la fille dans **Toute différente est la langouste**. **Naïves hirondelles** devine ce dont **« ... Où boivent les vaches »** fait la synthèse, ce qui autorise tout un chacun à prendre à la lettre l'avis de l'Appariteur de **La Maison** : « N'importe quel endroit est le bon si c'est par lui qu'on est entré. Une fois à l'intérieur, l'envie de trouver la meilleure entrée a perdu non seulement son urgence mais son sens » [XLIII].

Chevauchant par moments ses contemporains de l'absurde, recréant tout un héritage culturel pour ramener Beethoven et Rimbaud devant un public de théâtre, l'œuvre de Dubillard avale ses antécédents et proclame à haute voix sa dette envers les immortels. L'exploit tient de la gageure : faire d'une identification vouée à l'échec le ressort d'une réussite théâtrale. Dans un sens, l'œuvre de Dubillard réussit *malgré* elle — à l'exemple de ses personnages car Bertrand et Fernand font tout pour ne pas réussir, le quatuor du **Jardin** *subit* son voyage vers la gloire, Félix refuse la commande du gouvernement. L'ambition de l'auteur brigue l'Académie pour se moquer des Immortels.

Est–ce qu'une telle œuvre cherche à rester en marge du succès, au-dessus du commerce et des lois du spectacle ? Dans toutes les pièces de l'auteur, il est question de commande et de cachet, de faillite et d'argent ; toutes les pièces gardent les traces d'une relation paradoxale à leur propre situation économique, à leur *rentabilité*. En rattachant la scène théâtrale à celle de l'écriture, en réintroduisant la genèse dans l'œuvre achevée, en prolongeant la phase financièrement gratuite de la composition, l'œuvre fait comme si elle pouvait se situer en dehors des circuits de l'offre et de la demande, rester économiquement neutre — tout comme un fils qui échapperait à la filiation se verrait absous d'office, libéré de la dette symbolique. A ce titre, la mise en scène constitue un point de non-retour, le moment où le jeu fluide des formes s'inscrit dans une linéarité réelle, — une *représentation* d'autant plus figée qu'elle est appelée à se répéter —, coïncidant avec l'instant critique où la valeur artistique se traduit en valeur économique. Dans **Le Jardin**, par exemple, le concert de « demain soir » que prépare le quatuor sera donné dans un « casino de la culture », ce qui provoque le chagrin de Milton, désolé d'avoir à *jouer* ainsi les cinq derniers quatuors de son cher Beethoven. L'auteur du **Jardin** consent comme malgré lui à la mise en scène de son texte, cela pour des raisons qui tiennent à la perte de l'objet narcissique :

> L'unité du fantasme est solidaire de l'unité narcissique qu'elle contribue à constituer. Les types d'objets auxquels répondent les créations artistiques sont au contraire marqués par leur statut d'éjection, d'expulsion, de mise en circulation, par une désappropriation de leur créateur, qui attend de leur appropriation par d'autres l'authentification de leur paternité.
>
> (A. Green, 1969, p. 36)

La *désappropriation* de l'auteur dramatique est d'autant plus complète, et l'*authentification* d'autant plus concluante, que la « mise en circulation » de l'œuvre dépend d'un metteur en scène, d'un certain nombre de comédiens, d'une entreprise de théâtre publique ou privée, bref, « d'autres mains, tout aussi peu responsables des caractères de l'édifice », selon les mots du Portier des **Vaches**, ce qui fait de ce passage dans le domaine social un processus à la fois d'aliénation et de reconnaissance publique de l'œuvre.

Les autres mains seraient-elles aussi peu responsables que celles de l'*auteur* ? Le théâtre de Dubillard est « subjectif », certes, mais, fidèle à sa vocation réflexive, il comporte aussi une *critique de la subjectivité*, rappelant à tout moment les fondements intertextuels de toute « création », les voix multiples qui se rejoignent en amont de toute voix. Si l'œuvre de Dubillard se fait le chantre de Beethoven et de Rimbaud, figures de proue de l'individualisme romantique, c'est pour mieux souligner cette mise en pièces du discours romantique. En amont et en aval, l'œuvre provient d'une *autre scène* qui dépasse toujours le créateur pour aller vers une scène réelle où elle redevient *autre*. L'auteur s'efface dans l'affirmation de sa propre parole, parole vive qui consacre la mort du créateur, qui invente le plaisir du spectateur.

En démontant si parfaitement les mécanismes de la création théâtrale, l'œuvre de Dubillard nous parle à la fois d'elle-même et de sa relation à tout le reste. C'est en se repliant sur elle-même dans un mouvement profondément narcissique qu'elle va en même temps vers l'extérieur, qu'elle pose ces questions dont l'enjeu dépasse l'actualité d'une saison théâtrale pour rejoindre la modernité : Hamlet *veut*-il réussir ? Pour *qui* chante Orphée ? Aujourd'hui, le théâtre se pose la question de sa propre légitimité, de sa place dans une culture de masse dominée par l'industrie du spectacle. L'œuvre de Dubillard descend en elle-même pour sonder tout ce qui ne va plus de soi, tout ce qui aurait pu aller sans dire lorsqu'un auteur dramatique contemporain, par comédiens et personnages interposés, s'adresse à un public : les liens qui le relient à sa propre histoire de sujet, à ses précurseurs, aux mots qu'il emploie, aux matériaux de la communication dramatique, aux spectateurs présents et futurs.

Comme Félix, l'auteur accepte d'être submergé par tout ce qui lui vient d'*ailleurs* et d'*avant*, quitte à nier cette mort par noyade en montant lui-même, comme Roland Dubillard, sur les planches, laissant rejaillir chaque soir le désir qui a donné naissance à cette pièce qu'il nous interprète. C'est sur scène — sur celle, imaginaire, de l'écriture et sur celle, publique, d'un théâtre — que l'auteur se voit sujet libre, à la place que son œuvre lui ménage avec tant de soins, une place au cœur d'un théâtre où les personnages font parler les créateurs pour faire rire, et séduire, les spectateurs.

ŒUVRES DE ROLAND DUBILLARD

a) Pièces de théâtre

- **Naïves hirondelles**, Gallimard, 1962 (rééditée en 1979).

Représentée pour la première fois le 16 octobre 1961, au Théâtre de Poche, dans une mise en scène d'Arlette Reinerg et un décor de Jacques Noël, avec Arlette Reinerg (Germaine), Tania Balachova (Madame Séverin), Bernard Fresson (Bertrand), Roland Dubillard (Fernand).

- **Si Camille me voyait...**, Gallimard, 1962 (avec **Naïves hirondelles**), rééditée en 1971 (avec **Les Crabes**).

Représentée pour la première fois au théâtre de Babylone en 1953, dans une mise en scène de Jean-Marie Serreau et des décors de Jacques Noël, avec Roland Dubillard (Laurent), Gabriel Cattand (Léon), Jean-Marie Serreau (Le Comte), Jacqueline Sundstrom (Solange), Arlette Thomas (Denise).

- **La Maison d'os**, Gallimard 1966 (rééditée en 1979).

Représentée pour la première fois en novembre 1962 au théâtre de Lutèce, dans une mise en scène et des décors d'Arlette Reinerg ; avec Arlette Reinerg, Denise Perron, Roland Dubillard, Jacques Seiler, Jacques Marchais, Marc Eyraud (puis Yves Yannek), Romain Bouteille, François Marié.

- **Le Jardin aux betteraves**, Gallimard, 1969.

Représentée pour la première fois le 7 février 1969 au théâtre de Lutèce, dans une mise en scène de l'auteur et un décor de Jacques Noël, avec Fernand Berset, Robert Rimbaud, Roger Blin, Roland Dubillard et Maria Machado.

- **Les Crabes ou Les hôtes et les hôtes**, Gallimard, 1971.

Représentée pour la première fois le 8 décembre 1970, sur la scène du théâtre de l'Épée-de-Bois, à Paris, dans une mise en scène d'André Voutsinas et des décors d'Alexandre Trauner, avec Maria Machado, Bernard Fresson, Lucienne Hamon et Roland Dubillard.

- **« ...Où boivent les vaches. »**, Gallimard, 1973.

Représentée pour la première fois le 20 novembre 1972, au Théâtre Récamier, dans une présentation de la Compagnie Renaud-Barrault, une mise en scène de Roger Blin, des décors d'Elsa Henriquez et Matias, une sonorisation de Jacques Lejeune, avec Madeleine Renaud, Maria Machado, Jacques Seiler, Frédéric O'Brady, Claude Lévesque, Jacques Blot, Christian Rist et Roland Dubillard.

— Mise en scène par Roger Planchon en janvier 1984 au Théâtre National Populaire de Villeurbanne : décor de Thierry Leproust, costumes de Jacques Schmidt & Emmanuel Peduzzi, lumières d'André Diot, son d'André Serré, avec Roger Planchon (Félix), Madeleine Robinson (Élodie), Frédéric Bazin (Saül), Colette Dompiétrini (Rose), Robin Renucci (Walter), Geoffrey-Lawrence Carey (Reporter), Gérard Guillaumat (Hachemoche), Claude Lochy (L'Acteur à tout faire), Hélène Alexandridis (Zerbine), Roland Dubillard (La voix d'Oblofet), et *al.*

- **Le Bain de vapeur** (inédit)

Représenté en 1977 au Théâtre de l'Atelier.

- **Le Chien sous la minuterie** (inédit)

Représenté en 1986 au Lucernaire, avec Roland Dubillard et Maria Machado.

b) Autres œuvres dramatiques

- **Les Diablogues et Autres inventions à deux voix**, Marc Barbezat & L'Arbalète, 1976.

Scènes à deux voix, écrites pour le théâtre, le cabaret, ou la radio. Les dialogues radiophoniques ont été joués par l'auteur (Grégoire) et Philippe de Chérisey (Amédée) ; joués par Claude Pieplu et l'auteur, **Les Diablogues** ont été joués au Théâtre de la Michodière.

- **Les Chiens de conserve**

Pièce radiophonique diffusée par France-Culture le 30 novembre 1978, réalisation Anne Lemaître, avec Roland Dubillard, Jacques Seiller, Bernard Fresson, Michel Lonsdale, Maria Machado, et *alii*. Une version comportant le texte radiophonique et une adaptation pour le cinéma a été publiée dans **Organon 86 (Spécial Dubillard)**, CERTC, Université Lumière-Lyon II, 1986.

- **Toute Différente est la langouste** (sketches)

Représentée en 1988 au Théâtre Moderne, mise en scène d'Elisabeth Depardieu, avec Ariane Dubillard, François Bernheim, Joël Cartini, Antonio Cauchois, Nicolas Sorel.

- **Les Nouveaux Diablogues**, Marc Barbezat & L'Arbalète, 1988.

c) Écrits divers

- **Je dirai que je suis tombé** (poèmes), Gallimard, 1966.

- **La difficulté d'être en bronze** (méditations), Julliard, 1972.

- **Olga ma vache** (avec **Les Campements** et **Confessions d'un fumeur de tabac français**) (nouvelles), Gallimard, 1974.

- **Livre à vendre** (avec Philippe de Chérisey) (récit), Jean-Claude Simoën, 1977.

- **La Boîte à outils** (poème), Marc Barbezat & L'Arbalète, 1985.

BIBLIOGRAPHIE
(Ouvrages Cités)

ABIRACHED, Robert

1978 : **La Crise du personnage dans le théâtre moderne**, Grasset.

ANZIEU, Didier

1981 : **Le Corps de l'œuvre**, Gallimard.

BARTHES, Roland

1970 : **S/Z**, Seuil.
1973 : **Le Plaisir du texte**, Seuil.
1982 : **L'Obvie et l'obtus**, Seuil.

BAUDRILLARD, Jean

1968 : **Le Système des objets**, Denoël/Gonthier.

BELLEMIN-NOEL, Jean

1979 : **Vers l'inconscient du texte**, Presses Universitaires de France.

BENAYOUN, Robert

1977 : **Les Dingues du nonsense**, Balland.

BENJAMIN, Walter

1959 : « L'Œuvre d'Art à l'époque de sa reproduction mécanique », *in* **Œuvres choisies**, Julliard.

BENVENISTE, Emile

1966 : **Problèmes de linguistique générale**, t. I, Gallimard.

BERSANI, Léo

1984 : **Théorie et violence**, Seuil.

BLOOM, Harold

1973 : **The Anxiety of Influence**, Oxford University Press.

CHASSEGUET-SMIRGEL, Janine

1979 : « Sublimation et idéalisation », *in* **La Sublimation**, Tchou.

CHION, Michel

1982 : « Orson Welles speaking », *in* **Orson Welles**, Cahiers du Cinéma/ Éditions de l'Étoile.

CLEMENT, Catherine

1975 : **Miroirs du sujet**, Union Générale d'Éditions (« 10/18 »).

CORVIN, Michel

1974 : **Le Théâtre nouveau en France**, Presses Universitaires de France
1976 : « Contribution à l'analyse de l'espace scénique dans le théâtre contemporain », ***Travail théâtral***, XXII, La Cité, Lausanne.
1985 : **Molière et ses metteurs en scène d'aujourd'hui (Pour une analyse de la représentation)**, Presses Universitaires de Lyon.
1987 : « Espace, temps, mise en abyme : le jeu du même et de l'autre », *in* **Mélanges pour Jacques Scherer**, Nizet.

DÄLLENBACH, Lucien

1977 : **Le récit spéculaire**, Seuil.

DUBILLARD, Roland

1979 : « Dialogue électrique avec Roland Dubillard », ***La vie électrique***, nov.-déc., Sodel.

1980 : Lettre à R. Wilkinson, **Organon 80**, CERTC, Université Lumière-Lyon II.

DUBOIS, Jean

1966 : « Résolution des polysémies dans les textes écrits et structuration de l'énoncé », *in* **Actes du 1er colloque international de linguistique appliquée**, Nancy.

DUCROT, Oswald

1972 : **Dire et ne pas dire**, Hermann.

ECO, Umberto

1965 : **L'Œuvre ouverte**, Seuil.

1978 : « Pour une reformulation du concept de signe iconique », ***Communications*** n° 29, Seuil.

1985 : **Lector in fabula**, Grasset.

ESSLIN, Martin

1980 : « The Mind as a Stage », *in* **Mediations**, Eyre Methuen.

FONAGY, Yvan

1972 : « Motivation et remotivation », ***Poétique*** n° 11, Seuil.

FOUCAULT, Michel

1963 : **Raymond Roussel**, Gallimard.

1966 : **Les Mots et les choses**, Gallimard.

FREUD, Sigmund

1971 : **Le Mot d'esprit et ses rapports avec l'inconscient**, Gallimard (« Idées »).

GENETTE, Gérard

1966 : « Frontières du récit », ***Communications*** n° 8, Seuil.

1982 : **Palimpsestes**, Seuil.

GORI, Roland et THAON, Marcel

1979 : « Pour une critique littéraire psychanalytique », *in* **La Sublimation**, Tchou.

GREEN, André

1969 : **Un Œil en trop**, Minuit.

GREIMAS, A.-J.

1966 : **Sémantique structurale**, Larousse.

1979 : **Sémiotique : dictionnaire raisonné de la théorie du langage**, Hachette (avec COURTES, Joseph).

GROUPE *MU* (DUBOIS, Jean, et *al.*)

1977 : **Rhétorique de la poésie**, Éditions Complexe.

GUILLAUMIN, Jean

1980 : « La peau du Centaure, ou le retournement projectif de l'intérieur du corps dans la création littéraire», *in* **Corps création**, Presses Universitaires de Lyon.

HENAULT, Anne

1979 : **Les Enjeux de la sémiotique**, Presses Universitaires de France.

JOST, François

1975 : « Le Je à la recherche de son identité », ***Poétique*** n° 24, Seuil.

KAISERGRUBER, Danielle

1977 : « Lecture/mise en scène/ théâtre», ***Pratiques*** n° 15-16.

KERBRAT-ORECCHIONI, Catherine

1976 : « Problématique de l'isotopie », ***Linguistique et sémiologie*** 1, C.R.L.S., Université Lumière-Lyon II.

1977 : **La Connotation,** Presses Universitaires de Lyon.

1979 : « L'image dans l'image » *in* **Rhétoriques, sémiotiques**, Union Générale d'Éditions ("10/18").

1980 : **L'Énonciation de la subjectivité dans le langage**, Armand Colin.

KOESTLER, Arthur

1966 : **Le Cri d'Archimède (The Act of Creation)**, Calmann-Lévy.

1968 : **Le Cheval dans la locomotive (The Ghost in the machine)**, Calmann-Lévy.

KRISTEVA, Julia

1969 : **Recherches pour une sémanalyse**, Seuil.

1980 : **Pouvoirs de l'horreur**, Seuil.

LACAN, Jacques

1966 : **Écrits**, Seuil.

LECLAIRE, Serge

1975 : **On tue un enfant**, Seuil.

LEMAIRE, Anika

1977 : **Jacques Lacan**, Pierre Mardaga, Bruxelles.

MIGNON, Paul-Louis

1978 : **Panorama du théâtre au XXe siècle**, Gallimard.

MOLES, Abraham

1972 : **Théorie de l'information et perception esthétique**, Denoël/Gonthier.

NATAF, Raphaël

1962 : Critique de **La Maison d'os**, ***Théâtre populaire*** n° 48, L'Arche.

OLBRECHTS-TYTECA, Lucie

1974 : **Le Comique du discours**, Éditions de l'Université de Bruxelles.

PASQUIER, Marie-Claire

1981 : « La verte forêt des métamorphoses », ***Cahiers Renaud-Barrault*** n°101, Gallimard.

PAVIS, Patrice

1980 : **Dictionnaire du théâtre**, Éditions Sociales.

PLANCHON, Roger

1983 : « Pourquoi des poètes… », supplément TNP du ***Monde***.

POIROT-DELPECH, Bertrand

1969 : **Au soir le soir**, Mercure de France.

RASTIER, François

1987 : **Sémantique interprétative**, P.U.F.

RICARDOU, Jean

1971 : **Pour une théorie du nouveau roman**, Seuil.

1973 : **Le Nouveau roman**, Seuil (« Écrivains de toujours »).

ROSOLATO, Guy

1969 : **Essais sur le symbolique**, Gallimard.

ROY, Claude

1965 : **L'Amour du théâtre**, Gallimard.

SAMI-ALI

1974 : **L'Espace imaginaire**, Gallimard (« Tel »).

SARRAZAC, Jean-Pierre

1981 : **L'Avenir du drame**, Éditions de l'Aire, Lausanne.

SPIZZO, Jean

1986 : **Pirandello : dissolution et genèse de la représentation théâtrale**, Publications de la Faculté des Lettres et des Sciences Humaines de Nice / Les Belles Lettres.

TODOROV, Tzvetan

1970 : **Introduction à la littérature fantastique**, Seuil (« Points »).

1974 : « Recherches sur le symbolisme linguistique », ***Poétique*** n° 18, Seuil.

UBERSFELD, Anne

1977a: **Lire le théâtre**, Éditions Sociales.

1977b: « Le lieu du discours », ***Pratiques*** n° 15-16.

1978 : « Sur le signe théâtral et son référent », ***Travail théâtral*** n° XXXI, La Cité, Lausanne.

1981 : **L'École du spectateur**, Éditions Sociales.

WATZLAWICK, Paul (et *al.*)

1972 : **Une logique de la communication**, Seuil (« Points »).

WILKINSON, Robin

1980 : « Structure isotopique du **Jardin aux betteraves** de R. Dubillard », *in* **Organon 80**, CERTC, Université Lumière-Lyon II.

1986 : « Oreille qui parle : Dubillard et la Radio », **Organon 86 (Spécial Dubillard)**, CERTC, Université Lumière-Lyon II.

1987 : « Un auteur parmi ses pairs : Roland Dubillard », ***Revue d'histoire du théâtre***, 1987-4.

INDEX DES NOMS PROPRES

INDEX NOTIONNEL

Nous mettons en italiques un certain nombre de notions qui correspondent, à notre avis, aux fils d'Ariane qui peuvent guider le lecteur à travers ce **Théâtre de R. Dubillard**.

TABLE DES MATIÈRES

TABLE DES MATIÈRES